Corazón mestizo

PEDRO JUAN GUTIÉRREZ

CORAZÓN MESTIZO

El delirio de Cuba

Planeta

© Pedro Juan Gutiérrez, 2007
Con la colaboración de Mario Antonio Pradas Bermello
© Editorial Planeta, S. A., 2007
   Diagonal, 662-664, 08034 Barcelona (España)

Primera edición: junio de 2007
Depósito Legal: M. 22.663-2007
ISBN 978-84-08-07315-4
Composición: Víctor Igual, S. L.
Impresión y encuadernación: Mateu Cromo Artes Gráficas, S. A.
Printed in Spain - Impreso en España

Es tentadora la oscura y maravillosa aventura de vivir. Persevero en ella por curiosidad.

Una mujer en Berlín
Anónimo

Prólogo del autor

En este libro he coleccionado los apuntes de un viaje múltiple y simultáneo: por dentro de Cuba y, al mismo tiempo, por el interior de mi gente y de mí mismo.

Geografía, ideas, historia, cultura, paisajes, hábitos de vida. Un mundo que existe a simple vista y otro que se oculta al que no está preparado para ver y conocer a los que son diferentes.

Cuba no es un solo país. Son muchos países superpuestos. Uno esconde al otro, en capas que se ocultan y protegen de miradas frívolas y apresuradas.

En el mundo de hoy todos somos turistas; es decir, pasamos apresuradamente por algún lugar, tomamos fotos, y seguimos rápidamente, sin perder tiempo porque dentro de unos días estaremos de vuelta en el trabajo. No tenemos tiempo para detenernos y reposar. Sólo el ocio permite la reflexión.

El viajero, en cambio, es aquel que de algún modo se agencia tiempo y dinero para ser un ocioso. Un haragán. Alguien que no tiene prisas ni compromisos. No ha dejado a nadie esperando. No tiene rumbo ni trayecto definido. Se deja llevar por las circunstancias, con mucha flexibilidad.

Yo —como todos— he hecho el tonto en mi papel de turista. De 1982 a la fecha he viajado por más de cincuenta países, he conocido unas sesenta ciudades importantes y decenas de ciudades pequeñas. He gastado siete pasaportes. Pero casi siempre he ido de hotel en hotel, de avión en avión, y he tratado sólo a escritores, periodistas, editores, fotógrafos, traductores, académicos, gente del mundo en que me muevo. Resultado: un libro que se refiera a esos viajes ganaría el récord Guinness del aburrimiento y la pesadez.

En cambio, algunos de esos viajes sí me han enriquecido: a lo largo de México, Alemania, Austria, Suecia, España, etc. Lo bueno siempre ha sucedido cuando he logrado tener tiempo para ser un vago. Termino mis obligaciones de trabajo, decido dejar los hoteles, irme a casa de mis amigos, quitarme el reloj de la muñeca, y dejarme llevar por el azar, sin programa alguno.

En la primavera del 2006 me di cuenta de que, desde que me aparté del periodismo en 1998, he viajado muy poco por Cuba. Por eso decidí hacer estos viajes. Visitar a mis amigos de siempre y ver qué ha pasado en estos años. Ver, hablar, preguntar, reflexionar, recordar.

Mis padres aprovechaban cada día libre que tenían para viajar. Nos metíamos todos en el carro. Mi madre preparaba una olla de arroz con pollo. No sé por qué siempre era arroz con pollo a la chorrera. Algo más de comer y beber, y nos íbamos por ahí. De ese modo conocí a fondo todo el occidente cubano: Matanzas, La Habana y Pinar del Río. Playas y montes, pescadores y campesinos, la gente más simple y la de mejor vida. Mis padres eran muy sociables y se relacionaban fácilmente. Hacían amigos y los cuidaban. Además, la familia era extensa. Tengo catorce tíos y un centenar de primos. En aquella época todos vivían en Cuba y las cosas eran más amables y lentas. Al menos eso me parecía. Después vino la diáspora (para decirlo con una palabra bonita y «correcta» que han inventado los académicos), y los tiempos cambiaron.

Así que desde niño me acostumbré a viajar siempre que podía. Después, cuando comencé a trabajar como periodista, a los veintidós años, intensifiqué mucho más esa costumbre que era ya un estilo de vida.

Lo más importante al viajar es dónde uno concentra su atención. Estás en la Capilla Sixtina, por ejemplo, y tienes al menos dos posibilidades: disfrutar y fijar en la memoria cada detalle de las pinturas y la arquitectura. O te fijas con esmero en las personas que pueblan el lugar, un poco apretujadas y tratando de no tocarse, mediante movimientos ameboides. Las expresiones de esos rostros complementan y amplían el mundo vociferante de Miguel Ángel Buonarroti, que nos cubre y rodea.

Yo, supongo que por un vicio que ya tengo inoculado en la sangre, actúo de un modo inconsciente como un radar: voy de los frescos en las paredes a los turistas. Observo cuidadosamente a los personajes míticos, furiosos, iracundos, atormentados, estremecidos, y a los turistas hipnotizados que miran al techo y caminan de un lado a otro para obtener diversos ángulos mientras consultan en sus guías.

Me fascina tanto esa imagen brutal de Dios estresado, fuerte, musculoso, trabajando intensamente para dar vida a Adán, como el infaltable japonesito que lo registra todo, con candidez posmoderna, en su cámara perfecta.

¿En qué pensaba este Dios tan macho-eficiente-blanco-europeo? ¿En qué piensa este japonesito inocente? ¿O no pensaba Dios en nada y el japonesito no tiene ideas propias? ¿Qué sucede dentro de ellos?

Ése es el enigma que me fascina siempre en el proceso civilizatorio: ¿En qué pensaba aquel hombre que dibujaba los bisontes en Altamira? ¿Actuaba por inercia, era un exorcista, premeditaba sus pasos? ¿Qué esperaba de aquel gesto, cuáles eran sus esperanzas, o vivía al día, sin proyectarse en el minuto siguiente? ¿Las mujeres lo obligaban a vencer su miedo natural y salir a enfrentarse con las bestias, o él controlaba su temblor y salía solo, sin permitir que lo echaran fuera a empujones?

Salgo de Altamira, voy a Santander, cojo un avión, aterrizo en Madrid y ¿qué sucede en las cabinas de un sex-shop en la calle de la Montera?

De eso se trata: desentrañar lo que todos ocultamos; lo que nos molesta o apena; lo que escondemos, la intimidad privada. El pensamiento, las perversiones, nuestros retorcimientos y vicios, nuestros anhelos y deseos secretos, nuestra lujuria prohibida e inconfesable.

Creo que es mi tarea como escritor, a pesar de los muchos problemas que me origina. A veces me agoto. Siempre pienso que este libro será el último, y me digo: «Ahora pondré un bar, me dejo la barba y me dedicaré a vender cerveza tranquilamente porque no puedo más.» Pero nunca pongo el bar. En realidad me gustaría un chiringuito en la playa, para ser exacto. Un tiempo después comienzo otro libro. Es inevitable: se agazapan dentro de mí, se ocultan. Al fin uno asoma las orejitas y empiezo a tirar de él, suavemente, hasta que me lo saco de las entrañas, lo enjuago, lo limpio y se lo doy al editor.

Es cierto lo que decía mi querido Truman Capote: «Cuando Dios te da una gracia, también te entrega un látigo para que te flageles.»

¡Qué horror! Nadie imagina qué doloroso es descubrir siempre, una y otra vez, el lado oculto y salvaje de mí mismo y de la gente que me rodea. Pero todo indica que seguiré así hasta el final. Con el látigo, flagelándome, libro tras libro.

Capítulo 1

Era un día turbio, caliente y pesado. Supongo que todos los años es igual, alrededor del 21 de junio, solsticio de verano. Pero uno lo olvida. Como es lógico. Todo se olvida. Hasta lo bueno se olvida.

Por la mañana, en las noticias, lo explicaron de un modo impecablemente moderno, sintético y directo: «Hoy es el día más largo del año. A las 8.26 los rayos del Sol incidirán perpendicularmente sobre el trópico de Cáncer. Solsticio de verano.» Perfecto. Hasta un retrasado mental lo entiende. Fue lo único inteligente que dijeron en una hora de noticiero diseñado para un público imbecilizado. Apagué el televisor y me pregunté cómo pueden medir con tanta exactitud la perpendicularidad de los rayos del Sol sobre el trópico de Cáncer. Por cierto, esa línea pasa a unos pocos kilómetros al norte de La Habana. Estuve pensando en las explosiones nucleares que hay en el Sol. Seguramente algo de eso me cae hoy directamente sobre el cocote.

Sonó el teléfono. Una voz de mujer, mayor:

—Con Pedro Juan, por favor.

—Soy yo.

—Ah, mire, yo soy la vecina de Clarita.

—Sí.

—Es una mala noticia, pero estoy avisando a las personas más cercanas.

—Dígame.

—Es que ella murió anoche.

No supe qué decir. Me quedé en silencio.

—¿Pedro Juan?

—Sí, sí.

—Está tendida en la funeraria de Calzada y K. El entierro es a las cuatro de la tarde.

—Ah, pero... ¿cómo fue?

—Ay, hijo, ella estaba en la cocina y se sintió mal de repente. Fue a acostarse, pero no le dio tiempo y se cayó en el pasillo. Muerta al instante. Pobrecita.

—Pero... ¿no saben de qué?

—Dicen que era un coágulo de sangre en el cerebro. No me acuerdo cómo se llama eso. Anoche le hicieron la autopsia.

—Ahhh...

Clarita y yo fuimos novios cuando teníamos diecinueve o veinte años. Después seguimos siendo amigos. Nos llamábamos por teléfono de vez en cuando. Su marido no me soportaba. Siempre ha tenido celos. Ahora no sé qué me pasa. Me he quedado con la mente en blanco. No conozco a esa vecina ni sé por qué tiene mi número de teléfono. Fue un noviazgo muy intenso. En realidad tuve que ponerme duro y darle la espalda porque ella quería que nos casáramos. Yo no me iba a casar con veinte años. Quería vivir libremente. Quizá ella también quería vivir un poco antes de atarse a un matrimonio.

—¿Pedro Juan?

—Sí.

—¿Usted va a ir a la funeraria?

—Sí, dentro de un rato.

—Yo quiero verlo para decirle algo que a usted le interesa. Yo sé que ustedes eran buenos amigos. Clarita era una gran mujer. Y lo quería mucho a usted..., yo...

La mujer comenzó a sollozar.

—Yo me llamo Fina. Pregunte por mí para hablar un poquito.

—Está bien, Fina. Gracias. Nos vemos dentro de un rato.

Yo también me sentía mal, con la garganta apretada. Fui al baño a cepillarme los dientes. Busqué una camisa limpia. Beis. Un color adecuado. No me gustan los entierros y los cementerios. Pensé que era mejor ir ahora, estar dos o tres horas allí y despedirme al mediodía.

Suena el timbre de la puerta, insistentemente. Es algún mal educado y que además tiene prisa. Abro. Los fumigadores. Hay una oleada de mosquitos, moscas y cucarachas, como cada año en el verano.

—¿*Utéquiéfumiá?*

—¿Cómo?

—Que si *usté* quiere *fumigá.*

—Sí, claro, si los mosquitos no me dejan vivir.

—Cierre bien la casa, guarde los alimentos, el fogón apagado...

—Sí, yo sé.

—Si deja el humo un par de horas con la casa *trancá*, esto mata *tó*: cucarachas, arañas, moscas, *tó.*

—¿Ratones?

—Insectos *námá*. ¿Usted no ha *fumiao* nunca?

—Sí. Esperen un momento.

Los dejé en la puerta esperando. Entré. Cogí las llaves y la cartera. Cerré todas las ventanas y puertas. Entraron con el aparato y llenaron la casa de humo venenoso. Salieron y se fueron precipitadamente a repetir la operación en la casa de al lado. Guerra a muerte al *Aedes aegypti*. Lo dicen por la televisión a todas horas. Cerré la puerta y me quedé fuera. Por las rendijas salía el humo poco a poco. 9.40. A las diez podía estar en la funeraria. Hasta las doce más o menos. En definitiva, mi compromiso es sólo con Clarita. Me tocan en el hombro:

—¡Pedro Juan!

Me volteo. Es Darío. Cubano radicado en Nueva York.

—¡Ah, compadre!, perdóname.

—¿No te acordabas que veníamos?

—No. Se me olvidó. Disculpa.

—No importa. Te acaban de fumigar la casa, así que, si tienes tiempo, podemos ir a un bar por aquí cerca o...

—Sí, perfecto.

Viene acompañado por una mujer alta, rubia, con un vestido de algodón negro y una mochila. Darío nos presenta:

—Kate. Él es Pedro Juan.

Nos damos la mano.

—Kate es la editora del libro y habla español, así que no tengo que traducir.

Cerca hay una terracita con mesas y vista sobre el mar. Pedimos unos refrescos. Kate es muy seria y no pierde tiempo en protocolos. Explica detalladamente su proyecto. Está preparando un *coffee table book*. Yo puse cara de interrogación. Ella no lo percibió. Está absolutamente concentrada en sus propias palabras. Darío la interrumpe:

—*Excuse me*, Kate. Un *coffee table book* es uno de esos libros con un formato grande, que tienen muchas fotos y pequeños textos, y que se ponen en las mesitas de centro, *coffee table*. Son más para ver que para leer..., ligeritos. *Do you understand me?*

—Ah, ya.

Nos sonreímos. Kate sigue explicando cómo ha trabajado en esta semana, intensamente. Ha coordinado con fotógrafos y con otros escritores. Trae una lista de nombres. Me la pone delante para que yo dé un vistazo. Piensan lanzar el libro en noviembre para que se venda por las navidades. Quiere un texto mío y me pregunta:

—¿Tienes alguna idea elaborada?

—¿Para el texto?

Me responde con un gesto impaciente, ladeando la cabeza y cerrando los ojos, como quien dice: «Obvio, no repitas lo que digo.» A mí me da por reírme cuando la veo con tanta eficiencia. Me río a carcajadas y le digo:

—No tengo idea de nada. El calor me derrite el cerebro.

Hace caso omiso de mi chiste. O no entiende bien el castellano. O borra automáticamente todo dato que no interese a su programa. Insiste:

—Necesito esa información cuanto antes. Y explicarte lo que queremos y las condiciones.

—Sí, me imagino. ¿Cuándo regresas?

—Mañana por la noche.

—Ah, tenemos tiempo. Dame dos o tres días y te lo paso por *e-mail*.

Evidentemente le disgusta mi solución. Saca su tarjeta y me la da. La guardo sin mirarla. Darío interviene:

—Kate está muy cansada porque hemos trabajado sin parar toda la semana.

Fui a comentar algo de que no es bueno trabajar tan intensamente sin descansar. Pero me contuve. En definitiva no es mi problema. Darío hace la producción del libro, y de nuevo intenta atraparme:

—Pedro Juan, si es posible podemos ir ahora a casa de Paco y Rosalba. Si ves las fotos de ellos, quizá puedas escribir a partir de ahí.

—No sé. ¿Ahora mismo?

—Sí. Cogemos un taxi y en veinte minutos estamos allí. Un rato. Media hora. Sólo para ver las fotos. Quiero que Kate las vea también. Y mañana nos reunimos de nuevo.

—Ok.

Paco y Rosalba tienen una casita pequeña, pero muy simpática, en las afueras de la ciudad. Pintada de colores chillones. Son jóvenes, entusiastas, alegres y rastafaris. Al menos se visten y se peinan de ese modo. Instintivamente me alejo un poquito. Una vez leí en una revista que Bob Marley tenía piojos de diversos tipos en su pelo. En fin... Hacen unas fotos muy extrañas. Sólo son borrones. Como vistas a través de humo. No logro distinguir nada concreto. Sólo humo. Tienen varias colgadas en las paredes. Ampliadas a más de un metro por ochenta. Hay música, empiezan a preparar daiquiris y mojitos. Dicen que están celebrando el cumpleaños de Rosalba. Nos llevan a una habitación pequeña pero muy iluminada, con grandes ventanales de vidrio, para mostrarnos un bulto enorme de fotos. Cien o más. Sobre una mesa hay un *cake* con merengue blanco y rosado; encima, con merengue amarillo, rojo y verde, escribieron: «Felicidades Rosalba-27.» Y tiene muchas velitas ya colocadas. Quizá son veintisiete velas. Ponen la tarta a un lado y en el espacio que queda colocan la tonga de fotos y las miramos una a una. Aparecen más personas. Todos jóvenes y peludos. Algunos rastafaris. Intento hablar con Kate y con Darío, pero la música ahora suena más alto y el daiquiri viene muy bien con este calor. Revisamos por segunda vez las fotos. No me gustan ni las entiendo, pero me guardo esa opinión. No podría escribir absolutamente nada sobre esos borrones llenos de humo. Además, todas son iguales, más o menos. Alguien se me acerca y me brinda hierba. Tiene buen olor. Kate habla en inglés con Darío y separa algunas fotos. Al parecer le interesan. Quizá Paco y Rosalba son unos genios adelantados a esta época. Fumo y sigo tomando ron puro. Ya no hay hielo. Y en algún momento estoy bailando con Kate y con Darío. O Darío y yo con Kate. No sé bien. Otra muchacha se pone a bailar con nosotros. Kate muy alegre:

—Ah, qué bien. Hacía tiempo que no me divertía tanto.

Hay por lo menos veinte o treinta personas. Fuman, bailan, beben, ríen. Pasan unas bandejas con croquetas y panecillos. Menos mal. No he comido absolutamente nada en todo el día. Logro agarrar apenas dos croquetas y dos panecillos. En un segundo desaparecen las bandejas vacías. Después unas empanadillas vuelan velozmente cerca de mí. Atrapo una. Darío saca una botella de whisky. Bebemos más. Hablamos como locos. De todo. No sé de qué. Kate también habla mucho. Pasan las horas y estoy completamente borracho y eufórico, pero no lo percibo, como es lógico. Creo que en algún momento me metí una raya por la nariz. Me pareció ver que Kate y Darío hicieron lo mismo. Y seguimos más y más alegres. Kate y yo nos besamos, y yo me agaché, le levanté el vestido y estuve metiendo mi hocico y mi lengua en sus entrepiernas. No recuerdo nada más. Creo que perdí el conocimiento. O no sé.

Me despierto en mi cama, vestido, y con un dolor de cabeza como jamás había tenido. Recuerdo algo borrosamente. El sol entra por una ventana y me quema. Me muevo y me voy a la parte sombreada de la cama. Miro el reloj. Las diez y cuarto de la mañana. Reviso mi cartera. Tengo todo mi dinero. En un bolsillo del pantalón encuentro mis llaves y en otro hay dos condones y una tarjeta magnética de Vingcard. ¿Qué es esto? Al dorso tiene instrucciones: «*To unlock door, insert and remove keycard (other side up).*» Es una tarjeta de cerradura, de una puerta. No entiendo. Acumulo mucha energía y logro levantarme. Tomo agua y aspirinas. Hago café. Me siento en una silla, con los ojos semicerrados y una taza grande de café en la mano. Creo que se me va a partir la cabeza. En eso suena el teléfono. Es Darío:

—¿Estás vivo?

—Sí, pero la cabeza me va a reventar.

—Es que nos metimos de todo. Pero nos divertimos. Yo también tengo un poquito de resaca, jajajá.

—¿Y qué pasó? Tengo una tarjeta magnética y unos condones en el bolsillo.

—Ah, por eso Kate estaba tan molesta contigo.

—No sé. No recuerdo nada.

—Es que ustedes hicieron cosas allí, delante de todo el mundo. ¿De verdad que no recuerdas? No lo puedo creer.

—En serio. No recuerdo nada.

—¿Y cuando te pusiste a bailar como un gorila? Parecías un mono, jajajá. Te hice fotos. Genial. Ya te las daré.

—Ohhh.

—Ella quería llevarte para su hotel, pero los dos estaban cayéndose y dando traspiés. Entonces te metí en un taxi y te llevé para tu casa.

—Ah, ¿tú me trajiste?

—Sí, claro.

—Bueno, no puedo ni hablar. ¿Nos vemos mañana?

—Kate y yo nos vamos esta noche.

—Bueno, compadre...

—Yo te llamo.

—Ok. Nos vemos.

—*Chau*, Pedro Juan.

Colgué. Me serví más café. El dolor de cabeza no cedía. Entonces vi en el piso varias lagartijas muertas y otras moribundas. Se morían lentamente. Qué pena. Son unas pequeñas salamandras inocentes. El tipo dijo que el humo sólo mataba a los insectos. Oh, Dios mío, tengo que aguantar los tragos. No puedo seguir así. Y este calor de mierda. Es insoportable.

Capítulo 2

La resaca me duró casi dos días. Litros de agua y té, café y aspirinas. El 23 de junio, al fin me sentía bien y pensé que sería muy saludable alejarme un poco de La Habana y del alcohol.

Llamé a mi amigo José Manuel Mederos, un pintor de primera clase, que vive entre Bejucal y Batabanó. Es decir, él y su compañera, tienen casa en cada uno de esos pueblos, al sur de La Habana.

—Mederos, necesito refrescar un poco y alejarme de La Habana.

—¿Qué hiciste? ¿Tienes lío con la policía?

—No, no.

—Ven *pa* La Isla del Diablo. Aquí hay lo que tú quieras. Ahora están sacando un aguardiente especial que se llama Batabanó...

—¡Oye, no, compadre! Quiero huir del alcohol y tú..., vaya, eres un desastre.

—Jajajá. Bueno, hay más cosas que hacer: niñas de veinte añitos, langostas, camarones, jajajá.

—Bien, perfecto.

—Pero... hay un problemita...: este pueblo está echando candela. No hay de dónde sacar ni un peso. Entonces...

—No te preocupes, Mederos, yo tengo dinero. No voy con las manos vacías.

—Estoy esperando una carta de invitación para irme para España por unos meses. Y llevarme unos cuadros. Aquí hace meses que no vendo nada. Mira, si vienes, me ayudas a escogerlos.

—Ok. Me voy mañana.

Después me explicó cómo ir. Lo más fácil era el tren. Tiene una sola salida al día, a las cinco de la tarde, desde la pequeña estación de Tulipán y Conill, cerca de la plaza de la Revolución. Al día siguiente fui a las cuatro. El tren consiste apenas en dos vagones muy extraños, abultados, casi redondos, con unos pocos asientos. En la taquilla dan el boleto con el número de asiento, pero una vez arriba nadie respeta ese orden. Una señora muy gruesa reclamaba su asiento a una señora muy flaca, y quería levantarla. Las dos eran negras. Muy expresivas. La más flaca defendió su puesto, aunque era la gorda quien tenía razón, primero educadamente. Después ya se puso grosera, igual que la gorda. Por ambas partes se dijeron frases poco delicadas, así como «¿Qué cojones te pasa a ti?», y se retaron a bajar a tierra y fajarse a piñazos limpios. Por suerte, la flaca viajaba con la hija y el novio, dos muchachos muy jóvenes, que intervinieron a tiempo. Creo que la gorda también se arratonó cuando vio que la flaca estaba dispuesta a cualquier cosa por defender su asiento, aunque no tuviera ese número en el boleto. Es la ley del más guapo. ¿Raciocinio y orden? No. Locura y caos.

A los pocos minutos, el tren partió con toda puntualidad. Pero muy lento y con paradas cada cinco o diez minutos. En total, un trayecto de unos 60 kilómetros hasta Batabanó demoró casi dos horas y media. Debe ser un récord Guinness de lentitud.

Al parecer son unos viejísimos vagones, que traquetean y estremecen los huesos, procedentes de la antigua República Democrática Alemana. Yo seguí el ejemplo valiente de la flaca y me senté tranquilamente en un rincón, sin preocuparme del número de asiento marcado en mi boleto. Mientras, el tren se llenaba hasta los topes en cada parada hacia el sur de La Habana. Frente a mí había dos letreros que me aprendí de memoria:

«WC in Anderen Wagen» y «Nicht öffnen Bevor der Wagen hält!». Escritos muy a la alemana en unas cintas de metal inoxidable, con esmalte negro y perfecta letras tipo Reinhardt.

No sé absolutamente nada de alemán, pero tuve que leerlos cientos de veces hasta que la imaginación funcionó. Supongo, quiero suponer, que la traducción es: «WC en el último vagón» y «No bajar hasta que el vagón se detenga.»

Casi a las siete y media de la tarde llegué a Quintana, que es el paradero más cercano al pueblo de Batabanó. Zona de tierra roja. Lloviendo copiosamente. Fango abundante. Mederos me esperaba con dos paraguas, riendo ampliamente, nos abrazamos:

—¡Bienvenido a La Isla del Diablo!

—¡¿Cómo?!

—Pedro Juan, esto es igual que la prisión de los franceses: un infierno del que no hay escape.

Nos metimos por un barrio de casuchas atroces y al fin llegamos a su vieja casa de madera, pintada de blanco. Debe de ser de 1920 más o menos. Hace años que no se construye así. El reino de su mujer, la Maga. Es una negra grande, saludable y sonriente, avispada y despierta. Con pechos voluminosos. Su verdadero nombre es Maritza, pero en su juventud la empezaron a llamar la Maga, en recuerdo de aquel personaje de *Rayuela*, de Cortázar. Ella es una cronopia natural. Estudió literatura hispanoamericana, fue profesora durante muchos años y ahora me recibe sudando copiosamente y riéndose, como siempre:

—Un besito de lejos que esta menopausia me tiene loca. Mira cómo sudo.

Hablamos precipitadamente. De todo un poco. Mederos está preocupado porque la carta de invitación de España no acaba de llegar aunque la enviaron por mensajería urgente hace más de una semana. Le explico que la aduana revisa todo, y por eso se demora.

—No te preocupes, Mederos. Ya llegará.

Nos vamos a una casita de pescadores. Muy cerca. Allí vive una sobrina de la Maga. Su marido cazó una jutía y la prepararon para esta noche. La jutía es un mamífero del monte cubano. Un roedor, parecido a una rata enorme, pero su carne recuerda al cerdo. Es dura y correosa y hay que hervirla mucho para que se ablande. Sólo come vegetales, pero su parecido perfecto con una rata es desalentador. La casa es de una humildad pavorosa, para decirlo de algún modo. El esposo de la sobrina de la Maga es pescador, evidentemente apenas gana para comer y nada más. La comida es arroz blanco y la jutía en salsa de tomate. Hago un esfuerzo. Me trago un pedazo y elogio el plato. Mederos insiste jocosamente en que es una rata de monte, pero tiene buen sabor.

—¡Es proteína, Pedro Juan! ¡Come!

Hago oídos sordos y trago otro pedazo de jutía.

Cerca de Batabanó, a tres kilómetros, está el pueblo de Surgidero de Batabanó. Allí hay un pequeño puerto pesquero y un combinado industrial de envasado y procesamiento de langostas y pescados. Buena parte de la langosta de contrabando que se come en La Habana sale de allí. La policía persigue a quienes negocian con langostas, camarones y bonitos. Todos son productos de exportación y está prohibido pescarlos y comercializarlos a modo individual. El Gobierno tiene la exclusividad. Cuando empezaron este tipo de empresas —en toda la economía, no sólo en la pesca— se decía que «son propiedad del pueblo» y que «trabajan para el pueblo y no para los explotadores». Esto sucedió en los años sesenta.

Nuestro amigo pescador me dice algo que me deja atónito: «Hace poco cogieron a unos cuantos con dos sacos de langostas, robadas de los barcos. Llevan dos meses presos y a algunos les piden ocho años de cárcel.»

El tema da para hablar una hora. Me ahorro los detalles. Hay muchos casos parecidos. Habrá que ver el veredicto final. El pescador me habla del «nuevo negocio» que hasta ahora «no tiene problemas»: el pepino de mar (holoturia). Es como un gusano del tamaño de un pepino, grande y gordo. Crece en el fondo de estos mares poco profundos y arenosos. Los chinos lo aprecian mucho en su cocina, y cada vez más gente lleva holoturias al barrio Chino de La Habana. Como —por el momento— no es ilegal, el negocio de holoturias comienza a expandirse.

Regresamos a casa de Mederos. Saco una botella de ron peleón que llevaba en la mochila. El pueblo está en silencio. Languidece temprano. Le traía un regalo a la Maga, y lo había olvidado: un ejemplar de la edición de bolsillo de *Trilogía sucia de La Habana*. Sólo circula de ese modo. Alguien que trae a Cuba algunos ejemplares y los regala. Después pasa de mano en mano. Ella resplandece:

—¡Al fin! Yo pensé que nunca lo iba a leer. Dedícamelo.

Se lo dedico en la primera página.

Como es usual en casa de Mederos, la conversación deriva hacia los muertos y la santería. Él practica la Regla de Palo:

—Las líneas básicas son el Palo Mayombe, que es el principal, y después el Palo Briyumba y el Quimbisa, que fue creado por Andrés Petit, en Guanabacoa, y que murió en 1848. Por ahí tengo una biografía de él.

—El Palo tiene fama de ser muy fuerte.

—Demasiado. La Regla Conga vino de África con los esclavos y en Cuba ha evolucionado en varias ramas. Lo mío es muy duro, pero son experiencias personales. No me gusta hablar de ese tema porque la gente puede creer que soy un mentiroso.

La Maga dice:

—Sí, pero hay cosas que... Te voy a contar lo de la luz. Eso sucedió hace unos años. Mederos había regresado de España hacía una semana. A eso de las seis o las siete de la tarde aparece aquí en la sala una luz roja, pequeña, concentrada, un poco más grande que la luz que puede dar un tabaco. Es decir, como una esfera de luz rojo intenso, rojo fuego, de dos o tres centímetros de diámetro, que paseaba sin prisa y se posaba encima de las cabezas de la gente. Se colocó encima de mí y después encima de mi sobrina que estaba aquí. Nosotras nos aterramos. Yo me pegué a la pared, temblando. Y Mederos como si nada.

—Porque yo sabía lo que era. Hacía meses que yo no atendía bien mi bóveda. La tenía abandonada. Y él me estaba recordando que lo tenía olvidado.

—Bueno, Pedro Juan, la luz desapareció y apareció tres veces. Más o menos un minuto o poco más en cada ocasión. Yo me quedé temblando.

Mederos se sonríe:

—Lo dejé que se manifestara, pero ya la Maga estaba asustada y la sobrina de ella se había ido corriendo para su casa. En fin, me llegué allí y...

—¿Allí dónde?

—Al patio, Pedro Juan. Yo tengo toda la prenda en la tierra. Y me puse a hablar con él: «Ven acá, ¿por qué tienes que meterle miedo a la gente? Eso no se hace.» Entonces me dice que yo tengo que rezar y pedir tranquilidad y refrescar la casa. Le dije: «No, chico, no voy a rezar ahora. Esto lo vamos a resolver entre hombres, ahora mismo, ¿qué tú quieres?» Bueno, en fin, hablamos un rato y le puse una lata de cerveza y unos bejucos nuevos, del monte. Porque todo lo mío es en el monte. Ahí está todo. Para mí, quiero decir. Yo no saco nada del mar, ni me interesa. En el monte viven todos los espíritus, están ahí, y yo voy a hablar con ellos y a aprender, ¿tú me entiendes?

—Sí.

—Bueno, pues al día siguiente, la latica de cerveza estaba aplastada como si un hombre fuerte la hubiera apretado con rabia. Y los palos y bejucos nuevos los había regado alrededor de la prenda, como si no los quisiera. Despreciando mi ofrenda.

—¿Y qué hiciste?

—Ya eso no te lo puedo contar. Él estaba encabronado. Y ya hay que hacer otras cosas para tranquilizarlo y que siga conmigo. *Ná*, los espíritus se ponen celosos o les da rabia que uno no los atienda. Son igual que nosotros. Tienen su fuerza y su poder y ayudan, pero hay que tenerlos contentos. Hay que complacerlos, dedicarles tiempo, compartir con ellos.

La Maga aprovecha que se hace un silencio:

—Ustedes me disculpan, pero me voy para el cuarto a leer porque no puedo esperar más.

Se va, con la *Trilogía sucia* en la mano, muy contenta, y me dice:

—Pedro Juan, tu cuarto es éste, el primero, y ya tienes la cama arreglada. Buenas noches.

Desaparece en su habitación y cierra la puerta. Sentado en una silla, cerca de la puerta, hay un personaje muy extraño, que dormita hace rato. O se hace el dormido para escuchar. Es un negro lento, bajo de estatura, un poquito gordo y feo. Habla en susurros y da la impresión de ser como un estropajo. Me recuerda esos personajes pueblerinos de Flannery O'Connor y de Carson Mc. Cullers. Tiene una barra de pan debajo del brazo. Pide permiso a Mederos y va a la cocina. Pica un pedazo de pan y se lo come, acompañado con un vaso de yogur.

Mederos le pregunta:

—Ponce, ¿tienes hambre? ¿Tú no brindas a los demás?

—No puedo brindar porque no alcanza. Esto que queda aquí es para el otro.

Mederos me hace un guiño de complicidad:

—¿Cuál otro, Ponce? Tú vives solo.

—No, no. Tengo que dejarle al otro.

Termina su vaso de yogur. Se sienta de nuevo y sigue dormitando. Mederos sigue hablando de la Regla de Palo y me dice:

—Mañana te voy a tirar los chamalongos. Vamos a revisarte. ¿Estás de acuerdo?

—Sí, está bien.

Un rato después estoy casi dormido. Son las dos de la madrugada. Por la acera alguien pasa corriendo, como una exhalación. Pero nadie lo perseguía.

—¿Y eso?

—Algún mirahuecos. Este pueblo está lleno de pajeros, alcohólicos y maricones *trapichaos*. Lo sorprendieron y salió corriendo como alma que lleva el diablo.

Ponce sigue cabeceando en la silla. No se ha enterado de nada. Mederos lo despierta y lo despide:

—Ponce, a dormir a tu casa. Hasta mañana.

Abre los ojos, masculla algo, incómodo por la interrupción, se levanta haciendo un esfuerzo, va al refrigerador, coge su botella de yogur y se va. Entre dientes mastica un «hasta mañana».

Hay muchos mosquitos, pero la Maga me dejó preparado un ventilador. Caigo en la cama y en menos de dos minutos ya estoy dormido. Creo que no soñé. Al día siguiente me despiertan los pájaros y la luz del sol que se cuela entre las rendijas de las tablas. Hay docenas de pájaros piando afuera. Seis y media de la mañana. Me levanto sin resaca. Tres o cuatro vasos de ron no dejan mucha huella. Salgo al portal. Al frente, los vecinos ya tienen montado un pequeño timbiriche familiar. Venden café, refrescos y pan con «jamón». Desayuno con todo eso. El «jamón» en realidad es una loncha finísima, transparente, de un embutido rosado y desabrido.

El pueblo comienza a moverse temprano. Es lógico porque a las nueve de la noche ya todos están recogidos en sus casas. Mederos y la Maga viven frente al parque, en el centro. De una esquina salen unos coches con dos caballos. Cargan diez pasajeros. Pregunto. Van para el pueblecito de Surgidero de Batabanó, a tres kilómetros, por dos pesos cubanos, es decir, diez centavos de dólar. La Maga y Mederos se levantarán tarde. Y me decido. Me voy para Surgidero en un coche.

Hay una carretera estrecha. A ambos lados, arrozales en su punto de maduración. Los campesinos están cosechando los mazos de espigas verdes. Desde la carretera es bonito. Pero los campesinos están metidos en el fango durante horas, hasta las rodillas o más arriba. No es sano. Con los años cogen microbios y se enferman de los huesos y las articulaciones. Hay casitas muy simples. Unas pocas de ladrillos, con techo bueno de cemento. La mayoría son bohíos de madera con techo de guano. Lo *jodío* de esto es que a esta hora, saliendo el sol, que se refleja en el agua y en el verde de los arrozales, con casitas diseminadas, es bonito. Es una postal turística. Es el eterno dilema del artista: quedarse en la superficie del asunto, hacer algo bonito y no disgustar a nadie, o arriesgarse, profundizar, meterse en el fango hasta los cojones y hacer fotos fuertes, que molestarán porque serán crudas y reveladoras.

El fotógrafo que hace la postal turística será un oportunista intrascendente y no se buscará problemas en la vida. El que se enfanga junto con los campesinos hará fotos inolvidables y poco comunes, quizá hasta originales, pero caerá *pesao* por revelar lo desagradable. Recuerdo a Diane Arbus. Siempre recuerdo a esa loca fabulosa y demoledora. Honesta y provocadora hasta los huesos. No hay otra opción. Hay que insistir en la honestidad. Lo más posible. Hasta el último minuto. No merece la pena pasar por la vida haciendo de imbécil si uno puede hacer algo mejor. Sólo hay que estar dispuesto a pagar el precio de ser «el pesao», «el indiscreto», el que revela los secretos de la familia.

Es extraño, a estas alturas del juego, andar al ritmo de los caballos. Van lentamente. Para nosotros. Para ellos llevan su paso normal. Uno dispone de tiempo para mirar todo alrededor, sin prisas. Los mosquitos pican. El tiempo de lluvias es así. Éstas son tierras bajas, cenagosas.

El pueblo de Surgidero. La última vez que vine fue hace dos años y medio. Un escritor de aquí, al mismo tiempo funcionario de la Dirección Municipal de Cultura, organizó un coloquio literario muy extraño. Se titulaba «De Bujamey al patabanismo».

Creo que ellos se lo tomaban en serio. Para mí era como un juego. Ese escritor había hecho una novela muy complicada —*Bujamey*— de la que hizo una pequeña edición en una imprenta de un pueblo cercano. Según él fue plagiada por Abilio Estévez en *Tuyo es el reino*. Lo demandó, se formó un pequeño escándalo en los medios literarios, el demandante fue conocido de ese modo, y finalmente perdió su demanda. Ahora acaba de demandar a un pintor habanero muy conocido. Según él, también le robó imágenes de su novela. Aquel coloquio reunía estudiosos que de algún modo opinaban sobre la novela *Bujamey*. El autor pretende que a partir de esa obra se ha fundado una escuela literaria denominada *patabanismo*.

Me parece un juego demasiado infantil y no me interesa en lo más mínimo. Aproveché la ocasión para conocer el pueblo y sus alrededores, y viajar gratis. Normal. Lo que hacemos con frecuencia los escritores.

Hace dos años de aquello. Ahora sigue igual. Lo único que salta a la vista es un pueblo detenido en el tiempo. No sucede absolutamente nada. La línea del tren en que vine termina aquí, a pocos metros del mar. Y eso siempre es romántico. Da la impresión de que uno ha llegado a Finis Terrae.

El viejo hotel fue derribado. Ahí están los escombros. Es una lástima porque era uno de esos hoteles de madera oscura que se ven en las películas del Far West. Era extraño, misterioso, polvoriento. A veces uno miraba hacia algún rincón y siempre había pasillos oscuros y personas que entraban y salían de las sombras. Sigilosamente. Me pareció que era una especie de prostíbulo o algo así. Tenebroso. Había un bar en el *lobby*. Tomé una cerveza y estuve curioseando, pero todo se hundía en el polvo y las tinieblas. Supongo que por la noche podrían suceder cosas espantosas en un lugar así. Al fondo tiene unos extensos pantanos y marismas cubiertos por malezas bajas y mosquitos y con hedor a aguas estancadas.

Un poco más allá de las ruinas del hotel y del final de la línea hay un embarcadero. Algunos barquitos de pescadores salen de aquí. También está el atracadero del ferri que llega hasta la isla de la Juventud, antigua isla de Pinos, que por cierto fue *La isla del Tesoro*, para Robert Louis Stevenson, refugio de decenas de corsarios, piratas, filibusteros y bucaneros durante los siglos de oro de esa gente en el Caribe: XVI, XVII, XVIII y hasta principios del XIX.

El mar del sur hoy está apacible. No hay viento. El sol y el calor empiezan a apretar temprano. A unos pasos hay una pequeña unidad de guardafronteras. El resto es soledad. En los alrededores se acumula basura de todo tipo. Son tierras bajas y cenagosas, con una vegetación rala, que soporta la salinidad del terreno.

Quizá lo más importante que ha sucedido en este pueblo en

los últimos años se remonta al verano de 1995. En esos meses se registraron numerosos avistamientos de ovnis en todo el sur del centro de Cuba, desde Pinar del Río hasta Sancti Spíritus, aproximadamente. No se permitió que la prensa publicara ni una línea. En general nunca se publica aunque hay numerosos investigadores. Cuando la televisión ha tocado el tema, ha sido con un tono más bien burlón, casi despreciativo.

En esa ocasión, más de cien personas de Surgidero de Bata-banó vieron un gran platillo brillante sobrevolando el pueblo a baja altura. Un periodista amigo mío fue allí a investigar el asun-to y pidió a muchos de los testigos que —separadamente— di-bujaran lo que habían visto. Todos los dibujos coincidían.

Muy cerca de Surgidero, en Guara, apareció por esos días otro ovni, parecido a un autobús, también a baja altura. Según algunos testigos, desde una unidad militar le dispararon, y los proyectiles rebotaban como si tuviera una coraza transparente.

Después de 1995 se han avistado otros ovnis en muchos puntos de la isla, pero nunca una oleada tan extensa como en aquel verano. Los archivos de una sociedad cubana de ufología guardan valiosos datos inéditos.

Camino un poco por el pueblo y hablo con unos viejitos so-bre los canales de aguas negras. Son alcantarillas a cielo abierto, que recogen las aguas albañales de las casas y las conducen al mar. Me dicen:

—A veces corre el agua. Otras veces se estanca y el mal olor es insoportable.

Supongo que eso contribuye a la enorme cantidad de mos-quitos que hay.

Ya casi en el coche de caballos me encuentro con Ponce. Aparece a mi lado sigiloso, como una salamandra. Perturbador, somnoliento, con una barra de pan bajo el brazo. Suda copio-samente y me dice:

—Buenos días.

—Ah, buenos días, Ponce. ¿Qué haces aquí tan temprano?

—Voy *pal* trabajo.

—¿Tú trabajas?

—Soy profesor de dibujo. En la Casa de Cultura.

—Ah, ¿dibujo anatómico?

—¿Qué es eso?

—Ehhh... ¿Qué tipo de dibujo, entonces?

—Paisajes, caballos, barquitos en el mar, el tren. Todo eso se puede dibujar.

—Ahhh, bien. ¿Y no tienes modelos? ¿Nunca dibujas mujeres en cueros?

—¡No, no, no! Ahhh... ohhhh... jejejé...

—No te pongas nervioso. Cálmate. Me gustaría hacer unas fotos de una negra tetona, desnuda. Bien tetona.

—Ahhh... ohh... bueno, no sé. Me voy que me están esperando...

—¿Quién te espera?

—El otro. Me está esperando.

—¿Qué otro? ¿Quién es el otro?

—El otro.

—¿Tienes clases ahora?

—A las nueve.

—¿Tienes muchos alumnos?

—Uno solo.

—¿Y qué dibuja?

—Un paisaje. Muy bonito. Es el campo y un castillo con unos guerreros montados a caballo y una princesa. Es un niño, amiguito mío. Y quiere ponerme a mí también en el cuadro. Pero yo no quiero porque en esa época yo no vivía, ¿verdad?

—Sí, claro. Tú vives ahora, Ponce.

Se queda mirándome en silencio. Me escruta. Le pregunto muy bajito:

—¿Tú estás vivo o eres un muerto?

—¡Ayyy, no me metas miedo! ¡Yo no estoy muerto! ¿Por qué tú eres tan malo?

Me río. Me mira con miedo y me pregunta:

—¿Mederos te tiró los chamalongos?

—No. Luego, más tarde.

—A mí nunca me los ha tirado. Dicen que...

—¿Qué dicen?

—Me dijeron que eso no se debe hacer. Porque es diabólico. Me dan miedo esas cosas. Los dibujos de él. Me dan miedo.

—¿Por qué?

—Son muy extraños. No los entiendo. Uno debe pintar paisajes y cosas bonitas. Ten cuidado.

Se aleja sin hacer ruido y sin despedirse. Camina lentamente. Me da la impresión de que es una esponja arrastrándose sobre una nube de vapor de agua. El calor y la humedad del verano me agotan. Todos los días es igual. Al mediodía tengo que hacer un gran esfuerzo para no caer en un letargo eterno, igual que Ponce, la salamandra humana. Por un instante pienso que podría ser artista de circo. En la carpa de fenómenos excéntricos: «Señoras y señores, aquí tenemos a la Salamandra Humana, inmóvil desde hace siglos y para siempre, un fenómeno en extinción, exclusivo en esta carpa de monstruos.»

Unos minutos después ya somos siete. Subimos al coche. Llegan otros dos y partimos. Seguí observando a Ponce. Se sentó en un parque, un poco más allá, a la sombra, y se comió un pedazo de pan. Este hombre estropajoso me recuerda algo que yo hacía con frecuencia cuando era niño: cerraba fuertemente los ojos y todo se volvía negro. Yo creía que de ese modo me hacía invisible y nadie podía verme. Yo era un niño metafísico. Y me gustaba. Perderme. Que no me vieran. Que no supieran nada de mí. Desaparecer en vida. Creo que todavía hoy sigo deseando ser invisible. El problema es que ahora ya sé demasiado. Existo. Es un hecho. Y tengo que asumirlo. No queda más remedio que seguir siendo un hombre visible, sólido, pesado, de carne y hueso.

Los caballos mantienen su ritmo. Clac clac, clac clac, clac clac, clac clac, clac clac. Media hora para cubrir los tres kilómetros de regreso a Batabanó. Los mosquitos pican duro. Me entretengo mirando a los hombres que cosechan el arroz, doblados, metidos hasta las rodillas en el lodo, haciendo mazos de espigas. El tiempo inmóvil. Recuerdo aquella frase de Graham Greene en *El americano impasible*: «Pensar es un lujo. ¿Crees que el campesino piensa en Dios y en la Democracia cuando por la noche regresa exhausto a su choza de barro.»

Hace siglos, milenios, que el hombre repite sus movimientos básicos: cosechar cereal con una hoz afilada, pescar con un sedal y un anzuelo, usar los caballos y un coche, mirarse unos a otros en silencio, sin comprender de dónde venimos ni por qué estamos aquí ni quiénes somos. Eso mismo hacemos los pasajeros en este carrito lento. Hablar cualquier tontería sobre el calor y los mosquitos y que tal vez llueve esta tarde. Sin pensar mucho. No es necesario. Es una capa de realidad inamovible. La básica. La que está debajo de todo. Por encima hay otras capas más complejas, dinámicas, confusas, y con frecuencia inexplicables.

Cierro los ojos y siento cómo funciono por dentro. Es maravilloso ser Pedro Juan en esta vida. Un radar humano. Eso me fascina. En estos momentos de éxtasis la confusión desaparece, y me digo: «Sí, Pedrito, el proceso civilizatorio. Es todo lo que puedes entender. Cómo funciona. Lo demás no está a tu alcance. Eres un grano de polvo en el universo, querido Pedrito. Nada. Una mota microscópica de polvo.»

Cuando llego a la casa de Mederos, son las diez de la mañana. Toman café y se desesperezan. Les acompaño. Café solo. Viene una vecina, medio adormilada también, vestida sólo con una bata casi transparente, sin ajustadores, con grandes pechos bamboleándose y pezones gruesos apuntando más bien hacia abajo. Trae una noticia:

—¿Saben quién se murió anoche?

—No. Acabamos de levantarnos.

—Melaito. A las cinco de la mañana le dio un paro respiratorio.

—Tenía que ser. Bastante aguantó.

Me explican que Melaito y su pequeña pandilla de alcohólicos irremediables bebían de todo, sin parar. Desde «alcohol de bodega», que es alcohol mezclado con queroseno y se usa como combustible para cocinas, hasta agua de colonia o «azuquita», que es una fermentación de azúcar moreno. Indetenibles. Nadie pregunta a qué hora lo van a enterrar o dónde es el velorio. Todo queda así, en suspenso. Creo que después de todo a nadie le interesa. La vecina toma una taza de café y se va. Mederos me dice:

—Ve a la iglesia y compra una vela, que te voy a tirar los chamalongos.

La iglesia está a dos pasos. Regreso en seguida y nos vamos para una habitación. Hay una pared cubierta de libros. Mientras Mederos prepara sus cosas, que están en el piso, en un rincón, doy un vistazo a la biblioteca. Hay de todo, completamente abigarrado y mezclado. Desde un libro sobre unas instalaciones de Yoko Ono, y *La rama dorada*, de Frazer; hasta *La República*, de Platón; una biografía de Djuna Barnes y otra de Chopin; *Lo cubano en la poesía*, de Cinto Vitier; una vieja colección del *Diccionario enciclopédico UTEHA*, y numerosos libros sobre santería afrocubana, además de novelas, poesía y libros de cuentos.

Mederos me hace sentar en una silla, sin zapatos. Hacemos un ritual preparatorio invocando a los espíritus que lo acompañan a él, y finalmente pone los chamalongos en mis manos. Son cuatro tapas pulidas de cáscara de coco. Los cuatro caben bien en mis manos cerradas. Los tiro sobre una esterilla en el piso. Caen de un modo determinado y Mederos los interpreta:

Es una larga relación de consejos: Debo cuidarme de corrientes de aire y de la electricidad, de negocios y de peleas ajenas. No debo acercarme al fuego. El alcohol, tomarlo con mucha moderación o ninguno. No acostarme con mujeres extrañas, atender mejor a mis hijos, tener paciencia con mi mujer si tenemos problemas o discusiones, nada de brusquedad. Reforzar la puerta de la casa. No usar ropa de colores, mejor de color entero. Guardar bien las cosas, puede haber robo en los próximos veintiún días. Atender a los sueños, son anuncios. Si quiero estar solo y me da por caminar, debo hacerlo. No tomar venganzas ni la justicia por mi mano, Elegua se ocupa de eso. No mirar en huecos oscuros, no buscar nada en la oscuridad. Si hay algún espejo roto en la casa, botarlo y poner uno nuevo. Estar presto siempre para lo bueno y lo malo.

Otras sugerencias me las reservo porque son más íntimas. Después de recoger los chamalongos, Mederos hace otro ritual y me tira los caracoles, igual sobre la esterilla. Dan una sola frase: «Eres aprendiz de todo y maestro de nada. Debes interpretar eso positivamente y con mente amplia, Pedro Juan. Con proyección en el tiempo, dentro de tu vida y en tu profesión. Es como un axioma que rige tu vida.»

Mederos guarda todo aquello, apaga la vela y los tabacos, lo cubre todo con paños y collares y se va a darle comida a los majaes, en jaulas que tiene en el patio. El majá, la serpiente cubana, es una constante en la vida de este hombre. Los encuentra en el monte, los captura fácilmente, los cría desde pequeños, juega con ellos. Evidentemente los utiliza en sus rituales de la Regla de Palo. Aparecen continuamente en sus cuadros, como un motivo recurrente, en combinación con otros animales y con personas.

—Es un animal noble. Los crío desde pequeños, les pongo nombres y me siguen por toda la casa, como si fueran un perro. Son el símbolo de la vida.

Al menos durante una hora me explica infinidad de detalles de estos animales. Tiene uno solo agresivo: el majá de Santa María, que es muy grande y grueso. Ninguno es venenoso, pero pueden morder fuertemente. En realidad, su relación con los majaes es esotérica, mística. Hay algo de fascinación misteriosa por estos animales escurridizos, impenetrables y distantes.

A nuestras espaldas escuchamos una voz un poco engolada que nos dice:

—Cuidado con el áspid, Cleopatra, ya no respondo por tu vida. Marco Antonio ha sido derrotado en Accio.

Es el Conde, Rosendo García. Un excéntrico total. En este momento hay 95 por ciento de humedad y 33 grados Celsius. Una sauna. Estamos a punto de desmayarnos con el menor esfuerzo. Sin embargo, el Conde viste con un grueso traje de franela negra de rayas grises, como un mafioso siciliano, una camisa roja de seda y unos elaborados zapatos con tacón y suela muy altos. De su cuello cuelga un crucifijo de plata tal vez.

De ese modo, un hombre excesivamente delgado y bajo, se convierte en un señor de hombros anchos y un poco más alto, porque bajo la camisa tiene rellenos con periódicos. ¿Un loco? No lo parece. Según la Maga, más bien es un hombre muy necesitado de reconocimiento, con un ego descontrolado.

Nos saluda jovialmente, con afecto y protocolo:

—Pedro Juan, Mederos, mis saludos efusivos.

—Ah, el Conde. ¿Qué tal?

—Bueno, me dijeron que estabas aquí y vengo a invitarte si quieres ir a mi casa. Tenemos una peña literaria los primeros domingos de cada mes. Todos conocemos tus libros. Bueno, algunos de tus libros. Ya sabes, no hay modo de conseguirlos.

—Sí, bueno, gracias.

—En realidad, tenemos peña todos los días por la tarde, pero el primer domingo de cada mes invitamos a un huésped de honor. Puedes venir, quedarte, en mi casa hay dos cuartos vacíos, con camas... te diré un secreto.

—¿Qué?

—Hay unas cuantas muchachitas que están muy bien, entre veinte y treinta años y están locas por acostarse contigo.

—Y comprobar si el tigre es tan fiero como se pinta en los libros, jajajá.

—Jajajá. Son como diez. Puedes escoger: gordas, flacas, bonitas, feas, tetonas, culonas, blancas, negras, mulatas, cultas, incultas. De todo. Todas muy liberales, muy locas. Tenemos una pandilla especial.

—Tranquilo, Conde, tranquilo.

—También tenemos ron y té. Tú podrías leer algo. Si te apetece. O no haces nada. Como quieras. Casi todos somos escritores. O al menos intentamos serlo. Por cierto, si quieres ver el patio, para mí sería un honor.

Es cerca. En este pueblo todo es cerca. La Maga está preparando un arroz con pescado a la chorrera. Desde la cocina nos grita que dentro de una hora estará listo:

—Y no se puede dejar enfriar porque se entiesa como la pata de un muerto.

La casa de Rosendo es muy pequeña, con el techo bajo. Una especie de santuario abigarrado del *kitsch*. Una gran mesa de trabajo cubierta de libros, lámparas, máquinas de escribir dispuestas como una escenografía, muñecos inflables y de peluche, fotos familiares, esterillas en el piso, adornos de todo tipo, pequeñas libretas que cuelgan del techo, cuadros, diplomas. Ahora tiene cuarenta años aunque parece más joven. Siempre sonríe:

—Mucho amor. Mi vida está presidida por el amor. Y todo lo hago por amor. Alguna vez de joven fui muy rebelde y muy loco, viajaba por toda Cuba, sin parar, era hippy quizá, no sé bien. Tuve muchos problemas, políticos y de todo tipo. Siempre enfrentado al poder. Ahora he cambiado mucho.

—¿En qué sentido has cambiado? Uno cambia, pero básicamente, en el fondo, sigue siendo el mismo.

—Sí, Pedro Juan, sigo intranquilo, pero ahora soy más positivo. Encauzo mi energía, no la derrocho. Mi vida está regida por Dios. La bondad y el amor. Eso es lo principal.

—Ahhh, bien.

Me recuerda a un sacerdote hablando. Muy pedagógico:

—Por ejemplo, soy delegado del Poder Popular en esta circunscripción. Y la gente me quiere porque hago todo el bien posible. Sobre todo a los más necesitados. Yo entiendo así la vida. Hay que dar al más pobre. Bueno..., hay poco que dar, pero ese poco se reparte.

—Como Robin Hood. Eres un infiltrado en el poder.

—Sí, exacto. Ya veo que me entiendes. Repartir con justicia. El mundo es injusto, pero hago lo posible.

—Eres un utópico. La Isla del Conde.

—Bueno, bueno, Pedro Juan, bueno..., en fin. Ven, vamos a ver el patio.

El pequeño patio es muy simpático. Con obras de arte efímero. Más bien de arte esnob. Por ejemplo, una vieja y gastada taza de inodoro, de cerámica blanca, tiene un letrero: «¡No me caguen más!» Sobre una mesa, una pequeña bandeja llena de cosas inútiles y desechos, como pequeñas cajas de cartón de medicinas, pedazos de plástico y de metal, una cucharilla retorcida, bolígrafos viejos, etc., y un letrero: «La inutilidad de lo inútil.» En la pared, un tablero con recortes sobre escritores diversos y encima pone: «¡Abajo las clases de literatura!» Rosendo saca una botella de aguardiente rústico, marca Batabanó, y nos dice:

—Esta botella me la acaban de regalar. Están experimentando con este aguardiente.

—¿Experimentando?

—Sí. Hace muchos años que no se fabrica aguardiente aquí. Sólo ron. Bebamos.

Al mediodía, con un sol de justicia, unos tragos de aguardiente puro son como una bomba en las tripas, pero brindamos por nosotros y *pabajo*. Dos vasos después, Rosendo está aún más locuaz:

—Me haces muy feliz con tu visita, Pedro Juan. Pero ya soy un hombre feliz porque estoy enamorado.

—¿Sí?

—Hacía años que no me sucedía. Es una niña de dieciocho años. Una belleza. Una princesa. Anabel. Yo siempre le digo: «Anabel, sí.»

—Para inducirla positivamente. Pero tú tienes cuarenta años.

—Pero en el amor lo importante no es la edad.

—Ya sé. ¿Te corresponde?

—Sí. Está desesperada, como yo. Y le estoy escribiendo un libro de poesía.

—Ah, qué bien.

—*500 poemas cursis.*

—Jajajá.

—El amor es una cursilería. Necesaria. Imprescindible. Creíble mientras dura.

—Genial ese título.

—Claro, son privados. Le he prohibido que se los enseñe a nadie. Son ridículos o cursis, pero nadie más los puede leer.

—Haces bien.

—Ya tiene 168 poemas. Pero hay días que escribo diez. Y se los doy. Es fascinante.

—Jajajá.

Rosendo quiere que yo vea su armario. Me invita, muy orgulloso. En efecto. Tiene 32 trajes. En Cuba muy pocas personas se atreven a usar trajes. Hay calor todo el año. Es casi imposible. Hablamos de la elegancia, de acuerdo a cómo él la entiende. Un emisario nos avisa de que la Maga espera por nosotros. El arroz amarillo se enfría. Nos despedimos de Rosendo, y me insiste en que regrese algún día para participar en esa peña literaria-orgía-trampa. Me atrae la idea. Regresamos a casa de Mederos. Por el camino compramos unas cervezas bien frías.

El arroz es como una paella, pero sólo de pescado. Espectacular. Además, hay ensalada de aguacate, piña y mango. Son las frutas de la estación. También hay mameyes y plátanos. Cuando comienza agosto, se acaban todas las frutas y los vegetales frescos. El sol quema todo en los campos. A finales de septiembre comienzan las siembras: maíz, tabaco, frijoles, arroz, tomates, etc. Esas siembras se intensifican en octubre y noviembre. En diciembre y el resto de los meses de «frío», es decir, hasta abril más o menos es el momento espléndido. Hay de todo en los mercados. Desde zanahorias y rábanos hasta tomates y berenjenas, coles y lechugas. De todo. A precios muy altos, pero lo cierto es que una proporción importante de la población puede comprar estos vegetales.

Si en Europa y Norteamérica la nieve acaba con toda la vida en el campo, aquí es el sol y el calor horrible del verano.

Hablamos de un tema recurrente: los precios altos de la carne y los frutos en el mercado, cuando llega Ernesto, el autor de

Bujamey, la novela famosa por las demandas de plagio. Tomamos un café y él, muy alegre, se pone a contar con todo detalle la novela que escribe ahora. Lo interrumpo:

—Compadre, no. No quiero que cuentes más porque ningún escritor hace eso. ¿A quién se le ocurre contar impúdicamente lo que escribe? Es como si me contaras con todo detalle como tiemplas con tu esposa. Si te complace, a mí me parece contraproducente.

—No es para tanto, Pedro Juan.

—Tú eres un escritor estupendo, imaginativo, creativo, original, debes aprender a cuidar lo que produces. Una sola vez fui indiscreto con un libro en preparación. Yo escribía *Trilogía sucia de La Habana*, alrededor de 1995, y visitó La Habana un conocido escritor y periodista español. Hablamos un par de veces, me inspiró confianza y le di copias de algunos de mis cuentos para que los leyera. Se perdió. Jamás en la vida me dio su opinión sobre aquellos cuentos y jamás supe de él.

—¿No le gustaron?

—Al contrario, le gustaron demasiado. Copió exactamente uno de esos cuentos en uno de sus libros: *Estrellas y pendejos*. Lo copió con puntos y comas. Pasó el tiempo. En octubre de 1998 yo presenté en España *Trilogía sucia* y se alzó un gran revuelo en la prensa.

—Y el tipo se cagó.

—Literalmente. Pensó que yo lo demandaría y se dedicó a buscarme afanosamente y a decir en público por todas partes que me había copiado ese cuento en su libro y que no se imaginaba que aquel tipo salvaje que andaba por toda La Habana sudado encima de una bicicleta iba a llegar a esto y a lo otro y que blablablá.

—¿Y lo demandaste y le sacaste un dineral?

—No, hombre, no. Todo lo contrario. Sentí mucha vergüenza por él. Eso sólo lo hace un pobre diablo que no tiene ideas propias.

Un rato después me despedí y regresé a La Habana en un camión atestado de gente. Cobran seis pesos. Veinticinco centavos de dólar. Está preparado, con unos bancos y un techo. A medio camino nos cae un aguacero brutal, con mucho viento. Los que vamos en el lado derecho nos ensopamos. Eso es bueno. El agua de lluvia refresca a los espíritus. Frente a mí van dos travestis. Muy jóvenes. Con acné en la cara. Tienen unos tacones altos y unos vestidos de noche brillantes. La gente los mira de reojo. Hablan muy afectadamente, por la nariz. A media voz. Al parecer, los dos son de Surgidero de Batabanó:

—Ay, niña, yo no puedo más con ese pueblo. Me siento aplastada, me quita fuerzas.

—Ay, a mí también, qué horror. Y estos viajes cada dos o tres días.

—Yo estoy buscando un cuartico en un solar, en La Habana Vieja, donde sea, para no volver jamás a estos pantanos y a esta mosquitera.

Una mulata jacarandosa que va al lado de ellos, se echa a reír a carcajadas; al parecer, los conoce, porque les habla con mucha confianza:

—Oye, no escupan *parriba* que les puede caer en la cara...

—¡No, niña, no! Sí, escupo para arriba porque yo soy muy fina y nací en ese pueblo por equivocación. ¿Me oyes? Por e-qui-vo-ca-ción. Cuando logre alejarme, no me ven el culo más nunca en la vida. Y de La Habana sigo *palante* hasta Miami por lo menos, o más para allá. Yo soy fina, fina, de verdad. Elegante y lujosa.

La mulata sigue riendo a carcajadas. Ahora todos los que vamos en el camión —unas cincuenta personas— escuchamos, divertidos. La trasvesti se realiza. Cree que está en un escenario y continúa su monólogo:

—¡Nunca he soportado esta tierra colorada!

—*Colorá. Colorá* es como se dice, Cuquita. ¡No seas tan fina!

—Mi nombre es Shakira. Por favor, me respetas y no me cambies el nombre. La Gran Shakira y, para que lo sepan todos, canto y bailo todas las noches en El Patio de Chuchú, en Luyanó, cerca del paradero de la 23. Vayan para que me aplaudan y pasen un rato agradable, sano y entretenido. Regalamos condones y folletos de la campaña contra el sida. Allí todas estamos sanitas y bonitas, jajajá.

La otra trasvesti mete la cuchareta:

—Niña, qué indiscreta eres. Tú no sabes quiénes van aquí.

—Quienes vayan. Los estoy invitando a divertirse. No para nada malo. A bailar y a gozar, que la vida es corta. ¡Es una invitación sana! ¡Sin malicia! Jajajá.

Así pasamos el rato. Llegué a mi casa ya de noche, casi a las once. Me bañé, tomé una aspirina, me cepillé los dientes, y adiós, que mañana será otro día.

Capítulo 3

Pasaron unos días, y yo podía controlar la necesidad de alcohol a duras penas. Me obligué a no comprar ron, whisky ni cervezas. Así hice cuando decidí dejar el cigarrillo. Y funcionó. Hace años, hoy en día me da asco. Ahora algunas personas me han aconsejado ir a Alcohólicos Anónimos. No. Detesto todas esas logias fraternales y la ayuda solidaria. No creo en eso. No creo en casi nada. ¿En qué se puede creer a estas alturas del juego? «Después de tantos desengaños», como dice el bolero. Seguramente creo en algo, pero ahora mismo no recuerdo ninguna de mis creencias. No estoy seguro de la solidez y perdurabilidad de alguna de mis creencias. Eso es lo que sucede. Creo en la mutabilidad de las ideas. Tal vez sólo eso es cierto. Nada es permanente e inmutable. Movimiento eterno.

En fin, lo cierto es que entre las seis y las diez de la noche araño las paredes por la falta de alcohol. Síndrome de abstinencia. Salgo a la terraza, miro el crepúsculo sobre el mar y me dan ganas de aullar como un lobo hambriento, desesperado, solitario. Supongo que, si resisto unos días, se me pasará.

Un vecino me acaba de hablar de un tipo que se murió en estos días de leptospirosis.

—En el Policlínico están vacunando, Pedro Juan.

—No. Me da miedo.

—¡No jodas! ¿Miedo al pinchazo?

—No, a la reacción.

—Ah.

Todos los veranos es igual. Proliferan las ratas, las cucarachas, los mosquitos. Siempre hay casos de dengue y de leptospirosis. Nada nuevo bajo el sol. En la esquina acaban de recoger un cargamento enorme de basura podrida. Han dejado restos y un olor nauseabundo. Tendrían que fregar con agua a presión. Pero es pedir demasiado.

Mirando el crepúsculo, recuerdo que esta tarde mi mujer y yo dormimos una siesta de una hora. Despertamos amodorrados, nos tocamos un poco y nos pusimos a templar. Aburridos. No funcionaba bien. Por inercia. Desenganchamos.

Nos quedamos en silencio, mirando al techo.

—¿Qué pasa?

—Me duele este ojo. ¿Está hinchado?

Lo miro bien.

—Sí. Parece conjuntivitis.

—Ah, lo que faltaba.

Estamos en silencio un largo rato, adormilados por el calor tan sofocante, hasta que me dice:

—Y tenía una pesadilla. Había guerra. ¡Una cantidad de gente muerta, corriendo y mucha sangre por todas partes! Menos mal que me despertaste.

—¡No hagas caso de los sueños! Siempre estás con eso.

—Es que se dan. Muchas veces, no siempre. *Antier* soñé lo mismo. Guerra. Con aviones y todo.

—Tú tienes mucha fuerza espiritual. Yo presiento que en mi próxima vida...

—Se vive una sola vez y se acabó. Eso de la reencarnación es mentira.

—El budismo se basa en la reencarnación. Y lo que has hecho en vidas anteriores puede repercutir en ésta.

Ella guarda silencio. No tenemos ánimos para discutir. El calor y la humedad nos agotan totalmente. No puedo ni pensar. De todos modos, uno no sabe nada. Vivimos a ciegas. Nunca hay pruebas de nada, como si la vida fuera un misterio total. Después tomamos café, y controlé mis pensamientos para no dar más vueltas a preguntas sin respuesta. ¿La reencarnación?, ¿quién sabe a ciencia cierta? Es conveniente no darle relevancia al asunto. No somos tan importantes como nos gusta creer. Hay caminos absurdos que sólo llevan al *blackout*. Eso me lo enseñaron cuando yo tenía catorce años y comenzaba a bucear al duro, en la bahía de Matanzas. El entrenador siempre repetía lo mismo:

—Cada uno tiene un piso. Igual que los aviones tienen un techo de vuelo y de ahí no pueden pasar porque revientan. Aquí es lo mismo. No pueden profundizar más de lo que soporta cada uno. Cada uno tiene su propio piso. Si bajas más, pierdes el sentido de orientación, te vuelves loco, caes en *blackout* y sigues nadando para abajo hasta reventar como una bomba. Cada uno tiene que cuidarse a sí mismo. ¡Hay que evitar el *blackout*! No se descuiden ni un minuto.

Al día siguiente, por la tarde, fui a Guanabacoa. Quería ver a unos amigos. Estamos tramando algo para irnos tres o cuatro días de camping a la Ciénaga de Zapata.

Al regreso llovía a cántaros y se hacía de noche.

Yo caminaba con un paraguas, pero las ráfagas me empapaban. Paré un carro medio destartalado, un lada, con treinta años o más, y me llevó al centro. Diez minutos de viaje.

Estuve mirando la lluvia y la gente que se refugiaba en los portales. El limpiaparabrisas estaba roto y era difícil ver a distancia sobre la avenida. El agua, densa y a ráfagas, golpeaba duro sobre el metal descolorido. Hacía un ruido molesto y continuo. El motor también rugía, a punto de detenerse. Pero el tipo aceleraba a fondo y lo obligaba a seguir un poco más. Era un hombre delgado, viejo, negro, muy concentrado en lo que hacía, y venía desde lejos, como si nada sucediera. El sudor y el calor insoportable. Dentro del carro, todo sucio y cubierto de polvo. No se puede dejar nada a la memoria. El ser humano tiene una gran capacidad para olvidar. En algún lugar yo había escuchado eso. Y no pienso así. Todo lo contrario. No olvidamos. Tratamos de no cometer los mismos errores. Uno olvida lo desagradable y después se concentra en mejorar de todos modos, pero no a partir de la memoria, sino del aumento de la libertad, de ser menos inocentes. La inocencia nos hunde en el fracaso.

Ufff, qué horror, mi mente divaga sin cesar. Y se aleja. Estupideces. Es una tortura. El chófer sigue muy concentrado. El motor se ahoga, petardea, y parece que va a detenerse. Él lo acelera fuerte, y seguimos un poco más.

También tiene problemas con la palanca de cambios. Las velocidades rayan y no entran bien. Entonces recordé una pesadilla que tuve hoy, casi al amanecer. Automáticamente, sin pensar, se la conté al tipo, hablando un poco alto, por encima del ruido del motor y de la lluvia: «Anoche tuve una pesadilla, y me sucedió lo mismo. Yo manejaba un chevrolet o un plymouth, no sé bien, muy viejo, a punto de hacerse pedazos. La palanca de cambios rayaba, el motor tenía un fallo y se ahogaba. Llevaba de pasajeros a seis o siete viejas, y casi no quedaba espacio. Apenas podía moverme, apretujado por aquellas brujas que parloteaban sin parar. Era una agonía. No entraban las velocidades, el motor casi apagado, y tenía que bombear el freno porque no cogía bien. Yo tenía mucho miedo, loma abajo, sin control, sin frenos, en medio del tráfico y aquellas viejas hablando alto y empujándome. Una pesadilla larga y sin final.»

El hombre no hablaba. Sólo escuchaba, muy concentrado en conducir aquel trasto para evitar que se detuviera en medio de la avenida. Educadamente asentía con la cabeza y decía: «Ah, sí, ah, sí.» Me dio la impresión que le molestaba mi conversación. Necesitaba concentrar todo su esfuerzo en lo que hacía.

Llegamos a Infanta y San Lázaro y le dije: «Déjame ahí.» Le pagué con un billete de diez pesos. Se lo guardó y me dijo riéndose: «Este carro está igual que el tuyo. *Ná más* que faltan las viejas gritando, jajajá.» Nos reímos y nos dimos las gracias mutuamente.

El aguacero seguía igual de intenso. Corrí hasta un portal y entré a una tienda pequeña. Compré una lata de leche condensada y unos chicles.

Por la noche, mi mujer me dijo: «Voy a hacer un flan de leche.» Pero no lo hizo. Siguió leyendo horóscopos y fumando. Se ha puesto fomentos de agua fría y el ojo ha mejorado. Yo miré la lluvia a través de las ventanas, leí dos o tres libros. Más bien, leía un par de hojas y saltaba al próximo. Estuve caminando de un lado a otro, escuché el pronóstico del tiempo en la televisión. Ella puso un disco de rap a toda mecha. Insoportable. Bajé un poco el volumen y seguí leyendo, pero no me concentraba. Me dijo: «Apágalo.» Estaba molesta. Le gusta escuchar la música a todo trapo. Lo apagué.

En la televisión sólo pasan el mundial de fútbol y una película estúpida de policías en Detroit. A la una de la mañana sigo dando vueltas dentro de la casa. Necesito hacer algo. No tengo sueño. No sé qué sucede hoy. Quizá estoy un poco ansioso. No sé. Hay algo extraño. Como si fuera a caer en *blackout*. Mi mujer está muy tranquila. Nunca se inquieta. Todo le da igual. Insiste en ver la película hasta el final. Dice que es malísima, pero no se despega del televisor.

Al fin se queda dormida en la butaca. Apago el televisor, la despierto y nos acostamos. Se queja de dolores en los hombros y en la espalda, a la altura de los pulmones. En los últimos días, varias veces me ha pedido que le frote un gel de mentol para aliviarse. La masajeo un poco y no hago comentarios. Ella tampoco. Fuma mucho. Treinta cigarrillos diarios, o más. De tabaco negro. Entonces me dice: «Estos dolores son del colchón. Hay que comprar uno nuevo... cuando se pueda, son carísimos.»

Termino el masaje y le digo: «Sí. Tenemos que comprar uno nuevo.» Se envuelve en una bata y en una toalla sobre los hombros para retener el calor del mentol. Y se acuesta. Apago las luces y miro por una ventana. La ciudad oscura y silenciosa, empapada. Unas pocas luces amarillas brillan en el asfalto. Ya no hay viento. En el noticiero dijeron que seguirán las lluvias intensas hasta el miércoles. Bueno. Ya. Tengo que acostarme. Y cerrar los ojos.

Capítulo 4

Unos días después, de nuevo me quedé solo y aburrido. Mi mujer, más bien mi novia, mi compañera, no sé bien, trabaja en los laboratorios de unos balnearios medicinales en Matanzas. Es microbióloga. Por cada quince días de trabajo descansa cinco en La Habana. Así vivimos, con ese eterno coitus interruptus, hace dos años y pico. Desde cierto punto de vista es muy conveniente y descansado. Sin exigencias excesivas y con cinco días de fiesta cada dos semanas. La vida familiar en la práctica no existe.

Mis amigos de Guanabacoa no tienen dinero suficiente para irse de vacaciones. No lo pienso dos veces. Llamo a otros amigos de Jagüey Grande. Tienen un skoda diésel en buenas condiciones. Hay que evitar los cacharros y el subdesarrollo siempre que se pueda. Además tienen equipos para el camping y la pesca submarina. Los llamo. Sí. Listo. Están de vacaciones y aburridos. Dos días después me recogen en casa a las seis de la mañana y nos vamos.

Anselmo y Marlon. Padre e hijo. Hace un año que no nos vemos y tenemos mucho de qué hablar. Apenas amanece. Pasamos el túnel de la bahía de La Habana. Vamos entretenidos por la avenida Monumental y descendemos por una carretera muy estrecha y en curva hacia la autopista nacional. Está bien oscuro todavía. A ambos lados hay monte y hierba muy alta. De repente las luces iluminan un tronco de árbol atravesado en medio de la carretera. Tenemos que detenernos. Yo pregunto:

—¿Y esto?

Anselmo me contesta muy relajado:

—Esto lo hacen para robar los equipajes... ¡Cojones, abrieron el maletero!

Él está mirando por el espejo retrovisor. Marlon y yo miramos hacia atrás. Sí. En un segundo abrieron el maletero. Pero no se ve a nadie. Anselmo, pone marcha atrás y acelera a fondo. Frena, mete primera, pisa de nuevo y nos escapamos chirriando ruedas, con la mitad del carro en la cuneta, casi a punto de volcarse. Cien metros adelante entramos en la autopista nacional. Seguimos un poco más y nos detenemos para revisar el daño.

Forzaron la tapa del maletero con un hierro, rompieron la cerradura, pero no tuvieron tiempo de robar. Todos los cachivaches del camping están intactos. Anselmo se ha puesto nervioso:

—¡Hijos de puta, por poco me joden!

Marlon y yo estamos tranquilos. Intento calmarlo:

—Anselmo, no pasó nada. Si no hubieras reaccionado rápido, nos habrían robado o abierto las puertas y cogidos de sorpresa. Pudieron robar el carro. Herirnos.

—Sí, es verdad.

—Entonces, ya, tranquilo.

—A mí lo que me jode es que hace dos o tres años que estas pandillas están acabando aquí con la gente. Y la policía no actúa. Ni se enteran.

—¿Nunca los han cogido? Deben ser varias pandillas.

—No se sabe. Son muchos. Les dicen «Los Ninjas».

Fijamos la tapa del maletero con un pedazo de cable y seguimos hacia Jagüey Grande. Anselmo sigue con el tema:

—Es que por aquí pasa casi toda la gente que viene y va desde las provincias centrales al aeropuerto. También operan en otros puntos cerca del aeropuerto. En Fontanar, por ejemplo.

De noche. Son fieras. En un segundo abren el maletero, te sacan un par de maletas, desaparecen entre la hierba y nadie los ve.

—Ah, no sabía.

—Claro. Casi nadie lo sabe. Nada de eso se publica en la prensa. Pero los taxistas estamos siempre arriba de la bola.

Marlon se pone criminal:

—Preparo dos botellas de refresco con arsénico, las pongo en el maletero. Y lo dejo abierto para que no me rompan más la cerradura. Adiós. Saco del aire a Los Ninjas.

—¡Marlon, *el Zorro Vengador*!

—Jajajá.

En realidad, el asunto es serio. Los Ninjas actúan de modo espectacular, por la noche en la autopista. Son acróbatas de alto riesgo. Roban camiones. Abren la puerta trasera de los contenedores. Tienen autos pequeños, como lada, moskvich y fiat. Refuerzan la tapa delantera, la del motor. Un chófer experto se acerca por atrás al camión, y empareja la velocidad. El ninja sube a la tapa, sobre el motor y con unos alicates grandes corta el candado de la puerta del contenedor. Se introduce y lanza mercancías hacia la cuneta de la autopista. El auto recoge todo lo que puede. El ninja ha tenido la precaución de llevar un *skate board* y protecciones en codos y rodillas. Un camión nunca transita a más de 90 kilómetros por hora. El tipo se deja caer muy suave sobre la carretera y controla su tabla hasta que logra frenarla. Ayuda al chófer a recoger toda la mercancía posible. *Game over*. Es espectacular, pero llevan años haciéndolo. Muchos chóferes han tenido problemas serios con la justicia. Ellos son responsables de la mercancía. Si no pueden demostrar que fueron robados, se considera un autorrobo. Algunas personas creen que el método lo han visto en las películas de acción, por la televisión. Seguramente. Ya nada es original. Vivimos dentro de un *remake* incesante.

Anselmo y Marlon se llevan muy bien. Al parecer, no tienen los problemas típicos entre padres e hijos. Anselmo es de mi edad. El caso prototipo de mi generación, en Cuba: él tiene cincuenta y cuatro años, un hijo de treinta y cinco años en Miami. Marlon tiene treinta y tres, y trabaja con él. Pero también se quiere ir en la primera oportunidad. Se alternan en el timón. Me han comentado que si el carro puede trabajar veinte horas diarias es mucho mejor. Anselmo fuma descontroladamente, trabaja sin parar, habla incesantemente, y sus obsesiones son los políticos y la política y cómo arreglar el mundo. Tiene fórmulas y consejos para todo. Trabajó muchos años como ingeniero mecánico. Hace diez o doce años se decidió a cambiar de vida radicalmente:

—Me estaba muriendo de hambre. El salario no alcanzaba ni para cigarros. Negocié este skoda por una finquita que era de mis abuelos, y me independicé.

—Ahora te haces rico.

—Trabajando nadie se hace rico, Pedro Juan; no me provoques. Te gusta tirarme de la lengua. Pero, por lo menos, vivo con un poquito de dignidad. Un hombre sin dinero en el bolsillo pierde hasta su orgullo como persona.

Anselmo se apasiona hablando. Tiene fórmulas para resolver los problemas de la economía, del transporte, de la vivienda, de la alimentación, de la agricultura, el mal estado de las carreteras, de la energía, de los hospitales, los acueductos, y un largo etcétera. Puede opinar largamente sobre cualquier tema, con ideas propias, emocionado. Tiene una conciencia política de izquierda que no lo deja tranquilo ni un minuto. No conoce la serenidad, vive en estrés permanente.

Marlon, en cambio, es el pragmatismo total. La diplomacia en persona. Nada de buscarse problemas. Nada de emitir criterios continuamente. No le interesa nada de eso. Lo de él es trabajar, tener dinero, y las mujeres, su pasión principal. Me dice que ahora tiene cinco mujeres:

—Pero si tú las ves, te caes *patrás*. Dos en La Habana, dos en Jagüey y una en Matanzas.

—¿Y tú tienes tiempo para todo eso, Marlon?

—Tiempo, corazón, dinero y fuerza, jajajá.

—Eres un alardoso.

—No, en serio, acere. Tengo cinco jevas y las cinco quieren tener hijos, casarse y agarrarme por los huevos. ¡*Enamorás* del júnior!

—Te vas a volver loco.

—No, hombre, no. Yo soy Marlon El Baby, alias *Picha dulce*. Locas se vuelven ellas. Yo no.

Sueña con irse a Miami con su hermano, y trabajar en un negocio de camiones:

—Mi hermano tiene tres camiones trabajando para él, Pedro Juan. Me ha dicho que si yo voy, él puede comprar un camión cada año hasta tener una flotilla de diez o doce. Y llevamos el negocio entre los dos porque él solo no puede. Pero yo soy incapaz de dejar a los viejos. Anselmo se hace el duro, pero si me voy *pa* Miami, él se muere de un infarto, o de tristeza.

—Pero hay mucha gente joven que sí lo hace, Marlon.

—Todo el mundo no es igual. Yo soy así. Blandengue de corazón. No le puedo dar la espalda a los viejos. En la vida todo no es el dinero.

—Sí, es verdad.

Anselmo quiere comprar un saco de arroz a unos campesinos que él conoce. Unos kilómetros antes de llegar a Jagüey Grande entramos a Torriente. El pueblo está muy cerca de la autopista. Anselmo señala a un lugar:

—Aquí fue donde aterrizó el ovni famoso.

—¿Qué ovni?

—¿No te enteraste?

—No.

—Había un viejito ahí, guataqueando unas yucas, por la mañana temprano, y de pronto bajó un ovni y salieron dos extraterrestres. Él se escondió, no lo vieron. Ah, eso fue famoso por aquí.

—Esta zona es de muchos avistamientos. En Amarillas también dicen que un ovni se llevó a un tipo. De día. Se lo llevaron para siempre. Pero son comentarios, nunca hay pruebas concretas.

—Con éste sí hay pruebas. El ovni dejó el terreno quemado y..., es más, ¿quieres hablar con Adolfo? Yo lo conozco. Es aquí a dos pasos.

Fuimos hasta la casa de Adolfo Zárate Torriente, en el centro del pequeño pueblo. Está casi totalmente ciego y tiene ochenta y cinco años. Apenas puede caminar con un bastón y con ayuda de una hija que lo cuida. Es un campesino tranquilo, un hombre de trabajo, posiblemente analfabeto, con un vocabulario reducido. Me parece humilde y sencillo al máximo.

Anselmo lo saluda y le pide que nos cuente todo aquello. Él no se hace de rogar:

—Fue en octubre de 1995. Yo tenía un conuco en las afueras del pueblo. Con maíz, yuca, calabaza, frijoles, ajíes. Y me fui a eso de las siete de la mañana a guataquear la yuca, que tenía la hierba muy alta. Estaba lloviznando. Entonces levanté la vista del suelo para encender un cigarro. Serían las siete y media más o menos, cuando vi aquel aparato que viene *pabajo* a una velocidad tremenda. En silencio. No hacía ruido. Pero de pronto paró y se posó despacito. De adentro salieron dos hombrecitos, con un traje plateado, igual que el aparato. Del mismo color. Yo me tiré entre la hierba y me escondí. No me vieron porque me quedé tranquilito. Ni respiraba del susto que tenía. Se me perdían por momentos porque cogían el color de la hierba. Se ponían verdes y casi desaparecían y de nuevo se ponían plateados. Tenían una trompa delante, en la cara, igual que los puercos. No sé. Aquello metía miedo. Uno se movió y recogió algo de lo que yo tenía allí. Calabazas, maíz, hierbas, unas cuantas cosas. El otro se quedó junto al aparato y no caminó.

—¿Estaba lejos de usted?

—A un cordel más o menos.

Anselmo me ayuda:

—Un cordel son 20 metros.

—¡Muy cerca, Adolfo!

—Sí, pero la hierba estaba alta y no me vieron. Además fue rápido. Recogieron aquello, se metieron dentro del aparato...

—¿De qué tamaño era?

—Era una cosa redonda, así como una jicotea. Redondo y plateado. Igual que el carapacho de una jicotea. Y poquito más grande que un carro. Así de ese tamaño. No como los carros americanos, que son grandes. No. Como los modernos que son más chiquitos. Te decía que fue rápido.

—¿Un minuto?

—Sí. No sé. Por ahí. Entonces ellos entraron otra vez y aquello salió hacia arriba a una velocidad tremenda. Sin hacer ruido, pero metió mucho aire *pabajo*.

—¿Y fuego?

—Creo que no. No había candela. Sólo aquel aire. ¡Y una velocidad hacia arriba! Se perdió en seguida. En los días siguientes más gente lo vio. Hasta policías. A unos muchachos que estaban vendiendo café en la autopista les pasó por encima y salieron corriendo. Dejaron hasta el dinero y el café allí botados.

—¿Usted se quedó asustado?

—Sí, un poquito. El pedazo de tierra donde se posó estaba quemado y se veían las huellas, porque tenía como unas paticas. La hierba aplastada y quemada. Después vine para acá y lo comenté con un vecino. Entonces él me dijo que fuera a la policía y denunciara lo que había sucedido porque podían ser los americanos, uno no sabe... ¿Usted me entiende?

—Sí, sí.

—Entonces fui allí con la policía. Les enseñé el lugar. Vieron que era verdad lo que yo decía. Después vinieron unos oficiales, oyeron todo lo que pasó, fueron al terreno, midieron, tomaron fotos, me enseñaron un catálogo con dibujos de esos aparatos a ver si se parecía a alguno. Me dijeron que no hablara de esto con nadie, pero empezaron a llegar periodistas. Y yo le hago el cuento a todo el que quiera oírlo.

—¿No tuvo problemas de salud?

—Sí, dolores de cabeza, me lagrimeaba un ojo. Al fin me he quedado ciego, pero eso es por los años. Ya estoy muy viejo. Lo peor fue que, después de aquello, cuando la prensa empezó a publicar la historia, vinieron una noche unos hombres en un carro. Ya tarde por la noche, y me tocaron a la puerta. Yo no les abrí. Por la ventanita me dijeron que los llevara al lugar donde había aterrizado el aparato, que me iban a dar mucho dinero, que me iban a pagar bien. Parecían indios. Como guatemaltecos, un poco raros.

—¿Y usted fue con ellos?

—¡No, hombre, no! Por nada del mundo. De noche. Y muy extraños. No parecían cubanos. Vinieron tres veces. Siempre de noche y con el mismo cuento, que los llevara allí, que me iban a dar mucho dinero.

—¿Y usted qué hizo?

—Me asusté mucho y me fui para La Habana a vivir con un hijo mío. Estuve seis meses por allá, y cuando regresé para el pueblo, vine a vivir aquí con mi hija. No quería vivir solo. Pero ya no vinieron más.

Adolfo no es un hombre parlanchín. Todo lo contrario. Es más bien parco. En apenas quince minutos nos ha contado su historia. Su hija nos brindó café. Nos despedimos y nos vamos. Anselmo compra el saco de arroz en una casa cercana y seguimos para Jagüey Grande.

Pasamos un momento por la casa de Anselmo y Marlon. Queremos recoger algunas cosas más: un juego de dominó, unas cañas de pescar, toallas, y botellas de agua.

Mientras ellos preparan lo que llevaremos para el monte, aprovecho unos minutos para saludar a José Monzón, que vive cerca. Tiene un criadero de alacranes. Con el veneno de esos animales prepara una medicina natural muy eficaz contra el cáncer. Hace algún tiempo la usé para un cáncer de pulmón que padeció mi madre. No sólo le prolongó la vida, sino que mejoró mucho su calidad porque le eliminó dolores, le abrió el apetito y le dio ánimo hasta el final.

Después de saludarnos, pasamos al ritual del café, y me explica detalles que yo no sabía. De 32 especies y subespecies de escorpiones o alacranes que existen en el mundo, 29 son exclusivas de Cuba. Esos arácnidos son capaces de resistir más de 75.000 roentgen de radiaciones cósmicas, una semana o más bajo el agua, ayunar durante meses. En Cuba existe un viejo dicho para designar a alguien que es duro de corazón: es peor que un alacrán. En parte porque las crías a veces se comen a la madre. Y la hembra se come al macho si logra atraparlo después que éste la inseminó.

Es un animal muy ligado a la santería afrocubana y a otros ritos. En 1985, el biólogo Misael Bordier, en Guantánamo, investigaba diversas posibles fuentes de medicinas alternativas contra el cáncer. En algún momento se le ocurrió utilizar el veneno de alacrán azul. Probó en animales, después en personas, y comprobó que daba resultados. Comenzó a trabajar en colaboración con la Escuela de Medicina de Guantánamo. Hacia 1991 entrevisté a Bordier, para un semanario en el que yo trabajaba en esa época. Él era un hombre muy respetado en su tierra, pero desconocido en el resto del país. En algún momento de la entrevista, Bordier me confiesa que él estaba en el cementerio de su ciudad y vio un alacrán azul que salía de una tumba abierta que estaban limpiando. En ese momento tuvo una inspiración. Ya había experimentado con arañas y otros animales parecidos. Decidió probar con el alacrán azul. Ése fue el comienzo de todo. Una inspiración poética, mística, esotérica, mágica, intuitiva. Yo lo escribí en mi reportaje. En la revista decidieron no publicarlo porque «no es científico», «parece brujería», «no es serio». Posteriormente, en 1997, la revista publicó una nota más «científica» sobre el tema.

En 1992 Monzón tiene una hija de once años enferma de cáncer. Acude a Misael Bordier y comienzan a colaborar. Su hija fue la primera paciente de Monzón. Hoy en día aquella niña tiene veintiséis años, está casada, tiene hijos y se curó totalmente. Lo que no resolvieron tres operaciones quirúrgicas, dos años de quimioterapia y ocho meses de radioterapia, lo curó esta medicina.

Hoy las investigaciones continúan no sólo en Cuba, sino también en universidades de Estados Unidos, China, Francia y México. En Cuba ha tenido que enfrentar una resistencia incalculable. Recuerdo que cuando pregunté, en marzo del 2004, a los médicos especialistas que atendían a mi madre, si ellos estarían de acuerdo en suministrarle la medicina de alacrán, se ofendieron tanto que por poco me ponen en la calle. Me dijeron que era anticientífico, que era brujería, y otras cosas tan ofensivas que es mejor no repetirlas.

Pero yo soy cabezón. Cuando quiero hacer algo, lo hago. Sea como sea y cueste lo que cueste. Así que le di la espalda a aquellos médicos, fui a Jagüey Grande, busqué la medicina y comencé a dársela a mi madre. En pocos días ya tenía más apetito, más fuerza, y se la veía animosa y sin dolores.

Ella fumaba dos cajas de cigarrillos fuertes diarios, de tabaco negro, desde los trece años. Tenía el cáncer diseminado a partir de los bronquios y el pulmón izquierdo, por todo el abdomen, el cerebro y hacia el otro pulmón. Pues bien, nunca tuvimos que usar morfina ni ningún otro calmante. Falleció tranquilamente catorce meses después de aquel incidente desagradable en el hospital.

La oncóloga que la atendió siempre se sorprendía de que no necesitara morfina, pero cuando yo le comentaba de la medicina de alacrán guardaba silencio.

Monzón recibe visitas de pacientes de todo el mundo. Desde Grecia y Rusia hasta México, Chile, Estados Unidos, Holanda. Su medicina cura o alivia el cáncer según el tipo de tumor, su desarrollo y la edad y condiciones físicas del paciente. En algunos casos en que el tumor está demasiado avanzado, al menos prolonga y mejora la calidad de vida.

Además, Monzón regala la medicina. No cobra absolutamente nada a los que acuden a su casa en Jagüey Grande. Después de salvar a su hija en 1992, creo que han tomado la tarea como una obra de amor y caridad. Él, su esposa y sus dos hijas participan en la cría de escorpiones, en la elaboración de la medicina y en atender a cientos de personas que tres veces a la semana los visitan.

Nos despedimos y me dice con una sonrisa:

—Ojalá nunca me necesites, pero si es necesario, aquí estoy a tu disposición.

Unos minutos después salimos Anselmo, Marlon y yo hacia la Ciénaga de Zapata. Hay una buena carretera porque la Ciénaga es un parque nacional con características especiales. Dejamos atrás el central azucarero Australia, muy cerca de la autopista. Sólo queda el esqueleto de lo que fue una fábrica de azúcar. Hace algunos años, al bajar los precios del azúcar en el mercado internacional, en Cuba fueron desactivadas unas setenta fábricas. Quedaron funcionando aproximadamente ochenta. La mayoría de las que se detuvieron para siempre eran ya reliquias industriales con más de sesenta años de trabajo y que se mantenían funcionando a duras penas.

La caña de azúcar y la producción azucarera conforman un estilo, un modo de vivir del cubano a lo largo de varios siglos. El azúcar no sólo definía la economía del país, sino también su cultura, su estilo de vida. Manuel Moreno Fraginals, en un libro que es un clásico definitivo, *El Ingenio*, estudia en profundidad el asunto. También lo hace Fernando Ortiz en *Contrapunteo cubano del tabaco y el azúcar*. Para citar sólo los dos principales libros, de decenas, que abordan la cuestión.

Por ejemplo, para no hablar de economía, la composición étnica de los cubanos está determinada por la necesidad de mano de obra barata para cortar la caña de azúcar. Los esclavos africanos fueron traídos a Cuba —y a otras zonas del Caribe y Brasil— a partir del siglo XVI porque es un trabajo tan brutal que sólo personas muy fuertes y resistentes pueden hacerlo. Ese mestizaje entre africanos superseleccionados y europeos define toda la cultura cubana. Somos mestizos de sangre y de espíritu. Y eso es una posición ante la vida.

Yo soy mestizo, de sangre, de cultura, de sicología, de espíritu. Lo tengo muy asumido desde siempre. Sé que tengo poco en común con otras culturas definitivamente blancas, o definitivamente negras, o asiáticas. Tengo un poco de todas. Dentro de mí suenan al mismo tiempo Beethoven y los tambores yorubá, Hemingway, Kafka y los relatos orales que me hacía mi abuelo de las islas Canarias y una negra vieja que fue esclava en aquella finca de Pinar del Río y siempre se refería a espíritus y muertos africanos ancestrales.

Ser mestizo es vivir en el caos y la alucinación de esa mezcla fascinante que acabo de esbozar. Quizá por eso los cubanos siempre somos delirantes. Dejamos la «corrección política» —es decir la pacatería, la mojigatería y el convencionalismo a ultranza— para personas que viven en culturas amodorradas y ordenadas de otro modo.

Mi función como escritor no es enjuiciar ni juzgar. Detesto a esos flemáticos señores anglosajones que inventan «el canon occidental» y estupideces por el estilo. Detesto esas posturas autoritarias, dictatoriales. Creo que debo más bien exponer, decir, lo que todos sabemos pero nos molesta o desagrada. Ésa es mi contribución al proceso civilizatorio de los mestizos del Caribe.

En una ocasión, durante una cena en la mansión de una señora en Bello Horizonte, Brasil, un famoso teólogo de la liberación, que había leído algunos de mis libros, me presentó a otros invitados del siguiente modo:

—Pedro Juan es un escritor que se ocupa de la basura social de La Habana.

Y yo, en un segundo, le respondí:

—Qué pena escuchar esas palabras tan excluyentes y burguesas en su boca. Para mí todos los seres humanos son iguales. No importa si es el secretario general de la ONU o una jinetera infeliz de La Habana.

Durante el resto de la noche me eludió.

Hay un concepto esencial sobre el tema del azúcar, que permite comprender la esencia del aspecto cultural: Moreno Fraginals en *El Ingenio*, inventa el término *sacarocracia*, como aristocracia del azúcar en los tiempos de vacas gordas, y analiza con datos contundentes cómo esas familias —con su dinero— influyeron definitivamente en muchos aspectos de la vida cotidiana.

Un poco más adelante del central Australia está el criadero de cocodrilos de La Boca, junto a la laguna del Tesoro. Este lago en medio de la ciénaga es un lugar turístico singular, con cabañas sobre pilotes en el agua. Algo inolvidable y no demasiado caro.

El criadero tiene miles de cocodrilos de diversos tamaños, bien protegidos de otros depredadores. Cuando pasan de niños a jóvenes y ya pueden defenderse, los sueltan en la ciénaga.

A principios de los años sesenta, el Gobierno de Cuba hizo pública la idea de disecar la Ciénaga de Zapata y utilizar esas tierras en la agricultura. En esa época yo tenía entre diez y veinte años y recuerdo los continuos reportajes en la prensa. Y los elogios y la pompa sobre los beneficios que aquello reportaría. Ingenieros holandeses, especializados en los diques y en «robar» tierra al mar, visitaron la zona y daban sus opiniones a los periodistas.

Por suerte, al parecer, aquel proyecto era demasiado costoso y nunca llegó a materializarse. Habría originado una catástrofe ecológica incalculable. Hoy en día el parque nacional Ciénaga de Zapata es una reserva privilegiada de flora y fauna típica de los pantanos y se rige hace muchos años por una política ecológica de respeto y protección. Menos mal.

Unos kilómetros más adelante hay un pequeño caserío, limpio y cuidado. Es Pálpite. Hay una valla. Con grandes letras anuncia: «Hasta aquí llegaron los mercenarios.» A un lado y otro de la carretera hay monumentos a los caídos en abril de 1961. Y todavía quedan en la costa trincheras de hormigón de aquella época.

Ésta fue zona de guerra durante unos cuantos días. Un resumen podría ser el siguiente: a mediados de 1960, emigrantes cubanos en Miami organizan la Brigada 2.506, integrada por unos 2.500 soldados cubanos. Reciben entrenamiento militar en Guatemala, con apoyo total del Gobierno y Ejército de Estados Unidos.

El 15 de abril de 1961 un bombardeo sorpresivo de aviones norteamericanos destruyó casi toda la Aviación del ejército cubano, que estaba concentrada en una base cerca de La Habana, en San Antonio de los Baños.

Al día siguiente, durante el entierro de los muertos en el bombardeo, en un acto en la esquina de las calles 12 y 23, en El Vedado, frente al cementerio de Colón, el presidente cubano declara que «La revolución cubana es socialista». Por primera vez se dice esto en público y en voz alta. También hace alusión a que hay noticias de una invasión al país en los próximos días. Pero evidentemente, los datos de inteligencia eran parcos. No se sabía fecha, hora ni lugar.

Al amanecer del 17 de abril se produce el desembarco. La Brigada 2.506 salió de Puerto Cabeza, en Nicaragua. Habían escogido la bahía de Cochinos, entre Playa Larga y Playa Girón. Tuvieron algún apoyo aéreo y avanzaron unos pocos kilómetros tierra adentro. Por ejemplo, Pálpite está a escasos nueve kilómetros de la costa. Se dijo que la idea era establecer cabezas de playa, y pedir ayuda al Gobierno de Estados Unidos, quien se ocuparía entonces de hacer una invasión masiva, ocupar el país y derrocar a los revolucionarios que habían tomado el poder en enero de 1959, tras la fuga del dictador Fulgencio Batista en la noche del 31 de diciembre de 1958. Los norteamericanos nunca dieron el segundo paso y se quedaron tranquilos en casa.

El resto de la historia es que los invasores fueron derrotados y capturados en apenas tres días de operaciones. Posteriormente fueron juzgados. Estados Unidos, a través de la Cruz Roja Internacional, manifestó su decisión de recuperar a los soldados. Éstos fueron tasados, uno a uno, según su jerarquía, entre 50.000 y 250.000 dólares. Al final sumaban unos 50 millones de dólares. Estados Unidos estaba dispuesto a pagar en medicinas y alimentos. Y así se hizo.

La década de los sesenta fue movidita. Pero todavía está ahí, a la vuelta de la esquina, y sospecho que lo más interesante permanece oculto a la luz pública, como es lógico. Por ambas partes, indios y cowboys esconden lo que no les conviene. Conocer muchos de los resortes ocultos del mecanismo será tarea de investigadores en las décadas venideras. Por ahora seguimos tomando ron y bailando reguetón. Al parecer somos despreocupados y nos divertimos mucho en esta islita calurosa y soleada. «Somos felices aquí» es la consigna que los niños pioneros repiten a diario en las escuelas. Y remarcan el «aquí».

Casi a las doce del día llegamos a Playa Larga. Hay poca gente. Cubanos. Ni un extranjero. Comemos pizzas, refrescos, helados. Hay un calor terrible. Me meto en el agua para refrescar un poco. Marlon también. Anselmo insiste en montar la tienda de campaña debajo de unas uvas caletas:

—Ahora no hay mosquitos, pero tú verás cuando oscurezca. A las seis de la tarde tenemos que meternos debajo de la tienda.

Lo ayudamos. Cuando nos estamos instalando vienen dos mujeres a saludarnos, muy alegres. Son dos negras hermosas, de treinta y pico de años, risueñas y conversadoras. Marlon las conoce. Son hermanas y viven en Jagüey Grande. Una de ellas me dice:

—Y tú no te acuerdas de mí, pero nosotros nos conocemos. Yo estuve en tu casa en La Habana.

Quedo sorprendido. Ella insiste:

—Ya tú ves. El mundo es muy chiquito.

—Bueno, habla. Yo no me acuerdo.

—Yo soy Daisy, la hermana de Carlos Manuel.

—¿Carlos Manuel?

—Carlos Manuel, que vive en Erfurt.

—¡Ahh, coño, síiii! Pero hace años que él me visitó en La Habana.

—La última vez que él vino fuimos a tu casa. Agosto del 2003. Hace tres años.

En la década de los ochenta, varios miles de jóvenes cubanos fueron contratados para trabajar en fábricas de la República Democrática Alemana. También de Checoslovaquia, Hungría, en bosques de Siberia, etc. Posteriormente conocí a algunos y nos hicimos amigos. Los visito cuando voy a Alemania. Todos se casaron, se hicieron ciudadanos de esos países y ya no saben vivir en Cuba. Aunque tampoco se sienten europeos. Pero eso es otra historia.

Daisy y su hermana toman ron a vasos. Y cada minuto están más alegres y *confianzúas*. El sexto sentido de la lujuria comienza a funcionar. Marlon se aparta un poco con la hermana de Daisy y hablan en voz baja. Yo con Daisy hago lo mismo. Anselmo sigue trajinando. Organiza todo en la tienda de campaña. En algún momento le paso la lengua a Daisy por el hombro. Tiene sal seca. Ella se ríe y me dice:

—Nunca me olvidé de ti. Tú no te diste cuenta, pero...

—Si fue un ratico. Carlos Manuel creo que me traía algo.

—Unas cartas y unos CD de música clásica que te mandaban los otros cubanos.

—No me acuerdo bien.

—Tienes mala memoria, Pedro Juan.

—A veces sí.

Nos besamos. Hay una química entre nosotros que no necesita palabras.

—¿Vamos *palagua*?

—No, porque yo sé lo que tú quieres, Pedrito.

—Lo mismo que quieres tú.

—Sí, pero aquella gente que está allí son mis sobrinos, mis dos hermanos y unos vecinos. No quiero que me vean. Ya no soy una niña loca.

Señala a un grupo que está al otro extremo de la playa. Vinieron todos desde Jagüey en un camión. Le digo:

—No, ahora eres una *quemá*.

Se hace la ofendida:

—¿Tú crees eso de mí?

—No, mi cielo, es un chiste. Mira, en la tienda hay mucho calor. Vamos por aquí atrás y nos metemos en aquel montecito.

—Está bien.

Cojo una toalla. Marlon, me dice:

—Pedro Juan, en el maletero del carro hay unos cartones que son más cómodos.

Agarro los cartones y me llevo a Daisy a un monte apartado de la playa. Nos teníamos ganas. Se lanza a la macabia y se la mete en la boca sin pensarlo. Yo la acomodo.

Empezamos con un 69. Y seguimos con todo lo demás. Los mosquitos pican, pero es soportable. Nos llevamos tan bien como si fuéramos pareja desde siempre. Media hora después, me dice:

—Vámonos que mi hija debe de estar buscándome.

—¿Tienes una niña?

—De doce años.

Regresamos a la playa. Anselmo sigue solo, sentado encima de una piedra. Marlon y la hermana de Daisy están por ahí. No se sabe dónde. Tomamos un poco de ron. Daisy quiere presentarme a todo el familión. Vamos hasta el grupo. Yo soy un poco tímido cuando veo tanta gente que me escruta, pero logro sobreponerme. Les doy la mano a todos, nos presentamos, tomamos ron y cerveza. Hablamos de Carlos Manuel. De lo bien que vive en Alemania y de que manda dinero cuando puede. Daisy está feliz, como si estuviera presentando a su novio.

Un rato después aparecen Marlon y la hermana de Daisy. Evidentemente también dieron un paseo por el monte. Compartimos en familia. Comemos tamales y chicharrones de puerco, jugamos al dominó, nadamos. Daisy me insiste quinientas veces en que tengo que ir a su casa al día siguiente. Inteligentemente, no me pregunta en ningún momento si soy casado o tengo mujer. Es femenina. Se concentra sólo en lo que le interesa. No dispersa energía. Le prometo ir al día siguiente y visitarla en Jagüey Grande.

Al atardecer se va el camión con todo el grupo. Cae el sol.

Es un lugar bellísimo, y desde el monte comienza el canto de miles de aves: cotorras y pájaros de todo tipo. Anselmo, Marlon y yo nos quedamos casi solos en la playa. En una hora se han marchado todos. Preparamos las cañas y nos metemos en la playa a cien metros de la orilla, con el agua al pecho. No tenemos embarcación, pero de este modo ya ganamos algo. Pasa una hora. El atardecer es lento y hermoso. Al fin se hace de noche, a las nueve, y no hemos pescado nada. Salimos. Dicen que de noche los tiburones se acercan a la orilla. No quiero comprobar si es cierto o no.

Bueno, al menos lo intentamos y nos divertimos. Regresamos a la tienda de campaña. Mientras uno está metido en el agua no hay mosquitos, pero aquí es un enjambre insoportable. Nos vendría bien algún producto repelente. No tenemos.

Marlon pone música y sigue tomando ron. Preparamos pan con aguacate y queso. Es lo que tenemos. Unos bocadillos y agua. Nos quedamos en silencio un rato. Anselmo al fin nos dice, como quien tiene algo atravesado y no puede aguantar más:

—Y a ustedes les gustan las negras. ¡Están del carajo!

—No jodas, Anselmo. ¿Vas a ponerte con ese racismo a estas alturas? —le digo.

Y Marlon, riéndose a carcajadas:

—Jajajá, siempre es lo mismo con este viejo. Cada vez que me ve con una prieta me regaña como si yo fuera un niño.

Él sigue serio. Todo se lo toma en serio. No se ríe. Nosotros disolvemos el asunto con un chiste viejo y gastado:

—Anselmo, el que tiempla con blancas y negras, tiempla más. ¡Despabílate que estás atrás! Eres un objeto museable.

Un rato después nos acostamos y dormimos tranquilamente. Sólo se oía el ruido del mar. Muy suave, en la orilla.

Al día siguiente me despierto muy temprano, salgo silenciosamente de la carpa. Apenas amanece. Entro en el mar para nadar un poco. El agua parece tibia. Las horas de la noche no fueron suficientes para enfriarla. El mar parece una piscina, sin brisa, ni un rizo. Hay mucha arena blanca en el fondo, y el agua ya desde ahora es de color verde esmeralda. Muy limpia y transparente. Cuando me canso de nadar, salgo a la orilla. Serán las siete de la mañana, pero ya han llegado algunos de los que tienen chiringuitos y preparan su mercancía. A los pocos minutos uno de ellos no resiste tanto silencio y serenidad y pone reguetón, a todo volumen. Es insoportable. La necesidad del ruido, necesitan entorpecer la mente. El sol apenas ha salido y ya me rompen los tímpanos con esa música repetitiva y absurda. Recuerdo un pulóver que vi hace unos días a Eduardo del Llano, un escritor amigo. Ponía sobre el pecho: «Estoy hasta los cojones del reguetón.»

En un chiringuito hacen café. Me tomo un doble. Por diez centavos de dólar. El cafecito no está muy bueno, pero tampoco está demasiado malo. Por cinco centavos más le pongo *coffee mate*. Después voy al monte de uvas caletas, fertilizo aquellas tierras con abono orgánico y me siento mucho mejor. Una de las frases más geniales que he escuchado en España es ésta: «Se puede comer mal pero hay que cagar bien.» Filosofía escatológica ibérica.

Marlon y Anselmo duermen a pierna suelta. Hasta roncan. Qué maravilla. Nunca he podido dormir de ese modo. Creo que el cerebro me funciona demasiado. Vuelvo al agua y sigo nadando. Me alejo de la orilla y casi no oigo el reguetón. Floto boca arriba. El agua aquí en el sur es mucho más densa, tiene más sal que en la costa norte. Supongo que se debe a que son aguas más tranquilas. Por el norte pasa la corriente del Golfo y hay mucho más aire del norte-nordeste y otras corrientes marinas. Todo eso aligera el agua, la mueve mucho más. Mientras que en la costa sur de Cuba abundan las marismas y los pantanos, en el norte toda la costa es limpia: arrecifes y arenas blancas. En cualquier guía turística aparece el dato: Cuba tiene más de 2.000 kilómetros de playas.

En realidad, desde el punto de vista de exactitud geográfica, es un archipiélago: Cuba es la isla mayor, isla de la Juventud o de Pinos, que es la segunda, y cientos de pequeños cayos, algunos tan grandes como cayo Coco, cayo Romano y cayo Sabinal, al norte de Ciego de Ávila y Camagüey. La distancia por carretera entre las dos ciudades situadas en los extremos: Pinar del Río y Guantánamo, es de 1.075 kilómetros.

Al fin, sobre las diez de la mañana se despiertan Marlon y Anselmo. Desayunamos pan con queso y una lasca de embutido malo que insisten en llamar jamón, y un refresco. Unos hombres en un camión venden unos mangos hermosos y maduros. Complemento mi desayuno con fruta y decidimos que debemos buscar carbón vegetal para cocinar algo mejor hoy y pescar o comprar pescado. No podemos seguir sólo con sándwiches.

Recogemos el campamento y seguimos carretera adelante, hacia Playa Girón. Voy pensando en Daisy. Además del sexo, hablamos bastante. Está desesperada por irse para La Habana o para Alemania, con su hermano. «Me da igual. El problema es que no soporto ese pueblecito», me dijo varias veces.

—Pero tú naciste allí.

—Sí. Y tengo treinta y dos años y toda mi familia vive allí, pero no lo soporto. Me asfixio.

—En La Habana te pasará lo mismo. Y en Alemania te morirías de tristeza y de aburrimiento.

—¡No, qué va! ¿Tú estás loco? En La Habana sí me puedo mover. Me busco un yuma, dinero, viajes, movimiento. Tú no sabes lo que es vivir en un pueblo chiquito, con todo el mundo mirando lo que tú haces constantemente.

—Ah, ya. Entonces te gustaría vivir en La Habana por lo menos.

—Sí. ¿Me vas a llevar contigo?

—Por ahora no. Tengo el bungaló ocupado.

—Ah.

Al principio me pareció una muchacha muy romántica, que se entregaba con pasión. Bueno, tal vez tiene algo de eso. Pero el pragmatismo femenino ocupa el 99 por ciento de su espíritu. Mejor no voy a su casa ni la veo más. *So long*, Daisy.

En mi mochila encuentro un folleto que me regalaron en la

boca de la laguna del Tesoro, junto a los criaderos de cocodrilos. Este territorio se llamaba Rancho de Juan Caballero cuando en 1636 el español Francisco de Zapata solicitó la merced de tierra. Más bien la merced de ciénaga. El folleto dice que desde entonces era un refugio seguro no sólo para animales sino también para el hombre: aborígenes, piratas, corsarios, bucaneros, cimarrones, mambises, bandoleros, prófugos de la justicia e hispanos.

Hace un recuento de la prehistoria: «Hombres pertenecientes a las culturas mesolítica y neolítica conformaron la prehistoria de estos parajes. La mayor población correspondió al hombre mesolítico medio, que salió del norte del continente sudamericano, navegando a través del Arco de las Antillas, en fechas que oscilan entre 2000 y 1000 a. J.C. Tenían las características típicas de la raza mixta indoamericana y se ubicaron entre los pueblos de más baja estatura del área de las Antillas, con 158,66 centímetros para el sexo masculino y 144,92 centímetros para el femenino.»

Después de un recuento de las investigaciones y hallazgos arqueológicos en la zona, asegura que «Los subtaínos (primeros neolíticos) eran hombres fuertes, de estatura media y de buena presencia. Arribaron a Cuba en el año 500 de nuestra era, procedentes de las costas venezolanas. Eran portadores de técnicas agrícolas y con una antigua tradición ceramista».

Posteriormente, desde 1530 hasta 1830 la Ciénaga de Zapata y sus cayos fueron refugio y sitio de avituallamiento de piratas, corsarios y bucaneros que hacían sus fechorías por el Caribe hasta que Estados Unidos, con la anuencia de España, organizó un escuadrón naval para exterminar la piratería en el Caribe, entre 1821 y 1830. El escuadrón estaba compuesto por los bergantines *Enterprise* y *Spark* y las goletas artilladas *Schark*, *Porpoise* y *Gampus*, bajo el mando del almirante David Poster.

Hacia 1840 casi todos los bosques fueron talados para sembrar caña de azúcar, pero los emigrantes procedentes de las islas Canarias —que huían del servicio militar— entre 1900 y

1925, pueblan los sitios más intrincados y casi inaccesibles de la ciénaga. Incrementan la producción de carbón y aserraderos. Junto a una miseria espantosa y denigrante, la ciénaga era explotada a tope, al extremo de que unos decretos presidenciales de 1912 y 1913 otorgan la concesión para desecar la ciénaga a la Compañía Territorial de Zapata, cuyos derechos fueron transferidos a la norteamericana Zapata Land Company. Llegaron a constituir una comisión de ingenieros, pero el proyecto era demasiado costoso y complejo. Finalmente lo abandonaron hasta que en 1959 la idea la retoma el Gobierno Revolucionario, quien también abandona el proyecto y decide crear un gran parque natural que, además, es reserva de la biosfera, de la UNESCO, y cuenta con todo tipo de protección. A pesar de que hay una carretera, lugares turísticos, playas y hasta una guagua con un viaje diario desde La Habana, hay que tener una gran vocación ascética para vivir aquí. Hay unos veintidós pequeños poblados, con unos nueve mil habitantes en total. Es decir, dos personas por kilómetro cuadrado. Pero hay que saber que el 75 por ciento del territorio es pantanoso y, por tanto, inhabitable. Es el principal humedal de Cuba y se considera el mayor y mejor conservado del Caribe.

El folleto tiene un minucioso conteo de miles de especies de la flora y la fauna que habitan aquí y explica cómo funcionan las áreas protegidas. Por ejemplo, los científicos han localizado 140 especies de plantas con valores medicinales, y hace años que, a partir de estas plantas, se producen 35 medicamentos diferentes.

Hace muchos años que existe un riguroso control legal para la protección, pero tiempo atrás era todo lo contrario. Muchos de los habitantes de la ciénaga eran cazadores de cocodrilos y de garzas. En 1913 una piel completa de cocodrilo valía 50 centavos de dólar. En 1959, un cocodrilo vivo valía 2,50 dólares. La depredación fue brutal. Se calcula que sólo entre 1900 y 1913 se mataron unos 90.000 cocodrilos para convertirlos en carteras y zapatos.

Otra forma de sustento de los cenagueros a principios del siglo XX fue matar miles de garzas reales. Sólo para aprovechar una hermosa pluma que tiene en su cabeza. Las damas de sociedad usaban esa pluma como adorno en sus sombreros.

Anselmo me interrumpe:

—Oye, no leas más. Mira, ahí podemos comprar un poco de carbón vegetal.

Nos apartamos unos metros de la carretera principal. Entramos por un camino de tierra y ahí están Los Hondones. Un caserío con doce casitas de madera y guano, con jardines llenos de pájaros y flores. A primera vista es como un pequeño paraíso. Hablamos con un campesino, amigo de Anselmo:

—No, chico, nadie tiene carbón ahora. Cangrejo es lo que hay.

Anselmo me dice:

—Es masa de cangrejo limpia, sin carapacho. ¿Te gusta?

—Sí.

—Pues podemos comprar aquí, y el carbón lo buscamos en otro lugar.

En una de las casitas, al fondo del caserío, junto al monte cerrado, hay toda una familia dedicada a la tarea. Aprovecharon el tiempo de lluvias, cuando el cangrejo come mucha hierba y «engorda». Es sólo un modo de hablar. Más bien crece. Hay hasta un son montuno que dice: «Cangrejo moro no tiene *ná.* Hueso, hueso *ná má.*»

Lo cierto es que en primavera y verano crecen y abundan por millares en estas zonas costeras. Muchas familias de la ciénaga los capturan y encierran en corrales para que «engorden» más. En definitiva, sólo comen hierba. Después los matan, hirviéndolos en agua bullente. Y entonces se dedican a sacar pacientemente las hebras de carne blanca de los carapachos. La envasan en bolsas de medio kilo y las venden por muy poco, a 10 pesos cubanos, unos 42 centavos de dólar.

Compramos dos bolsas y nos regalan una gran cantidad de limones. Una de las señoras nos dice:

—Ya están hervidos. Si les ponen sal y limón, se los pueden comer.

Pienso que es mucho más práctico seguir este consejo ya que estamos en el monte. La receta cubana típica para cangrejos, camarones, langostas y langostinos de río es más complicada: enchilados, esto es, en una gran cacerola con salsa roja. Lleva puré de tomate, ajos, orégano, laurel, pimienta negra, un poco de manteca de puerco, sal, limón o naranja agria, y quizá un chorro de vino seco al final. No hay que cocinarlos mucho, para que queden en salsa abundante. Y se acompañan con boniatos, congrís de frijoles negros, ensalada, y tal vez yuca hervida. Y cerveza y música y baile y gozadera. Porque, al final, una «cangrejada» es sólo para divertirse y comer poco. Un pretexto para reunir a la familia y los amigos. El que quiere llenarse la barriga tiene que comer arroz, frijoles y boniato, porque el cangrejo sólo entretiene.

Además, con toda esa salsa complicada, los cangrejos o la langosta han perdido todo su sabor a marisco. Al cubano típico le desagrada el sabor a marisco y trata de «matarlo» poniendo mucho ajo, cebolla y hierbas aromáticas. Aquí se come poco pescado.

Dicen que cuando se busca algo, no se encuentra. Resulta que aquí todos hacen carbón, pero en este momento nadie tiene. Al mediodía llegamos a la poceta Los Peces. Un lugar muy turístico. También llaman *cenotes* a este tipo de lagunas. Hay gente nadando. Es una poceta de agua salada en medio del monte. Un lugar bellísimo e inesperado. Hay un calor insoportable y nado un buen rato. El agua está muy fría y salada.

Después leo en el folleto: «Sistema espeleolacustre. Éste es el nombre que recibe el sistema de cuevas hundidas que existe paralelo a la costa suroriental de Zapata. Por la gran solubilidad de la roca caliza que forma la zona, se formó en épocas geológicas pasadas un extenso sistema de cuevas. Al subir el nivel del mar con la última glaciación, estas cuevas quedaron por debajo del mismo y por eso hoy se encuentran inundadas.

»Los movimientos tectónicos ocurridos ocasionaron una gran falla que se hace visible desde Playa Larga hasta Cienfuegos en el agrietamiento de la roca. En algunos lugares el agrietamiento coincidió con una cueva, lo que provocó el derrumbe del techo de la misma. Hoy lo que se observa en la superficie es un pequeño lago entre piedras llamado cenote. Se han reportado en esta zona más de 80 cenotes.»

Entonces recuerdo que en Yucatán también abundan estas lagunas y también se denominan cenotes. También los hay en el extremo occidental de Cuba, en la península de Guanahacabibes.

Después seguimos. En el pueblo de Playa Girón, viven otros amigos de Anselmo: Eduardo Ramírez y su padre Sandalio:

—Vamos allí para que veas algo raro.

Tiene una casa bonita, muy bien pintada. Al fondo hay una gran jaula con más de cien jutías. Uf, parecen ratas enormes. Eduardo, muy orgulloso de su criadero, me explica:

—Tenemos 128 jutías. Hace nueve años comenzamos, como un pasatiempo, con cuatro jutías, pero se reproducen bien y sólo comen tallos y hojas. La Asociación Cubana de Producción Animal viene aquí a chequearnos cada cierto tiempo porque dicen que es el único criadero tan grande en Cuba y Centroamérica, y nos dieron el título de Centro Nacional de Referencia en la Conservación de Jutías.

La jutía *(Capromis pilorides)* es, junto con el venado de cola blanca, de los animales más perseguidos en todos los bosques de Cuba, no sólo en esta ciénaga. La gente necesita proteínas y hay que sobrevivir. El resultado es que son especies en peligro de extinción, al igual que las caguamas y los careyes, que son unas tortugas grandes, y los manatíes, que se atrapan cerca de las costas y también proveen carne en abundancia.

Una larga lista que hay en el folleto que consulto continuamente clasifica a todas estas especies y a otras muchas con estatus «vulnerable» y «crítico».

Finalmente, Eduardo me asegura que ellos no se comen jamás una jutía. Pero me lo dice con demasiada solemnidad para ser cierto. Un rato después, ya más relajados, su mamá nos explica cómo se prepara la jutía a la cacerola, sólo con limón, cebolla y sal «para ablandarla bien porque tiene la carne un poco dura».

Bueno, muy bien, peor es que toda la familia tenga anemia por tal de cuidar a las jutías.

Eduardo es un tipo simpático, un guajiro de aquellos montes. Cuando se entera de que buscamos carbón, nos dice:

—Dejen el carro ahí y vamos en el riquimbili hasta la casa de los González, que ellos seguro que tienen un saco para ustedes.

Me explico: el riquimbili o chivichana es un invento cubano. La gente le agrega un motorcito pequeño a una bicicleta. Todo muy artesanal, y ahí tenemos un transporte. Pero el de Eduardo es más sofisticado. Toda una obra de ingeniería. Es una moto, triciclo, con un pequeño espacio para carga, hecho con pedazos de automóviles rusos marca Lada y Moskvich, y de motos rusas Ural. El motor es de una planta eléctrica. Algo admirable. Muy fuerte. Anselmo y Marlon nos esperan. Nos metemos por unos senderos fangosos, casi intransitables en el monte. Pero el riquimbili, en la práctica, es un pequeño tractor. En quince minutos llegamos a casa de los González. Tampoco tienen carbón. Nos aconsejan que lleguemos a la zona de El Polvorín, cerca de Playa Girón.

Allá vamos. Por suerte, la carretera está en buen estado y Anselmo y Marlon conocen bien la zona porque, aunque tenemos un mapa detallado, no hay indicaciones de tránsito. Nada. Un extranjero tendría que preguntar continuamente o por lo menos no explorar tanto como nosotros.

Llegamos a El Polvorín. Hay una casita muy humilde en medio de una arboleda. Y allí vive un personaje de película. José Pérez Ortega tiene sesenta y cinco años y está cubriendo con tierra un horno de carbón.

El horno consiste en una cantidad de troncos dispuestos de forma circular. Se cubren con hierba y después con tierra. De este modo, el horno toma la forma de un cono truncado. Por un agujero encima se le aplica fuego y se controla de tal manera que, en varios días, la madera se carboniza, pero no se quema totalmente. Si, por un descuido, la tierra se corre y entra oxígeno en el horno, la madera se quema y se convierte en cenizas en pocas horas. Adiós al trabajo de semanas.

José es un hombre típico de esta zona: «Hace sesenta y dos años que vivo aquí mismo, haciendo carbón. Cuando desembarcamos por Playa Girón con mis padres, éramos nueve hermanos. Después cuatro más. Trece en total, así que a esa edad ya empecé a cortar leña y a hacer carbón. No sé hacer más *ná* en la vida. Pero estoy cansado. Ya no puedo más. No tengo ni un televisor.»

José es un hombre resentido. A los sesenta y cinco años supone que merecía algo más de la vida: «Por un saco de carbón me pagan un peso cubano, y la empresa del Gobierno lo vende a 12,30. Y nadie me oye. Mis mujeres me han ido dejando. Mis hijos también. Mira dónde duermo.»

Nos enseña en un pequeño bohío de madera, con piso de tierra, un «colchón» de paja en un rincón. En los alrededores hay mierda de perros. Se queja también de que no tiene zapatos y no sabe qué hacer. Al final nos dice: «Yo soy el hombre más *desgraciao* y más *abandonao* del mundo.»

Bueno. Casi da ganas de llorar. Anselmo me dice muy bajo al oído: «Él no cuenta lo que no le conviene. No dice que ha sido un borracho toda su vida y por eso las mujeres lo dejan abandonado, porque tiene la mano suelta y las atiza. Pregúntale por Petra.»

José está en lo alto del horno arreglando un poco la tierra. Voy hasta él y le pregunto:

—Usted tuvo una mujer que se llamó Petra. ¿Qué le pasó?

—¿Quién le contó eso a usted? Usted no es de esta zona..., uhmmm... eso fue hace muchos años. Yo no sé dónde está Petra. Huyó de aquí con sus hijos.

Anselmo interviene y acusa a José:

—Petra era una buena mujer. Huyó de aquí con los dos muchachos porque usted le partió un brazo a golpes con un palo. Eso lo sabe todo el mundo por aquí.

—Un hombre comete errores en la vida. No la maté. Yo bebía mucho y...

Yo intento disolver la conversación. No he venido aquí a juzgar a este infeliz:

—José, nosotros sólo queremos comprarle un saco de carbón. A mí no me importa su vida y disculpe si lo hemos molestado...

—Sí, me han molestado bastante. Uno no debe acordarse de lo que ya pasó. Yo soy un *amargao*, un hombre *abandonao* por la mano de Dios.

Anselmo va a seguir discutiendo, pero lo aguanto con un gesto. Cargamos el saco de carbón en el maletero. Pagamos y nos vamos. Cuando nos alejamos un poco, Anselmo se niega a guardar silencio:

—Y por hijoputa que ha sido siempre, se va a morir solo y lo van a encontrar por las tiñosas si no se lo comen antes las ratas.

Ya no quiero hablar más del tema. Estoy viajando para olvidar un poco el lado oscuro y salvaje de los seres humanos.

—Bueno, Anselmo, olvídate de ese infeliz. Todos somos crueles y despiadados y brutales. Como dice la Biblia: «El que sea inocente que lance la primera piedra.»

—«El que esté libre de pecado», Pedro Juan.

—Eso es. No leo mucho la Biblia.

—Es que me acuerdo muy bien de lo que le hizo a Petra en medio de una borrachera. Si la mujer no sale corriendo por el monte, la mata. Ha sido un salvaje toda la vida.

—Entonces, tú lo conoces desde hace años.

—Pedro Juan, yo soy ingeniero y trabajé aquí en las empresas forestales durante más de veinte años.

—Hasta que te metiste a taxista.

—Sí, saqué mis cuentas y con el taxi gano mucho más.

—¿Y Petra está viva entonces?

—Petra estuvo perdida en el monte casi tres días, con los dos niños a cuestas. Al fin logró encontrar un grupo de los nuestros que estaba cortando leña y la salvaron a duras penas, porque ya estaban medio muertos los tres. Ella vive en Jagüey Grande y es cocinera en un comedor obrero. Nunca quiso acusarlo porque le tiene miedo. Y ya. Eso pasó hace... unos quince años. Nadie se acuerda.

Seguimos en silencio. No quiero estimular más el lado tenebroso de Anselmo. En realidad no quiero saber más. A veces uno está tan agotado emocionalmente que tiene que cuidarse para intentar salir de las tinieblas. Estoy en eso. Tratando de olvidar un poco ciertos libros que he escrito y ciertos lugares en que he vivido en los últimos dieciocho años. Demasiada carga para mi pobre corazón mestizo.

Media hora después de atravesar por un camino de tierra en una zona de flora protegida y exuberante, llegamos a un cenote grande y hermoso. Le dicen caleta El Toro. Es una laguna rodeada de monte espeso. Hay tres o cuatro carros y unas doce personas acampadas entre los árboles.

Me lanzo al agua a nadar y refrescarme un poco. Hay 32 grados Celsius y 95 por ciento de humedad a la sombra. Cuando salgo, son casi las cuatro de la tarde. El calor, la humedad y el hambre me tienen agotado. Anselmo no ha perdido el tiempo. Ya cocina en una hoguera que improvisó con unas piedras y el carbón. Tenemos cangrejo, arroz blanco, boniatos hervidos, aguacate y cervezas calientes. Marlon me dice:

—Aquellos yumas tienen una nevera con hielo. Tú verás.

Coge las seis cervezas de lata y va hasta ellos. Habla un poquito, muy sonriente, y le dejan poner las cervezas en la nevera para que se refresquen.

Entre Anselmo y yo montamos la tienda de campaña y, sobre todo, los mosquiteros. Después de almorzar, caigo rendido sobre mi esterilla de caucho, al fresco y la sombra de las uvas caletas.

Dormí una hora. Me despiertan unos «vecinos» que a pocos metros montaron un juego de dominó. Y juegan a la cubana, por supuesto: tiran las fichas con fuerza sobre la mesilla y gritan y vociferan cada jugada y cada triunfo o pérdida. Un poco más allá otros pusieron un equipo de música. Reguetón a todo trapo. ¡Coño! Yo buscando paz y serenidad y las alteraciones cubanoides me persiguen hasta en este monte a 250 kilómetros de La Habana.

Anselmo y Marlon esperan junto a la mesa para jugar al dominó con los vecinos. Los únicos que están más tranquilos y no hacen ruido son los yumas. Son una mujer y un hombre. Parecen alemanes y leen, ajenos a todo. Un poco más allá hay un camioncito con unas seis personas. También se han instalado para pasar la noche junto a este cenote. Caminando hacia allá, descubro que estamos a unos pasos de la costa. Arrecifes duros. Diente de perro y el mar abierto. Se me acerca un viejo del grupo del camioncito. Es muy simpático porque es un viejo camión Fargo, de 1940 o más atrás. Fue un vehículo reglamentario del ejército de Estados Unidos durante la segunda guerra mundial. El viejo y yo nos sentamos sobre unas piedras a conversar mientras se hace noche poco a poco:

—Ese camioncito es de mi hijo. Somos de Santiago de Cuba.

—¿Y vienen hasta aquí de vacaciones?

—Nosotros somos medio gitanos, jajajá. Nos gusta caminar por gusto. Por eso tenemos el camioncito preparado.

—Y esos camiones son duros.

—Durísimos. Está como nuevo. Todavía tiene el motor original de fábrica y la caja de cambios. Todo es original, y yo calculo que habrá recorrido Cuba de un extremo a otro por lo menos cien veces. Y lo que le falta.

—Usted también se ve fuerte.

—Pero tengo setenta años. Ya me duelen todos los huesos. He trabajado demasiado en esta vida. A ver si en la próxima trabajo menos. A lo mejor nazco millonario, jajajá.

—Bueno, ojalá tenga suerte. Pero todavía en ésta le queda bastante.

—Sí. No me puedo quejar. Y además ha sido entretenida. Yo de joven trabajé en un circo con unos gitanos.

—¿Ah, sí? ¡Qué interesante!

—Sí. Yo hacía la «mano negra». Era un truco. En un escenario, nada más que se veía mi mano de un lado a otro, haciendo trastadas al mago. En realidad yo me vestía de negro, el escenario era muy negro y las luces se ponían con mucho cuidado. Al público le gustaba. Era lo más sencillo del mundo, pero la gente no se daba cuenta del truco. Y se divertía.

—¿Y qué pasó? ¿Por qué se fue del circo?

—Chico..., en realidad yo estaba enamorado como un perro de una gitana del circo. Ellos se fueron en 1959, cuando este gobierno empezó a apretar las tuercas, los gitanos se fueron todos. A los gitanos no hay quien los controle. En el país había como veinte circos pequeños, de gitanos.

—¿Y no se quiso ir con la gitanilla?

—No. Todavía me duele acordarme de cómo nos despedimos. Era una mujer muy fogosa y muy dulce, pero de muy mal carácter. Muy mandona. Y cuando vio que yo me quedaba me tiró cincuenta maldiciones una atrás de la otra, jajajá.

—¿Y se cumplió alguna?

—¡Ni una sola! Yo me eché a reír y le dije: «Todas esas maldiciones están dichas con demasiado cariño y no sirven *pa ná*.» Y así fue. Mírame aquí, lo bien que estoy.

Capítulo 5

Hay dos ciclones rondando en el Caribe. Ojalá puedan alejarse hacia el norte y no acercarse a Cubita. El año pasado tuvimos un récord de desgracias. Fueron tantos los ciclones que se agotó el alfabeto y los meteorólogos tuvieron que recurrir al griego. Los últimos huracanes, en octubre del 2005, se llamaron Alfa, Beta, Gamma, etc. Primera vez en la historia que fue necesario ese recurso. Ya la temporada termina a finales de este mes. Estamos en octubre del 2006. El tiempo pasa rápidamente. El año pasado lo peor fue la invasión del mar el 24 de octubre, con el Wilma. Miles de casas inundadas durante dos días.

Los grandes ciclones de que se tiene noticia, que han arrasado La Habana, se produjeron el sábado 10 de octubre de 1846 y el domingo 11, con vientos superiores a 250 kilómetros por hora. Dejaron cientos de muertos y muchos barcos se fueron a pique en el puerto.

El otro famoso fue el del 19 y 20 de octubre de 1926. Dejó más de seiscientos fallecidos. Alejo Carpentier escribió sobre ese fenómeno: «Dejó una serie de fantasías tremebundas como marcas de su paso: una casa de campo trasladada, intacta a varios kilómetros de sus cimientos; goletas sacadas del agua y dejadas en las esquinas de una calle; estatuas de granito decapitadas de un tajo; coches mortuorios, paseados por el viento a lo largo de plazas y avenidas, como guiados por cocheros fantasmas. Y, para colmo, un riel arrancado de una carrilera, levantado en peso, y lanzado sobre el tronco de una palma real con tal violencia que quedó encajado en la madera, como los brazos de una cruz.»

El otro famoso fue el del 18 de octubre de 1944, mayor que el de 1926, con vientos superiores a 260 kilómetros por hora, y vientos sostenidos superiores a 90 kilómetros por hora durante las largas horas de su paso lento y arrollador. Por la costa sur el mar penetró 10 kilómetros tierra adentro hasta alcanzar 5 metros de altura en algunos puntos, con un balance final de trescientos muertos.

Ocurridos todos en octubre, los huracanes de 1846, 1926 y 1944 quedaron en la memoria colectiva de los habaneros. El Wilma, el 24 de octubre del 2005, con inundación durante más de dos días de casi toda la zona superpoblada del litoral de la ciudad, no fue casi nada, porque al menos no se registraron muertos. Ahora la Defensa Civil toma muchísimas medidas preventivas, y los daños son mínimos.

Me aterro cada vez que se acerca un huracán a la ciudad: si uno vive en un octavo piso, desguarnecido por los cuatro costados, frente al mar del Caribe, está expuesto a vientos, lluvia, rayos y el copón divino. Hace tres o cuatro años —no recuerdo qué ciclón— me arrancó de cuajo una ventana, sobre las doce de la noche y ya con toda la ciudad a oscuras, porque preventivamente cortan la electricidad. Resultado: mi mujer y yo empujando la ventana desde dentro para evitar que el viento de mucho más de 100 kilómetros por hora se la llevara de cuajo. Si el viento hubiera podido más que nosotros, toda esa tromba de aire habría penetrado de golpe dentro de la casa, con lluvia copiosa incluida, y los destrozos hubieran sido totales. Mejor ni pensarlo. Por suerte, fuimos más fuertes nosotros dos en medio de la oscuridad total. A eso de las cinco de la mañana, el viento amainó y pudimos aflojar y descansar. Dos o tres días después, un albañil colocó de nuevo la ventana y no nos quería creer que estuvimos allí cinco horas aguantando.

En fin, como decimos los cubanos: en otros lugares es peor porque tienen terremotos y volcanes, aquí sólo son los ciclones. Lo bueno de octubre, huracanes aparte, es que al fin comienza a refrescar y a descender un poquito la humedad. De mayo a septiembre es terrible. Más del 90 por ciento de humedad y temperaturas entre 22 y 34 grados. Uno anda desmadejado, como un zombi, y camina a duras penas.

Ahora que refresca estoy pensando en hacer un viaje por Matanzas, por el barrio de mi infancia, donde viví hasta los veinticinco años. Los escenarios de una época de mi vida mucho más ingenua e inocente, aunque loca, efervescente y desesperada. Son las localizaciones que aparecen en *El nido de la serpiente*. Pero antes quiero ir a El Rincón a limpiarme y soltar lo malo y pedir por mi salud, con san Lázaro, que buena falta que me hace.

El mensaje de la historia de san Lázaro queda claro: el que descuida a su familia y anda en bares y cantinas con mujeres de la calle, enferma, se convierte en un mendigo leproso y muere solo y abandonado. Pero hasta ese infeliz, perdido y repudiado, puede tener la salvación por la fe en Dios y en su hijo Jesús.

Ésa es la esencia del asunto. Al que le sirva el sayo que se lo ponga.

Creo que es una historia universal. ¿Quién no ha sido tentado a ir de parranda con muchas mujeres? Más aún, seamos justos: también hay muchísimas mujeres tentadas a todo tipo de intercambio sexual, ya sea en grupos de *swingers* o con más discreción. Tengo historias suficientes para escribir un libro suculento de mil páginas o más. Sólo con mujeres pecadoras y gozadoras. Y no sólo cubanas, *of course*. Desde danesas, españolas y austriacas con la mente perdida hasta italianas, holandesas, alemanas, mexicanas y un largo etcétera.

A veces me río solo, pensando en estas aventuras escabrosas y en lo sabroso que sería el libro, sobre todo muy didáctico. Y mi mujer, que desconfía hasta de su sombra, me pregunta: «¿De qué te ríes tan pensativo?» Y yo: «No, de nada. No sé.»

Los seres humanos siempre queremos probar lo desconocido, aventurarnos un poco más allá. Y nos dejamos tentar. Ese afán de violar la última frontera es inherente a la naturaleza humana. Hay que romper la rutina y probar algo diferente.

Por ejemplo, en los alrededores de mi casa, en Centro Habana, conozco unos cuantos casos de mujeres que han transitado sucesivamente por varios estadios en el breve transcurso de dos o tres años. Inicialmente eran pobres, practicaban apasionadamente la santería afrocubana, usaban siempre todos los collares simbólicos, y quizá eran un poco trascuerdas. Después pasaron a ser jineteras, con una vida nocturna atropellada, con más dinero y cierta elegancia arrogante a lo Josephine Baker. Y finalmente, arrepentidas y extenuadas, terminan en alguna secta religiosa, llenas de paz y serenidad (al menos aparentemente), con una Biblia en la mano, y de casa en casa, humildemente, predicando la palabra de Jehová.

En fin, somos apasionados los seres humanos, y damos traspiés intentando probar todos los caminos posibles. No me canso de observarlos. Y de observarme, porque yo también soy un caso de estudio.

Esa mezcla de magia, poesía y antropología sociológica que tanto me fascina alcanza su grado mayor en dos libros esenciales: la Biblia y *El Monte*, de Lidia Cabrera.

El primero es un compendio fabuloso de la naturaleza humana. Narra desde los actos de amor más asombrosos hasta la crueldad, la barbarie total y el apocalipsis al que podemos llegar. *El Monte* es una colección magistral de toda la mitología africana, traída al Nuevo Continente por los esclavos y replantada aquí con música, historias, ritos, imágenes, creencias, lenguaje y, por supuesto, una filosofía, una visión cósmica, muy peculiar.

En la Biblia, los dioses viven en el cielo y son intangibles. En *El Monte*, los dioses (orishas) viven en el bosque, en el monte, y están hechos a semejanza de los seres humanos, con unas mezclas fabulosas de realidad y magia.

San Lázaro en el santoral católico equivale a Babalú Ayé en la mitología afrocubana.

Todavía hoy —increíblemente— algunas personas comienzan en noviembre un largo recorrido de peregrinación para pagar promesas, arrastrando pesadas piedras y cadenas. Algunos hasta avanzan sobre sus espaldas, o sobre las rodillas. De ese modo, hacen un peregrinaje doloroso, extraño, lacerante, masoquista. Y supongo que único en el mundo. Cubren decenas y decenas de kilómetros torturándose, hasta llegar el 17 de diciembre a la iglesia de El Rincón, dedicada a san Lázaro.

El Rincón es un pequeño pueblo, a unos veinte kilómetros escasos al sur de La Habana. Adjunto a la iglesia funciona un antiguo hospital para leprosos. Y, por una extraña coincidencia, a un par de kilómetros hace años está Los Cocos, una especie de asilo de acogida para enfermos de sida.

La versión cristiana la cuenta san Juan en su Evangelio. Lázaro estaba enfermo en Betania, una aldea donde siempre había vivido con sus hermanas Marta y María. Ellas enviaron un mensaje a Jesucristo para que fuera a curarlo. Cuando al fin llegó, Lázaro hacía cuatro días que estaba en el sepulcro. Jesús fue a la cueva donde lo habían enterrado y, ante la mirada asombrada de varios testigos, produjo otro de sus milagros: resucitó a Lázaro. Más y más personas creían en el Enviado de Dios.

Babalú Ayé, en la santería afrocubana, era muy mujeriego, y por eso su mujer, Oshún, lo abandonó.

Orula —otro de los orishas, encargado de interpretar el oráculo de Ifá, que es el nivel más alto de sabiduría de la religión yoruba— lo encontró y le dijo que no andara más con mujeres, pues se iba a enfermar. Babalú Ayé no se controló y se fue a acostar con una de sus amantes. Al otro día amaneció con el cuerpo cubierto de llagas purulentas. Todos lo rehuían. Sólo andaba por la calle acompañado de perros que le lamían las heridas.

Entonces los sabios lo castigaron, pues había traído la enfermedad al pueblo. Babalú Ayé se fue a caminar por el mundo y murió solo y abandonado. Cuando Oshún lo supo, le pidió a

Olofi (ser supremo, creador del mundo), que le diera la vida de nuevo, y éste así lo hizo.

Cuando Babalú Ayé resucitó, se dedicó a curar a los enfermos que encontraba en su camino. A este orisha pertenecen los granos y las mujeres, a quienes aconseja en asuntos amorosos. Para pedirle algo, se prepara una bolsita con frijoles y centavos y se tira en las cuatro esquinas.

Muchos cubanos creen en su poder, sobre todo para curar enfermedades. Conozco algunos casos de curaciones que dan escalofríos, aunque lo habitual es que a la gente no le guste comentar estas experiencias —seguramente por temor a que no los crean— y las guardan como algo muy privado.

Cuento sólo una que sucedió hace poco: la madre de una amiga tenía un tumor maligno en la zona del bajo vientre. Todas las pruebas de ultrasonido y resonancia magnética lo ubicaban perfectamente. Los médicos querían operar. Mi amiga pidió vehementemente a san Lázaro la curación de su madre y le hizo una promesa.

Sanó totalmente. Los médicos en las últimas semanas han repetido tres veces las pruebas con ultrasonidos. El cáncer no aparece. Ni rastro.

Mi amiga me contó esto con mucha privacidad y me dijo: «Ni mi madre sabe que hice la promesa a san Lázaro por su sanación. Estas cosas no se hablan.»

Así es. Confiar, pero al mismo tiempo guardar el secreto.

Supongo que hay algo de atmósfera espiritual, de predisposición mental, interior, que es esencial para que todo esto funcione. Tengo un amigo holandés que viene a La Habana con frecuencia. Tiene collares de Changó, de Obbatalá y de Babalú Ayé. También los guerreros, y ha hecho otras ceremonias yorubas. Pero en una ocasión me dijo, un poco desilusionado: «No sé qué pensar porque todo esto me funciona muy bien aquí en La Habana, pero cuando llego a Ámsterdam ya no...»

Yo me sonreí solamente. ¿Qué le podía decir?

De todos modos, esta idea de privacidad y silencio que rige

la comunicación con Babalú Ayé se rompe estrepitosamente cada 17 de diciembre —y en los días anteriores— cuando una multitud enervada después de una larga y agotadora peregrinación pugna por acercarse como sea al altar del santo, en la pequeña iglesia de El Rincón. Unos para agradecer las plegarias atendidas, otros para pedir favores y sanaciones.

Yo, como la gran mayoría, prefiero los días tranquilos y sosegados. Comparto la idea de que en esto lo mejor es no hablar mucho. Y guardar silencio.

Así que, por supuesto, no escribiré nada de mis pedidos personales en El Rincón. Increíblemente me encontré allí con mariachis. Alguien los llevó para cumplir una promesa muy original: ofrecerle música a san Lázaro en el patio de la iglesia. Allí estaban, tocando rancheras y boleros bajo el sol, a las nueve de la mañana. Hay que reconocer que es una promesa muy original y bonita. Al menos nos alegraron la vida a todos. Estuve una hora oyendo la música y recordando.

Mi relación con los mariachis y las rancheras se ha movido siempre dentro de una atmósfera tempestuosa y con un sabor corrosivo.

En el verano de 1990 pasaba unos meses en Ciudad de México y tenía un romance apasionado y excesivamente carnal con una señora de mucha elegancia y poca plata. Era una situación cantinflesca. La señora era una alta ejecutiva de la televisión, pero contaba cada centavo de un modo meticuloso. En aquella época, yo me parecía mucho a Cantinflas (al Cantinflas pobre, flaco y medio loco del principio, no al otro, el comedido y pulcro señor de traje y corbata, criador de toros de lidia).

De tal modo, encontramos un lugar ideal para divertirnos mucho y gastar poco: plaza Garibaldi, viernes por la noche. El truco era sencillo y supongo que nada original: nos sentábamos en algún café, en una mesa contigua a otra donde hubiera alguien enamorado y con dinero. Por ejemplo, un americano con una morena mexicana, de esas que nacen de Sinaloa para arriba, muy sexis.

Aunque parezca mentira, siempre había disponible un apacible americano de mediana edad y una morenaza tipo María Félix. Y un mariachi venía y les cantaba sobre el amor y los desengaños. Él no entendía aquellas canciones a grito pelado y tan desesperadas, pero pagaba puntualmente, una a una, como debe ser. Y ella, con una actuación impecable, las lágrimas en los ojos, pedía otra y otra y otra. El mariachi cobraba, por lo menos, a cinco dólares la canción. Y nosotros allí, también emocionados pero felices, sólo con unos tequilas y sangrita.

Por cierto, el cantante siempre tenía colgado del cuello un letrero que decía: «El mariachi no acepta tarjetas de crédito.» Esto no viene a cuento, pero es un detalle simpático.

Después, ya a las tres o las cuatro de la mañana, nos íbamos a casa, y la fiesta duraba horas porque la señora era toda una *geisha* mexicana. Doctora en artes amatorias. Con el tiempo me confesó que había vivido muchos años en Japón con su ex marido, que era diplomático. Nunca le pregunté los detalles, pero supongo que tomó cursos prácticos de *geisha*. Si los hay de *ikebana*, de ceremonia del té, y de *reiki*, seguro que también los hay de *geisha*.

¡Inolvidable la señora! Me ahorro los detalles. Éste no es el lugar.

El romance fue interrumpido porque yo tuve que dar un viaje de veinte días al norte, que me llevó hasta Tijuana, en la frontera con Estados Unidos. Al regreso, el pasaje en avión valía 200 dólares, y en autobús, 60. Reconozco que soy estoico y frugal. El viaje en autobús duró treinta y nueve horas.

Pero lo peor no fue todo ese tiempo sentado a través del desierto de Sonora, las montañas, los precipicios y abismos terribles, las carreteras estrechas y las curvas cerradas. No. Lo peor fue que los dos señores chóferes que se turnaban al timón tenían una reserva infinita de casetes de Los Tigres del Norte.

¡Dios mío, si no me volví loco en ese viaje, ya estoy salvado para siempre! El cerebro está construido a prueba de balas.

Nunca había escuchado tal sarta de tragedias, *puñalás*, sangre, lágrimas, abandonos, borracheras, traiciones, cárcel, infidelidades, balazos, locura, perdición, tristeza, descalabros, diabluras y venganzas de todo tipo.

Los Tigres del Norte merecen el récord Guinness por poseer en su repertorio la mayor colección del mundo de crueldades, bajezas y horrores humanos.

Llegué tan mareado y falto de sueño a Ciudad de México que cometí la torpeza de entrar en el metro a las ocho de la mañana —hora pico—, y un miserable h... p... me robó del bolsillo los 170 dólares que me quedaban. Ésa era toda mi fortuna, ganada a dentelladas en Tijuana. Llegué a la casa muy mal. Tenía ganas de darme cabezazos contra la pared, por imbécil. Me duché, dormí, descansé, y por la noche, la *geisha*, para animarme, me dice: «Escucha esto, qué bonito.»

Y pone un disco de Paquita la del Barrio: *Fallaste corazón, No más por tu culpa, La que se fue, Te parto el alma, Que me lleve el diablo, Enséñame a olvidar.*

—¡Por favor, quita eso y no jodas!

Y ella que no. Preparó tequilas con sangrita y se dispuso a darme unos masajes tántricos, como siempre, para empezar.

Mis nervios no resistieron. Me levanté de la cama y apagué el equipo. Y ahí empezó la bronca. Recuerdo su primera frase:

—¡Eres un mamón!, ¿me estás oyendo, inútil?

Yo alcé más la voz. Ella, más alto aún, dijo que yo era un machista insoportable y un imbécil haragán con retraso mental, etc.

En fin. Terminé a las doce de la noche en la calle y sin un centavo ni idea de qué hacer. No hice nada. Por suerte no había frío. Dormí en un parque cercano. Era una colonia tranquila, con árboles y todo.

Al día siguiente me las arreglé para recoger mis cosas, adelantar el boleto de avión y regresar a La Habana y contarle a todo el mundo que el viaje había sido estupendo. No he vuelto a ser jamás a la *geisha* mexicana.

Lo único que me quedó de todo aquello fue un mal sabor

de boca con la música mexicana, aunque en realidad los problemas me los busqué yo solito. Pero la música estaba ahí, de fondo, alimentando el corazón.

Han pasado los años. Y uno olvida. Ahora estoy en El Rincón, oyendo al Mariachi Real Jalisco, de La Habana, y compruebo que ya me parecen tiernas y amorosas esas canciones, aunque excesivas a ratos.

Me les acerqué. El auto que usan parece una nave extraterrestre: un ford Galaxia de 1960, transformado en una limusina espectacular y única, donde increíblemente caben los once integrantes del mariachi. Es un acto de magia.

Increíble pero cierto. Me he aficionado de nuevo a los charros y los mariachis. Han pasado dieciséis años desde aquellos sucesos casi sangrientos en Ciudad de México. Dicen que el tiempo no pasa por gusto. Uno se hace mejor, tal vez. Me gusta escuchar —no sé por qué o no quiero saber— aquella ranchera que se titula *Fallaste corazón*:

> *Y tú que te creías el rey de todo el mundo,*
> *y tú que nunca fuiste capaz de perdonar.*
> *Y cruel y despiadado de todo te reías.*
> *Hoy imploras cariños, aunque sea por piedad.*
> *¿Adónde está tu orgullo?*
> *¿Adónde está el coraje?*
> *Porque hoy que estás vencido, mendigas caridad.*
> *Ya ves que no es lo mismo amar que ser amado,*
> *hoy que estás acabado, qué lástima me das.*
> *Maldito corazón, me alegro que ahora sufras,*
> *que llores y te humilles ante este gran amor.*
> *La vida es la ruleta donde apostamos todos,*
> *y a ti te había tocado no más la de ganar,*
> *pero hoy tu buena suerte la espalda te ha volteado.*
> *Fallaste corazón, no vuelvas a apostar.*

Capítulo 6

El barrio Chino de La Habana queda cerca de mi casa. Hoy en día es muy pequeño y me suena un poco falso. En relación con barrios chinos de otras ciudades, éste es una miniatura. Y la explicación es muy sencilla: entre 1959 y 1961, la gran mayoría de los chinos se fueron de Cuba, todos los que tenían negocios y un poquito de dinero. Previeron a tiempo lo que iba a suceder y se fueron. La mayoría se reestableció en Estados Unidos. Lo mismo hicieron en esa época los otros grupos grandes de emigrantes que vivían en Cuba: polacos, españoles, americanos, judíos, gitanos, etc. Cuando el 16 de abril de 1961 se declara por primera vez en público que es una revolución socialista, del pueblo, por el pueblo y para el pueblo, el éxodo se intensificó mucho más, pero básicamente con cubanos. Poco después empezaron a venir rusos, oh, perdón, no se les podía llamar rusos, era ofensivo. Los compañeros eran soviéticos.

El barrio Chino de La Habana quedó herido de muerte. Todos los negocios cerrados, habitado por unos pocos chinos, los más pobres y desposeídos. Ahora, hace unos años, las relaciones comerciales y diplomáticas con China se han revitalizado y el barrio rápidamente se ha beneficiado con algunas mejoras, pequeños negocios, restaurantes, etc.

Quiere ser un lugar pintoresco, pero no lo logra. Le falta sabor de autenticidad. De todos modos, está cerca de mi casa. A veces voy y me tomo un par de cervezas en una mesita al aire libre, mirando el panorama. Una de estas mañanas estoy por allí y, de pronto, un travesti (pululan muchos, a todas horas, y jineteras y puticas jóvenes; hay para todos los gustos) me reconoce y, meneando el culito, se me acerca, sonriente:

—¡Pedro Juan! Qué alegría verte de nuevo. ¿No te acuerdas de mí?

—No, disculpa.

—Cindy, la que vive aquí al lado.

—Ah, sí, ¿Y Desirée?

—Ay, hijo, qué poco delicado eres. Te acuerdas de mí a duras penas y me preguntas por la otra. Te quedaste bobo con esa mulatica.

—Es que Desirée..., una belleza.

—Nada, igual que yo. Mujeres falsas. Ilusión.

Cindy hizo un pequeño papel en un spot de promoción que hizo mi editorial alemana para lanzar *El Rey de La Habana*, en Alemania. Nos conocimos entonces, y nunca olvido una crítica que me hizo de Sandra, un travesti que aparece en esa novela:

—No sabes nada de travestis. Eres un bruto. Ningún travesti mueve un dedo si no le pagan.

—¿Cómo?

—Sandra regresa extenuada y de madrugada a su casa. Viene de hacer la noche, y tú eres tan tonto que la pones a hacerle una paja al Rey, tu protagonista.

—Bueno...

—Nada. Eso es falso. Una regresa de madrugada, cansada, con el culo y lo otro ardiendo de tanto uso. Tú comprenderás que una no le puede hacer caso a un mulato sucio y borracho que está tirado en la escalera. No tiene sentido. Reconoce que es un error de la novela.

—Bien, Cindy, lo reconozco.

—No es convincente, sencillamente. Debes reescribir esa novela.

—¡Ya, Cindy! No te pases.

—Oh, la arrogancia del macho. Todos son iguales.

Después Cindy me invitó a vivir con ella:

—Ven para acá. Puedes venir todos los días. No me moles-tas. Te puedes convertir en mi parásito querido, para que aprendas un poquito de la vida.

Cindy vive en una pequeña casita rosada y coqueta, al fon-do de un solar, y es un personaje famoso. Es amiga de todos los vecinos.

Por supuesto que nunca acepté su invitación. Es demasiado fuerte para mí. Y además, su amiguita Desirée, una mulatica de diecisiete años, también travesti, por supuesto. ¡No! No puedo complicar más mi vida a estas alturas. Me resistí. Ahora nos en-contramos de nuevo, varios años después de aquella crítica:

—Cindy, ¿qué haces? ¿Lo mismo?

—Sí, cariño, igual. Me voy a morir de puta. En la calle. Pero también canto y bailo. Hago mis *shows* en un cabaré bellísimo. ¿Por qué no vas? Y me aplaudes y me das propinas y llevas a tus amigos yumas. Sobre todo a los que tienen dinero, que den buenas propinas.

Me echo a reír y anoto la dirección del cabaré. Le prometo ir. Supongo que es un antro de perdición, precavidamente, le pregunto:

—¿Y no hay problemas con la policía?

—No, niño, noooo, es un lugar muy respetable. Puedes ir con confianza.

Le prometo que iré, y sigue su camino, meneando la pom-pita. Un amigo cubano que vive en España y lleva seis años sin venir a Cuba está de visita por unas semanas. Estamos los dos compartiendo un rato y se ha quedado asombrado:

—Pedro Juan, cómo ha cambiado esto en unos años. Cuan-do yo me fui para España, esta gente tenía que andar medio es-condida. Y ahora hay travestis por todos lados.

Hablamos sobre el tema. Es cierto. Los gays se han ganado un poco de respeto. Luchando a brazo partido en un país machista, racista, verticalista y autoritario. Incluso, *Ckatauro*, la revista cubana de antropología, publicó en su número 9-2004 un documentado trabajo de Abel Sierra sobre el tema: «Mucho se ha escrito sobre la historia de Cuba..., pero dentro de esa vastísima producción existen numerosas zonas de silencio. Una de esas zonas es el tema de las homosexualidades y los homoerotismos en Cuba.»

Más adelante afirma Sierra: «Pienso que es posible construir una historia desde una perspectiva diferente, no desde la línea de una contrahistoria (o sea, no una historia lineal y continua), sino de silencios y desciframientos, de verdades cuidadosamente guardadas durante muchísimo tiempo.»

El ensayo de Abel Sierra es muy jugoso y con una documentación exhaustiva sobre el tema de la homosexualidad en Cuba desde el siglo XVIII, y concluye, en el epílogo: «La homosexualidad, tanto masculina como femenina, produce aún en nuestra sociedad una gran alarma y continúa siendo un tema que ruboriza a la mayoría de las personas. Esta temática se trata con eufemismos o simplemente no se trata; cuando se aborda, la mayoría de las veces se hace sobre la base de los prejuicios y la exclusión.»

En fin, lo importante es que al menos ya no meten en las cárceles a los gays. A partir de este punto, todo puede ser más fácil para construir una mentalidad menos represiva y más respetuosa. Quizá les toque a los gays abrir una brecha para otras zonas de la sociedad integradas por personas que piensan y actúan de un modo diferente a lo establecido en el poder. Como decía el mexicano Benito Juárez: «El respeto al derecho ajeno es la paz.» Todavía falta mucho para que podamos vivir en una sociedad más horizontal, menos piramidal. La esperanza no me la mata nadie.

Después pensé irme a Matanzas —mi ciudad natal— por unos días, en el tren de Hersey, el único tren eléctrico de Cuba. Atraviesa por unos campos bellísimos desde Casablanca, a un lado del puerto, hasta Matanzas, 100 kilómetros más al este.

Quiero recordar los cientos de veces que lo utilicé. Pero finalmente llamo a Anselmo y Marlon, los taxistas amigos, con los que fui a la Ciénaga de Zapata, que tienen un carro con aire acondicionado y está muy bien de mecánica. Así es más cómodo.

Hace más de quince años que no voy a mi barrio de la infancia y la juventud, en Matanzas. Me gustaría ver cómo está aquello, y de paso hacer un recorrido más largo, hasta Santa Clara, quizá.

Mientras me dedico a ese viaje, llega el 4 de octubre, día de uno de mis santos preferidos: san Francisco de Asís, que equivale a Orula, en el culto afrocubano. Siempre tengo presente aquella oración atribuida a ese santo: «Dios mío, dame fuerzas para cambiar lo que puede ser cambiado; resignación para aceptar lo que no puedo cambiar, y sabiduría para diferenciar entre lo uno y lo otro.» ¡Por fin hay un día nublado, gris, sin sol, con chubascos breves y refrescantes y la luz tamizada! El verano, de mayo a septiembre, ha sido especialmente horrible este año. No sólo por el calor y la humedad, sino también porque se ha destapado una epidemia de dengue y otras enfermedades que se trasmiten por los mosquitos. Salud Pública hace campañas de limpieza apresuradamente. Hay que recoger basuras acumuladas, fumigar con insecticidas muy potentes que de paso afectan también a los humanos. No hay información en la prensa. La gente habla *sottovoce* de que en todo el país se han producido más de cien muertes por este motivo, pero no se puede afirmar nada. Todo se ha manejado con sumo cuidado para evitar el pánico, supongo. Yo me río, como siempre, y recuerdo aquella novela de Julio Verne, *La isla misteriosa*.

Ahora, al fin, llega un alivio. Desciende la humedad ambiental y refresca el ambiente. Los seres humanos no soportamos los extremos. Agneta, una amiga sueca, no resiste los inviernos tan prolongados y crudos en su país. Yo me quedé asombrado al saberlo. Y ella también se asombró cuando supo que estos veranos excesivos nos producían fatigas, presión arterial baja y decaimiento.

Anoche me sentía tan bien que, al oscurecer, mirando el oleaje encrespado en el malecón y tomando unos tragos de ron con cola, escribí un poema. No es muy bueno, pero tampoco es muy malo. Se deja leer:

Lo bueno es beber solo
y escuchar el silencio
y vislumbrar a dios y al diablo
observando por las rendijas.
Octubre es un mes grandioso.

Y la noche que avanza
y tus ojos negros
y mi soledad interminable.
De nuevo empieza a llover.
Y sonrío.
Ni sé por qué.
Es un ejercicio para el corazón.
Sonreír
y pensar que somos
un minúsculo grano de polvo
en el infinito.
Un destello de luz.
Nada.

Entonces me llamó William Gattorno, un amigo, erudito como pocos. Vive en Guanabacoa. Hace años que no lo visito y no nos vemos. Hablamos de todo un poco y, finalmente, quedamos en que iré a su casa al día siguiente.

La Habana fue fundada en 1519; y Guanabacoa, en 1554. Otras pequeñas villas de los alrededores son Regla, fundada en 1687; Marianao y Santa María del Rosario, ambas en 1723; y el Calvario, en 1717. El Cotorro, el Cerro, Santiago de las Vegas y otros pocos más eran todos como vergeles cercanos a La Habana. Había palacetes, bosques, jardines bien cuidados, caballos de raza, manantiales con aguas muy puras, en algunos casos medicinales.

Hay que recordar que cuando llegaba la canícula, entre junio y septiembre aproximadamente, en la pequeña ciudad de La Habana se desataban epidemias mortales, sobre todo de fiebre amarilla. Las miasmas de las zanjas de desagües de la ciudad, además de las lluvias y los mosquitos, moscas y otros insectos y roedores hacían la vida imposible.

De tal modo, las familias pudientes se retiraban a estos palacetes bucólicos, frescos y tranquilos, hasta que llegara el otoño. En septiembre-octubre regresaban a la bulliciosa Habana.

En Guanabacoa todavía quedan en pie algunas casas hechas con embarrado, es decir, con piedras y barro, anteriores al cemento y el ladrillo. Todas del siglo XVII. Pero, en general, la villa de Guanabacoa sufre un deterioro acentuado en sus más viejos y hermosos edificios.

Ya el escritor Julián del Casal, en el siglo XIX, le llamó «la arruinada Pompeya de Cuba». Ahora, más de ciento cincuenta años después, está mucho peor.

La casa donde vive William Gattorno, por ejemplo, es de 1852. Conserva intactos los pisos originales y toda la cantería. Necesita una reparación general muy costosa para el alicaído bolsillo de mi amigo. Él se atormenta con el tema:

—Voy a escribir cartas a todos los señores pudientes de este país. Hay que arreglar esta casa y otras muchas. No se puede permitir que se caigan a pedazos porque son un patrimonio nacional.

En poco más de una hora me da una conferencia magistral sobre Guanabacoa. Me habla de las visitas que hizo aquí Alejandro de Humboldt (1769-1859), considerado el segundo descubridor de Cuba por los profundos estudios de geografía y naturaleza que hizo en el país en los primeros años del siglo XIX. Gattorno me dice:

—Humboldt fue el más descollante. Estuvo en Guanabacoa en 1802, pero hay que saber que más de cuatrocientos viajeros, de los siglos XV al XVIII, describen Cuba en libros y opúsculos diversos.

Me promete prestarme algunos de esos libros que ya hoy son rarezas y casi nadie recuerda.

—Fue una época espléndida, Pedro Juan. Hay que ver sobre un mapa todos los marquesados que rodeaban La Habana para entender ese mundo lleno de palacios y casas fabulosas de dieciséis habitaciones, sólo para tres personas.

Me brinda un pastelito de guayaba y me dice:

—Aquí en Guanabacoa las aguas eran famosas. Había fuentes, manantiales de aguas medicinales. Hoy en día mejor es que te comas el pastelito y no tomes esta agua porque puedes enfermar. A eso hemos llegado.

Y suspira como un aristócrata venido a menos aunque es —como yo— un mulato capirro. Dudo de su estirpe aristocrática. Miramos algunos de los libros de viaje que tiene a mano en su biblioteca, y me da la impresión de que las guías turísticas comerciales que se venden hoy en día son como un *hot dog* comprado en un carrito en una esquina, mientras que un libro cuidadoso de un viajero a la antigua usanza equivale a un gran filete de ternera asado, con una botella de rioja reserva.

Gattorno es de esas pocas personas que quedan en Cuba —cada día hay menos— que tiene los conocimientos y la gracia para hablar horas y horas sobre los años de la colonia y formar un gran cuadro mural sobre los usos y costumbres de aquella gente. Lo escucho y me parece que es mejor que ver una película.

—José Martí, que había nacido en 1853, venía aquí ya con dieciséis años. ¿No te imaginas a qué?

—No.

—A cobrar recibos de alquiler de algunas casas que tenía aquí su maestro Mendive. Él era alumno preferido del gran maestro, y Mendive le confiaba esa tarea. En 1869. Después vino otras veces, ya hecho un hombre, a dar conferencias cultas sobre literatura. Hasta que se fue al exilio político. Porque, como sabes, en Cuba, todos los grandes hombres han tenido que sufrir el exilio político. Siempre. Es como una espada de Damocles.

Guanabacoa está a unos 20-40 minutos del centro de la ciudad, según el camino que usemos. Hoy en día es sinónimo de santería afrocubana. Si alguien sabe que vas a Guanabacoa, en seguida te pregunta con un guiño:

—¿Ah, ahora le estás metiendo a la brujería?

Le pregunto a Gattorno sobre el tema. Su respuesta es tajante:

—En 1886 con la abolición de la esclavitud, algunos negros brujos vienen y se asientan aquí. Ellos hacían sus prácticas, pero de un modo marginal. La población era básicamente católica. Ahora, hace años, se ha degradado mucho. Ya es un negocio, una industria. No tiene nada que ver con el culto, con los ritos africanos. Es un negocio detestable para extorsionar a incautos.

Me enseña mapas de la época y libros deliciosos. Es un bibliófilo empedernido. Tiene una pequeña fortuna, pero se niega a deshacerse de todo eso para reparar su casa. Bueno, en fin. Cae un chubasco intenso y refrescante. El agua cae por toneladas desde el tejado al patio interior, con piso de grandes lajas de piedra de pizarra. Parece que el mundo se va a acabar. Pero no. Todo dura diez minutos escasos. Típico del humor del Caribe. Cambiante. Tempestuoso. Vertiginoso. A veces pienso que aquí los seres humanos somos como la misma naturaleza: aciclonados, huracanados, rápidos, enérgicos, un poco trascuerdos.

Escampa y nos despedimos. Regreso al parque central de Guanabacoa. La guagua se demora demasiado, y cuando llegue, iremos como sardinas en lata. Tomo un taxi compartido, es decir, que lleva a cuatro pasajeros por una misma ruta, 10 pesos cada uno, o sea, unos 42 centavos de dólar más o menos. Sí. Adiós, Guanabacoa. En veinte minutos estoy de regreso en el centro de la ciudad. La mayoría de las personas tienen que esperar la guagua. Ese taxi, con ese precio, es un lujo que se paga sólo en caso de extrema necesidad.

Capítulo 7

Me preparo para el viaje a Matanzas y leo algunos poemas de José Jacinto Milanés (1814-1863), el gran poeta y dramaturgo matancero, con una producción enorme, aunque murió desesperado de amor apenas con cuarenta y nueve años. En Matanzas me encontraré con Urbano Martínez, que se ha dedicado a biografiar a este loco ilustre.

Me fascina desentrañar al ser humano. Vocación de antropología social.

De este modo, registrando en mis archivos, encuentro una conferencia que en 1979 ofreció Alejo Carpentier en La Habana. No me resisto a citar aquí algunos fragmentos, esenciales, porque Cuba sólo se explica como parte del proceso civilizatorio del Caribe y de América. Carpentier escribe de un modo directo, tajante y profundo, apoyándose en una cultura y un conocimiento extraordinario del Caribe:

«[...] el Caribe ha desempeñado un papel privilegiado, único, en la historia del continente y del mundo.

»En primer lugar, el descubrimiento del paisaje americano, de la realidad de otras vegetaciones y de otras tierras aparece en el diario de viaje de Cristóbal Colón. Con ese libro de viaje y con las cartas que Cristóbal Colón manda a los Reyes Católicos narrando sus viajes sucesivos, se instala América en las nociones del hombre, y cobra el hombre por primera vez una noción cabal del mundo en que vive. Ya conoce su planeta, ya sabe que es redondo, lo va a explorar ahora a sabiendas de adónde va. Por primera vez en la historia sabe en qué mundo vive.

»Este acontecimiento es tan trascendental y tan importante que hemos de decir que es el acontecimiento más importante de la historia. Porque existe en la historia universal un hombre anterior al descubrimiento de América, y un hombre posterior al descubrimiento de América.

»Ha sido descubierta América y, de repente, por una serie de circunstancias, resulta que nuestro suelo, y muy particularmente el suelo caribe, se hace teatro de la primera simbiosis, del primer encuentro registrado en la historia entre tres razas que, como tales, no se habían encontrado nunca: la blanca de Europa, la india de América, que era una novedad total, y la africana que, si bien era conocida por Europa, era desconocida totalmente del lado de acá del Atlántico. Por lo tanto, una simbiosis monumental de tres razas, de una importancia extraordinaria por su riqueza y su posibilidad de aportaciones culturales y que habría de crear una civilización enteramente original».

Carpentier explica cómo la noción de coloniaje comienza con el descubrimiento de América. Los grandes navegantes portugueses, ingleses y franceses sólo comerciaban y no se habían asentado nunca con la idea de crear colonias estables. España sí lo hace. Y continúa: «Pero la historia tiene sus sorpresas, y no se contaba con un elemento imprevisto: el de los esclavos africanos. Traídos del continente africano, el negro que llega a América aherrojado, encadenado, amontonado en las calas de los buques insalubres, que es vendido como mercancía, que es sometido a la condición más baja a la que puede ser sometido un ser humano, resulta que va a ser precisamente el germen de la idea de independencia. Es decir, que con el transcurso del tiempo, va a ser ese paria, va a ser ese hombre situado en el escalón más bajo de la condición humana, quien nos va a dotar nada menos que del concepto de independencia.

»Si tuviéramos un mapa donde pudiésemos encender un bombillo rojo dondequiera que ha habido sublevaciones negras, de esclavos negros, en el continente, encontraríamos que desde el siglo XVI hasta hoy no habría nunca un bombillo apagado. La primera gran sublevación comienza en el siglo XVI en Venezuela, en las minas de Buría, con el alzamiento del negro Miguel, que crea nada menos que un reinado independiente que tenía hasta una corte y tenía incluso un obispo de una iglesia disidente creada por él.»

Tras un recorrido por las sucesivas guerras de independencia latinoamericanas, Carpentier continúa: «La palabra *criollo* aparece en viejos documentos americanos a partir del año mil quinientos setentitanto.

»¿Qué cosa era el criollo? Grosso modo, el criollo era el hombre nacido en América, en el continente nuevo, bien mestizo de español e indígena, bien mestizo de español y de negro, bien incluso sencillamente indios nacidos pero conviviendo con los colonizadores, o negros nacidos en América, es decir, no negros de nación. Ésos eran los criollos, entre los cuales, desde luego, el mestizo habría de ocupar una posición privilegiada.»

Carpentier explica detalladamente cómo en el seno de estos criollos mestizos nace una *intelligentsia*: «intelectuales, escritores, profesores, maestros, en fin, esa admirable clase media que va creciendo durante todo el siglo XIX».

También el brasileño Darcy Ribeiro, el cubano Fernando Ortiz y otros más han intentado explicar ese proceso civilizatorio latinoamericano hasta llegar al criollo mestizo de hoy. Un proceso vertiginoso, producido apenas en cinco siglos. Un poco confuso y caótico a primera vista, pero cuando lo vemos a través de la mirada de estos grandes estudiosos, comprendemos la coherencia y lógica de la historia. Y llegamos a una conclusión esencial: tenemos un corazón mestizo. Somos una mezcla espléndida no sólo de las tres razas que apunta Carpentier, sino de mucho más. En el Caribe y en América Latina hay sangre asiática, alemana, holandesa, francesa, polaca, etc. Somos un gran ajiaco, una gran cazuela con todo revuelto. Sólo conociendo esa identidad múltiple, esos orígenes enrevesados, podemos apreciar y agradecer el momento en que vivimos. Aunque las raíces se enredan con el tiempo y pocos saben a ciencia cierta de dónde vienen, como dice el refrán: «Aquí el que no tiene de congo tiene de carabalí.»

El hombre siempre busca explicaciones creíbles a su complejidad más profunda. A veces, abrumado por las circunstancias, he renunciado a la búsqueda. No he querido comprender más. Y he atravesado largos períodos de embrutecimiento. Ron, sexo, humo, locura, desenfreno, irracionalidad, alejamiento y distancia. Cuando no puedo más, doy la espalda a todo y me alejo. Dejo que el azar me arrastre al abismo. No sé por qué el azar nunca me ha arrastrado a las nubes. Siempre ha sido al averno, con el aire sulfuroso. Después paso largos períodos de recuperación y tormenta. Quizá por eso me fascinan las vidas de los grandes desesperados: Lázaro, Buda, san Francisco de Asís.

La vida es una aventura curiosa y sorpresiva. Y uno es un explorador. Nunca sabemos qué nos espera más allá del horizonte.

Al fin, después de varios días en suspenso, Anselmo me llama. Tiene el carro a punto. Salimos mañana de madrugada hacia Matanzas.

Anselmo no parece cubano. Es de una puntualidad germánica. A las 5.30 en punto de la madrugada me llama desde su móvil:

—Pedro Juan, estoy llegando. En dos minutos estoy frente a tu casa.

Aún es de noche. Amanece hacia las siete de la mañana. Atravesamos el túnel de la bahía de La Habana, seguimos por la avenida Monumental, de unos cinco kilómetros y salimos directamente a la Vía Blanca. Es una autopista de 100 kilómetros hasta Matanzas. Corre junto al litoral norte. Ahora está todo oscuro pero el trayecto me lo sé de memoria porque viví en Matanzas hasta los veinticinco años. Ahora hace mucho tiempo que no voy. Diez años, quizá, no sé.

Dejamos a la izquierda Santa Cruz del Norte, donde está la inmensa fábrica de ron Havana Club. Es increíble. Estoy casi seguro de que es la fábrica de ron más grande del mundo. Deben producir millones de litros. Las primeras luces llegan sobre el valle de Yumurí, a la derecha, cuando cruzamos sobre el puente de Bacunayagua. Con 110 metros de altura, es el más alto de Cuba. Mi padre y yo veníamos desde Matanzas los sábados y domingos a vender helados.

Lo terminaron hacia 1960. Mucha gente venía con su familia a ver la construcción y a apostar. Comenzaron por ambos extremos. El puente debía encontrarse en el punto medio de sus casi 300 metros de longitud. Por supuesto, realizado por ingenieros de primera línea. Pero muchos apostaban a que no coincidirían y los ingenieros tendrían que hacer alguna chapucería en ese momento, para subsanar el error. Yo también lo creía. Pero entonces yo tenía diez años.

El puente después tuvo una época de mala fama porque mucha gente vino aquí a suicidarse. Sobre todo parejas de gays, seguramente atormentados por el rechazo de sus familias y de la sociedad en general. Recuerdo las expresiones despreciativas en Matanzas cuando se hablaba de alguien que se había suicidado en el puente: «Ah, seguro que era maricón. El pobre.»

El valle de Yumurí, al amanecer, es de una belleza increíble, con la neblina de tanta humedad, y la luz, que al principio es gris azul y después se transforma en amarillo pálido, amarillo oscuro y naranja hasta el rojo y violeta azul, cuando el sol aparece en el horizonte. Indescriptible. El inmenso valle verde, cubierto de palmas reales y monte cerrado, y allá a lo lejos las lomas grises. Hay muy pocas casas y comienzan a verse a algunos niños, que salen a la carretera a buscar algo de transporte para ir a la escuela. Cada cierto tramo hay una pequeña escuela primaria. La enseñanza básica y secundaria es obligatoria en el país, y los padres responden porque se cumpla. Eso está muy bien. Después está el tema de la calidad y las materias, porque toda la enseñanza está dirigida por el Estado y no se permiten intromisiones. En los últimos años se han suscitado algunas discusiones porque, lógicamente, todos los padres no están de acuerdo con determinados temas y enfoques.

Unos quince kilómetros más allá del puente de Bacunayagua entramos a la ciudad de Matanzas, desde lo alto de las lomas de La Cumbre. A nuestros pies se extiende la enorme bahía abierta, más profunda que la de La Habana. Aquellos grandes trasatlánticos de pasajeros de los años cincuenta, el *Queen Mary* y el *Queen Elizabeth*, atracaban aquí porque tenían mucho calado y no podían entrar en La Habana. Eran enormes, bellísimos, lujosos. Yo los recorrí por dentro, de la mano de mis padres. A determinadas horas permitían a unas pocas personas subir a bordo para admirar aquellas maravillas. La cosa era simple: si eras negro, no te dejaban entrar. Sólo aceptaban a blancos, bien vestidos, que se pusiera de manifiesto a simple vista que eran personas «decentes y correctas». Al parecer, nosotros cumplíamos los requisitos.

Unos años después, en la década de los sesenta, creo que perdí un poco aquel aspecto de persona limpia y decente porque tuve que —entre los once y dieciséis años— coger un carrito y venir al puerto y a la valla de gallos a vender helados.

En 1960 el Gobierno «nacionalizó» el negocio de helados de mi padre, y de repente la economía familiar —en general la de todo el país— se puso muy difícil. Los años sesenta son una historia aparte. No quiero abundar en ese tema ahora. Entonces tuve que abandonar mi apariencia de muchachito fino de la clase media y convertirme en un proletario antes de tiempo. En el puerto y en la valla de gallos corría más dinero, y yo vendía el helado al doble de su precio normal. Y además, rápido.

Podía venderlo todo en unas pocas horas y me sobraba tiempo libre para lo que me gustaba de verdad: coleccionar sellos de correo, leer y practicar kayaks en el río San Juan. En realidad, jamás me gustó eso de vender helados, y mucho menos después, cuando tuve que trabajar durante años en la construcción. Mi padre siempre me lo decía: «Hijo, tú naciste pobre por equivocación.»

Ahora, dejamos el puerto a la izquierda y entramos a Matanzas, ciudad que rodea la bahía. Aquí desembocan tres ríos, grandes y caudalosos: el Yumurí, el San Juan y el Canímar. Los dos primeros atraviesan la ciudad y le dan un aire especialmente romántico.

Matanzas fue fundada el 13 de octubre de 1693 por un grupo de colonos canarios. Sus primeros pobladores fueron los aborígenes de la aldea de Yucayo, que antes de la llegada de los españoles llamaban Guanima a la bahía.

Una extraña historia cuenta que hacia 1511 unos españoles naufragaron por la zona y se vieron precisados a solicitar la ayuda de los indígenas. Éstos simularon primero hospitalidad y después asesinaron a la mayoría de sus huéspedes. Por esa historia, la bahía comenzó a ser llamada «de la Matanza».

Otra versión es menos morbosa: aquí se mataban y salaban reses y cerdos para abastecer a los barcos que entraban a refugiarse en la bahía.

El drama más conocido es el de la flota de Plata. Esta flota salía de Sevilla cada uno o dos años, recogía —en cantidades industriales— oro, plata, piedras preciosas y otras cosillas imprescindibles para la corte española. Recalaba básicamente en Veracruz y en Cartagena de Indias. Después se reunía en el puerto de La Habana, donde se abastecía de alimentos y agua para cruzar el Atlántico de regreso. El corsario holandés Piet Heyn la cazó, con una flota numerosa y bien preparada, al salir de La Habana. La flota de Plata buscó refugio, el 8 de septiembre de 1628, en la bahía de Matanzas. Pero es una bahía abierta, sin caletas ni pequeños recodos donde los españoles pudieran refugiarse y presentar batalla. De tal modo, el holandés arrasó con los tesoros y hundió muchos barcos. El almirante español Juan de Benavides y Bazán regresó a la península con las manos vacías, y los reyes, demasiado irascibles, no quisieron escuchar excusas ni pretextos y lo ejecutaron. No era para menos. Se había dejado arrebatar toneladas de oro, plata y piedras preciosas. Todo lo que cabía en una flota compuesta por cuatro galeones y once navíos mercantes. Y disponía de 175 cañones de bronce y 48 de hierro para la defensa. Sólo que el holandés, con una impresionante hoja de servicios en Holanda como pirata oficial y brutal, disponía de una escuadra mucho más poderosa: 36 velas, artillada con casi 700 cañones, con 2.300 marineros y 1.000 soldados. Los buques tenían entre 800 y 1.000 toneladas y figuraban entre los más poderosos de la época.

Entre los matanceros todavía circula el rumor de que en el cieno del fondo de la bahía quedan enterrados miles de lingotes de oro y plata. Pero en sucesivos y extensos dragados a lo largo del siglo XX jamás se ha encontrado ni una onza. En mi novela *El nido de la serpiente*, cuento alguna de mis experiencias en la búsqueda del famoso y fantasmal tesoro. Así que no lo repito aquí.

La ciudad tuvo su momento de máximo esplendor hacia los siglos XVIII y XIX, cuando el auge de la producción azucarera en toda la provincia estimuló una aristocracia con ínfulas de culta y refinada. El siglo XIX fue importante para la construcción de suntuosos palacetes con mármoles, porcelanas y muebles traídos de Europa, y el auge de artistas que disfrutaban de cierto mecenazgo, al extremo de que la ciudad comenzó a ser llamada la Atenas de Cuba. Sobresalían algunos poetas románticos, como José Jacinto Milanés.

Yo viví, entre 1950 y 1975, en una zona privilegiada de la ciudad. Junto al litoral de la bahía y entre la desembocadura de los dos ríos: el Yumurí y el San Juan. Cerca del Teatro Sauto y de la plaza de La Vigía, por una parte, y el barrio de La Marina, que era el barrio de las putas, muy pobre, por supuesto, a lo largo del río San Juan.

Era la zona vieja y céntrica de la ciudad, con edificios de piedra, muy sólidos, de una o dos plantas, y multitud de pequeños negocios en la planta baja: tiendas, bodegas, carnicerías, fruterías, bares, cafeterías, almacenes de pescado, una fábrica de

zapatos, colegios, la imprenta y redacción de un periódico, fe-
rreterías, sastrerías. Era un barrio con mucho movimiento.
Atrás de mi casa había un gran espigón donde funcionaba el
Club Amigos del Mar, con yates, esquifes y lanchas de esquiar,
amarradas en los muelles. Decenas de pescadores humildes tenían allí también sus «cachuchas» o botes, con pequeños motores de gasolina. Por las mañanas, temprano, vendían el pescado
fresco, a veces aún medio vivo. Junto al espigón estaban los
enormes talleres de las viejas locomotoras negras, que funcionaban con carbón de hulla. Y al lado, los grandes almacenes de
la Coca-Cola.

Hablo de los años cincuenta, sobre todo. Matanzas tenía
muchas fábricas: de sogas y cordeles, de cubos y envases metá-
licos, de fertilizantes químicos, de zapatos, de papel y cartón,
además de una industria azucarera muy intensa en toda la provincia. Había una clase media bastante extensa y una clase pobre aún más extensa.

Han pasado muchos años. Hoy encuentro todo arruinado.
¿Qué ha sucedido? Lo único que se mantiene bien cuidado y
hermoso es la plaza de la Vigía: el Teatro Sauto, el Museo Provincial, el viejo cuartel de Bomberos, el Palacio de Justicia, y el
monumento a los Libertadores, que cuando yo era niño se llamaba el monumento al Soldado Desconocido. Eso siempre me
intrigó. ¿Qué es un soldado desconocido?, ¿quién era?, ¿si era
desconocido por qué ese monumento? En fin, nunca logré desentrañar el misterio. Para mí sigue siendo un enigma.

En una esquina de la plaza de la Vigía hay un hermoso edificio restaurado. Hace muchos años era una bellísima ferretería,
con piso de madera y olor a brea y sogas. Vendían de todo para
barcos y navegación. Desde brújulas preciosas hasta mecha para calafatear. Me gustaba ir a mirar y a oler. No me atrevía a preguntar porque sabían que sólo curioseaba, siempre con las manos atrás para que no pensaran que iba a robar algo.

Hoy en día es una galería de arte, y en los altos funciona Ediciones Vigía. Hace más de veinte años empezaron imprimiendo

pequeñísimas ediciones de poesía en recortería de papel, que recogían en las imprentas de la ciudad. Con el tiempo se han especializado en hacer bellezas, en tiradas cortas y cuidadosas, pero muy originales. Es un pequeño grupo, que se dedica en cuerpo y alma a esta tarea, poco lucrativa, pero apasionante.

Al salir de Ediciones Vigía, en la planta baja del edificio, hay un «complejo cultural», sobre todo con galerías de arte y alguna sala teatral para las lecturas de escritores y las descargas musicales. Sigo recto, loma abajo, y camino por la orilla del río San Juan. Siempre me ha gustado pasear por aquí. Los edificios son demasiado viejos. Casi todos eran almacenes, porque las goletas entraban río arriba y cargaban mercancías de todo tipo, para abastecer a los grandes buques, que esperaban en la bahía. Fue así hasta los años treinta y cuarenta. Entonces el puerto se modernizó mucho más, mejoraron las vías de comunicación, y se hicieron innecesarias las goletas.

La mayoría de los edificios están abandonados o viven pocas personas. Es temprano. Son las ocho de la mañana y ya pasan por el medio del río una flotilla de kayaks y canoas canadienses. Entrenan, como siempre. Yo también entrené aquí mismo desde los trece hasta los veintitrés años, es decir, hasta 1973, cuando tuve que abandonar el deporte. Hacía años que me había clasificado en primera categoría, pero entre el trabajo, los estudios y las mujeres ya no tenía mucho tiempo libre. Miro a los muchachos en los kayaks y sigo caminando. No quiero ponerme sentimental. Un poco más adelante, en una calle que termina en el río, sigue funcionando la escuela secundaria básica Domingo L. Madam. Ahora tienen aulas de computación. Me parece que los muchachos son un poco más civilizados que cuando yo era alumno de esta escuela, entre los años 1963 y 1966. No sé cómo, todo lo resolvíamos a golpes. Por cualquier cosa. Eramos belicosos en exceso. El que no se fajara no era hombre. Había que fajarse cada cierto tiempo para demostrar que éramos hombres y había que respetarnos. Era un rito. Por cualquier ofensa, la respuesta esperada: «¡A las doce nos vemos en la orilla del río! ¡Ya, no hay más *ná* que hablar, los hombres no hablan tanto!»

Teníamos entre trece y dieciséis años, pero éramos muy infantiles. A las doce del día siempre había una o dos peleas concertadas. Salíamos de clases y, sin mirarnos, seguidos por un grupo de amigos y curiosos, íbamos a la orilla del San Juan, nos quitábamos las camisas, y a fajarnos. Al duro. Con rabia. Hasta que al fin, algunos de los presentes intervenía y separaba a los boxeadores. A veces, desde el principio había un árbitro. Alguien, generalmente amigo de uno de los guapos, que espontáneamente dirigía la pelea, evitaba daños grandes y a su tiempo daba por concluido el combate, en medio de los gritos de algunos:

—¡Déjalos, no los apartes, que se enfríen la sangre, déjalos un rato más!

Yo era grande, fuerte y serio y me respetaban. Me fajé pocas veces en aquellos tres años, pero mi hermano, que era flaco, bajito y belicoso, se fajaba casi todos los días. No sé por qué tenía tan malas pulgas. Yo —como hermano mayor— me veía en la obligación de cuidarlo y siempre me erigía en árbitro para evitar que le dieran una tunda muy fuerte. Cuando a mí se me iba la mano y lo dejaba, si la paliza que recibía era muy fuerte, me miraba de soslayo, rogándome con la mirada que interviniera. Casi siempre le parecía que yo me había demorado mucho y, cuando regresábamos a la casa, me decía:

—¡Por poco me matan y tú comiendo mierda! ¡Despabílate, *pa* la próxima corta antes!

—Te gusta hacerte el gallito, pero siempre te apendejas.

—¡Pero me fajo, yo soy una fiera!

Ahora me parece que los muchachos no se fajan a golpes. Supongo que es mejor. No sé. No estoy seguro si será mejor. A esa edad es bueno fajarse, para aprender a defenderse en la vida. Creo que ahora pasan demasiado tiempo frente a la computadora. Pienso que la computadora embobece.

Después regreso hacia el río Yumurí. El barrio de La Marina, a lo largo del río, sigue más o menos igual, sólo que ya no hay putas, por supuesto. Hace casi cincuenta años que es un barrio normal, muy pobre, como siempre. Encuentro muy arruinados los alrededores de mi casa. Vivíamos en un apartamento en la esquina de Ayllón y Contreras. Junto al mar hicieron un viaducto que permite transitar por fuera de la ciudad, mucho más rápido. Pero hacia el río Yumurí, la calle Magdalena, Manzano, todo eso está muy mal. Muchos edificios derrumbados. La impresión general es de pobreza extrema. El antiguo Sloopy Joe's Bar ya no existe. Allí hice mis primeros negocios: vendía cómics de uso por las tardes y veía pasar a las mujeres más hermosas del mundo —al menos eso me parecía— con sus vestidos *strapples* y sus largos pelos negros. Casi siempre con el llavero en la mano. Eran putas y, sobre las cinco o las seis de la tarde, salían a pasear frente al bar a ver si aparecían clientes. Todas vivían a una cuadra, en La Marina. Había otro Sloopy Joe's Bar en La Habana, y otro en Key West, Florida, que es el único sobreviviente.

Lo único que ha mejorado un poco por aquí es el solar de Pancho Miseria. En esa época era un amasijo de cuartuchos de maderas podridas, invadido por las ratas y las cucarachas, situado exactamente junto a la desembocadura del río. Pancho Miseria era un gordo barrigón, bajito, sucio a más no poder, con una sonrisa maquiavélica e inalterable. Tenía muchos hijos y varias mujeres a las que mataba de hambre. Cuando murió, encontraron la colchoneta rellena de billetes. Aquello fue famoso en el barrio. La gente no salía de su asombro. Todavía hoy hablo, mientras me tomo un café, con un empleado de una cafetería cochambrosa que hay por allí:

—¿Usted es de este barrio?

—Nací aquí, en la calle Magdalena.

—¿Se acuerda de Pancho Miseria?

El hombre se echa a reír:

—Sí, cómo no. Murió hace cuarenta años y toda la gente vieja de por aquí se acuerda. El tipo era un caso. A lo mejor estaba medio loco.

—No lo creo.

Hablamos un rato más y me dice:

—El solar de Pancho Miseria es lo único que ha mejorado. La gente ha hecho sus casitas de mampostería y está mejor. Pero el resto se está cayendo a pedazos.

Camino un poco más, pero ya no encuentro a nadie conocido. Los viejos se murieron, otros se fueron. El viaducto ha transformado la parte de atrás del Teatro Sauto. Pero sigue siendo mi barrio y le tengo cariño. Son miles de recuerdos. Y yo, por suerte, tengo buena memoria.

Mientras camino, Anselmo y Marlon me esperan tranquilamente. Nos vamos para Cárdenas. Salimos hacia Varadero por una amplia autopista de 30 kilómetros, que corre junto a la costa norte. En los años cincuenta, la mafia italiana de Estados Unidos, junto con el Gobierno cubano, sobre todo el de Fulgencio Batista, se había apoderado en La Habana de los negocios de juego, muy ligados a los de prostitución de cierto lujo y drogas. Controlando los pasadizos de Cuba era más fácil entrar la droga a Estados Unidos desde Sudamérica. El primero que cobraba a diario una buena tajada era el dictador Batista. Un estudio muy documentado está en el libro *El imperio de La Habana,* de Enrique Cirules, publicado en varios idiomas en los últimos años.

Precisamente la construcción de la autopista Vía Blanca entre La Habana y Matanzas, incluido el puente de Bacunayagua, y después los otros 30 kilómetros de autopista Matanzas-Varadero, no eran para «beneficio del pueblo», como proclamaban los políticos de la época en la prensa.

Todo eso era necesario como primer paso para un gran proyecto de construcción de hoteles, casinos, cabarés y condominios de lujo en la primera línea del litoral, con marinas para facilitar el acceso de yates y un gran aeropuerto en cada extremo: el de La Habana y el de Varadero. Miami está a pocos minutos en avión, y en yate es un plácido viaje de unas tres horas aproximadamente.

La idea central de la mafia y de Batista era desbancar a Miami y competir al duro con Las Vegas.

De todos modos, tiempo al tiempo. «Vivir para ver», como decía mi abuela.

Pasamos junto a Varadero y no entramos. No me interesa. Como es costumbre en todos los países pobres, se hace un paraíso bien protegido, sólo para turistas. En Cuba funcionan así algunos cayos y Varadero.

Yo disfruté Varadero en su época más silenciosa: los años sesenta y buena parte de los setenta. Es un lugar privilegiado por la naturaleza, con una estupenda playa de casi 23 kilómetros. Hay unos quince sitios arqueológicos interesantes. Se supone que la presencia humana se remonta a por lo menos veinte siglos atrás, edad aproximada de los restos aborígenes de mayor antigüedad, encontrados en la solapa de la cueva de los Musulmanes. Al parecer, indios arauacos vinieron navegando desde el Orinoco, pasando de una a otra isla del Caribe, hasta este lugar lleno de cavernas acogedoras y una fauna amplia y apetecible. Hay pinturas rupestres de la época en varias cuevas, sobre todo en la llamada cueva de Ambrosio.

Ya en 1540, Varadero aparece señalado en un mapa del geógrafo Alfonso de Santa Cruz, y las primeras mercedes de tierra para colonizar se otorgan en 1630. También en esa época comienzan a funcionar unas salinas y la tala de árboles para las construcciones navales de la Armada Real Española. A partir del siglo XVI y durante doscientos años, los piratas, corsarios y filibusteros encuentran aquí refugio seguro, entre ellos el célebre Francis Drake.

Varadero dispone de una pequeña y simpática Oficina de Historia, donde uno puede conocer curiosidades como que los ingleses, después de ocupar La Habana en 1762, son los primeros en dar a conocer al mundo la existencia de la península de Hicacos, al señalizar sus salinas en el mapa «Los mares alrededor de Cuba», que fue editado por el *London Magazine*.

Hacia 1960 las salinas dejaron de funcionar, y hoy son sólo ruinas. La pesca, la caza y la belleza excepcional de la playa hizo que cada vez más familias se acercaran al lugar en el verano, sobre todo en paseos de fin de semana. En el censo de 1841 ya se sitúa la existencia de un caserío. En 1847 comienza a funcionar el faro de cayo Piedra y terminan los frecuentes naufragios. Donde hoy está el parque de las 8.000 Taquillas, estuvieron los hermosos chalets de madera, a partir de 1878, cuando diez familias de la alta burguesía de la cercana ciudad de Cárdenas crearon la sociedad comunal Los Decenviros, para «engrandecer y fomentar el balneario».

Hicieron un muelle para que atracaran los vapores con turistas, procedentes de Cárdenas, y el primer chiringuito de la playa (¡hasta eso está documentado!) fue el de Mamerto Villar, en 1883, donde vendía pescadito frito y refrescos.

Por esa fecha estaban en pleno auge en el Mediterráneo francés los balnearios y la talasoterapia. Hacia 1895, Mamerto Villar ya poseía «un modesto pero confortable hotel», y el 14 de diciembre de 1914, este perseverante hombre abrió el Hotel Varadero, con diez habitaciones y servicio de restaurante todo el año. En 1910 comenzaron las famosas regatas de remos que hoy en día son las mejores del país, y desde 1914 se disputa la Copa Cuba. A partir de ese año comienza a promoverse el turismo hacia Varadero en Estados Unidos.

En 1929, el zar de la industria química Irenée du Pont de Nemours, en 512 hectáreas de terreno, erige la fastuosa mansión Xanadú, con un magnífico campo de golf. Hoy es el Varadero Golf Club.

La playa atravesó un período de silencio y decadencia en los años sesenta y setenta, y después se revitalizó con turismo internacional. Hoy en día más de cien turoperadores de todo el mundo promueven los viajes a este balneario y dispone de más de 14.000 habitaciones, tras el bum constructivo de hoteles en los años noventa y en lo que va de este milenio. El plan de desarrollo prevé llegar a casi 27.000 habitaciones en los próximos años, cifra que se considera adecuada para evitar la intrusión en el medio ambiente y la obstrucción del paisaje. Hay que ver, porque ya se sabe que del dicho al hecho hay un trecho.

Mis aventuras en Varadero en los años «de silencio y decadencia» son impublicables. Creo que yo era demasiado loco. Todas las hermosas casas de las familias pudientes habían quedado cerradas. Entré a muchas, polvorientas, con los libros, la ropa y todo abandonado precipitadamente, como quien se va por unas pocas semanas para regresar en seguida.

Muchas de aquellas personas estaban seguras de que «la revoltura» duraría unas pocas semanas y se fueron tranquilamente a Miami. A esperar. ¿Quién resolvería la cuestión? Supongo que pensaron que el Gobierno de Estados Unidos, como era habitual, encontraría soluciones adecuadas y rápidas. Pues no las encontraron. Han pasado casi cincuenta años desde 1959, y el «diferendo» Cuba-Estados Unidos, como se le llama en los medios académicos, continúa cada día con más acidez, corrosión y desgaste. Y el fuego recibe leña con frecuencia, para que no se apague.

Pues bien, buena parte de mi aprendizaje sexual lo hice en aquellas mansiones abandonadas y polvorientas, habitadas por fantasmas. Lo hicimos. Éramos muchos. Fueron los años de la gozadera.

Hace unos años comencé a tomar notas para escribir un libro autobiográfico sobre aquella época: *Los años de la gozadera*. Pero resultaría demasiado pornográfico. Desistí del proyecto. Sólo persiste en mi memoria.

Cárdenas está muy cerca. A unos pocos kilómetros de la entrada a Varadero. Es una ciudad más bien pequeña, fundada en 1828. En el siglo XIX se convirtió en una gran ciudad portuaria gracias al auge de la industria azucarera en la región. En poco tiempo surgió una aristocracia parecida a la de Matanzas, adicta a la fabricación de palacetes lujosos. La llaman la Ciudad Bandera porque el 19 de mayo de 1850, el patriota Narciso López, al frente de una expedición armada, ocupó la ciudad durante varias horas e hizo ondear por primera vez el estandarte que hoy es la bandera de la República de Cuba.

Al parecer, en los años cincuenta se mantenía el auge económico en Cárdenas, porque recuerdo que a mi madre le gustaba venir desde Matanzas sólo para ir de compras. Había muchas tiendas en esta ciudad. Esos viajes siempre terminaban con almuerzos de cangrejos, langostas y cerveza en alguno de los pequeños restaurantes de madera junto a la bahía. Todos tenían terrazas y se comía al fresco de la brisa marina. Esa zona de chiringuitos, bares y pequeños restaurantes junto al mar hoy sólo queda el recuerdo.

La calle principal de la ciudad está atestada de gente que camina sin cesar, de un lado a otro. Lo mismo se observa a lo largo de toda Cuba, dondequiera que uno vaya. Anselmo hace uno de sus comentarios agudos y tajantes:

—La gente no trabaja. No sé de qué viven. Tú ves a todo el mundo en la calle, sin hacer nada. No hay trabajo y yo no entiendo de qué vive la gente.

Cárdenas, desde siempre, es una ciudad de bicicletas y coches de caballos. Todos andan de ese modo. Desde luego, es una pequeña ciudad, que conserva la escala humana. Alguna vez, durante un año o poco más, me alojé aquí en unos modestos albergues con otros obreros de la construcción. En los campos de los alrededores instalábamos unos silos de cereales para arroz, además de las máquinas procesadoras del grano. Era tecnología española. Alrededor de 1970. Todo eso funcionó muy bien durante algunos años. Ya hoy no existen, están abandonados; y los campos arroceros, cubiertos de maleza. ¿Por qué? No se sabe. No hay respuesta. Otras industrias también permanecen cerradas. Una amiga de Anselmo nos dice:

—Aquí el que puede trabaja en el turismo, en Varadero. El que no, pues... no sé de qué vive.

Ella misma prepara almuerzos, muy baratos, pero tiene que vender de modo ilegal porque no le dan licencia, es decir autorización, para ese pequeño negocio. En realidad, no hay «licencias» para nada, ni pequeños ni medianos negocios. El asunto es que las autoridades opinan que alguien que comience con un pequeño negocio puede llegar a convertirse en un capitalista, tener empleados bajo su mando, hacerse de poder, y revertir el sistema socialista al capitalismo. Lo cual se considera una aberración y un retroceso en la marcha hacia el socialismo.

Durante los años más difíciles de la crisis económica que comenzó en 1990, con la caída del Muro de Berlín, es decir entre 1991 y 1996 aproximadamente, sí se facilitaron algunas licencias para pequeñas peluquerías, taxis, carpinterías, etc. Siempre tienen que ser negocios familiares, sin empleados. Pero después, la voluntad política cambió de nuevo, y es dificilísimo, o imposible totalmente, conseguir la autorización para un pequeño negocio.

De tal modo, se convierte en un delito penado por la ley casi cualquier actividad económica a pequeña escala. Por ejemplo, esta señora amiga de Anselmo nos dice que cada día, al mediodía, vende un máximo de cuarenta platos a un dólar cada uno.

—Gano 50 centavos limpios en cada uno, más o menos, pero estoy nerviosa porque sé que es ilegal y en cualquier momento me pueden hacer pasar un mal rato y ponerme una multa.

Almorzamos allí. Nos trae a cada uno un plato con arroz congrís (arroz blanco y frijoles negros cocinados juntos), un buen pedazo de lomo de cerdo ahumado, aguacate y plátanos, además de agua fría. Por un dólar no se puede pedir más.

Por allí cerca nos tomamos un café y vamos a buscar a unos amigos que practican la energía piramidal.

Es la doctora Reina O'Reilly, y su esposo, el ingeniero Meneleo Montenegro. Llevan más de diez años experimentando con la energía que, al parecer, existe dentro de una pirámide. El tema es un poco esotérico y las mentes racionales no lo aceptan fácilmente, sin embargo, el Centro Nacional de Medicina Natural y Alternativa, del Ministerio de Salud Pública, aprobó en diciembre del 2005, el uso de esta energía para algunos tratamientos del sistema osteomioarticular (huesos-músculos-articulaciones).

Reina trabaja en la Clínica de Rehabilitación de Cárdenas, donde usan electropuntura, magnetismo, acupuntura y otras técnicas de este tipo.

Me coloca unas pequeñas «monedas» de aluminio, con esparadrapo, en la espalda, a la altura de la cintura. Hace más de un año que padezco de dolores de lumbago. Me explica que las moned+itas están cargadas con energía piramidal y que no me curarán, pero aliviarán las molestias.

Pienso que es difícil que puedan hacer daño. Además, ella está tan convencida de la efectividad de su método, que comunica confianza.

Su esposo, Meneleo Montenegro, ha dedicado los últimos años a experimentar lo que él denomina Sistema Compacto de Energía Piramidal. Me explica que dentro de la pirámide están los doce patrones fundamentales de energía del universo y que él puede «copiar» esa energía en las pequeñas moned>itas, así como en otros objetos que se «cargan» del mismo modo: anillos, cintillos y tarjetas. Todos de aluminio. La carga dura unos tres años, y se usan sobre todo para sanaciones diversas: desde el sistema nervioso hasta el digestivo, los huesos y articulaciones, etc.

Algunos de esos aditamentos los ha registrado y están en proceso de recibir patente industrial.

Hablamos extensamente sobre el tema. Después de tantas décadas de materialismo dialéctico y de racionalismo a ultranza en todo el país, estos temas esotéricos ganan adeptos con rapidez. Pero es prácticamente imposible encontrar libros e información sobre el tema. Además, como el acceso a internet está tan exageradamente restringido y difícil, pues la información se dificulta mucho más.

La medicina natural y alternativa era prácticamente desconocida en Cuba. A partir de 1990 aproximadamente se desarrolla mucho debido a que de repente era casi imposible conseguir hasta una aspirina. No hablemos de antibióticos o de otras medicinas. ¡Aspirinas! Entonces el Ministerio de Salud Pública se vio precisado a desarrollar el uso de hierbas medicinales y técnicas alternativas, con especialistas de los ejércitos de China, Corea del Norte y Vietnam, que durante años dieron entrenamientos a médicos y técnicos militares cubanos. También se toleró la práctica de yoga, que durante años había estado prohibida. En fin. El relax comenzó a principios de la década de los noventa y ya ahora se experimenta en todo, desde meditación budista hasta contacto con extraterrestres y energía piramidal. Y todo esto gana espacio. Poco a poco.

Creo que no está mal. De Cárdenas al balneario medicinal de Elguea, vamos en menos de una hora. Anselmo insiste en que me convendría pasar allí una semana, en algún momento, para aliviar mi lumbago. Marlon, que hasta ahora ha estado muy calladito, hace uno de sus chistecitos pesados:

—Los cincuenta y seis años no te los van a quitar, pero el lumbago sí se puede controlar.

No me río. No me hace gracia. Elguea está cerca de unas ciénagas salinas, en la costa norte, junto al poblado de Corralillo. La historia es la misma de todos los demás balnearios de Cuba: un esclavo enfermó de la piel, y para evitar que contagiara al resto de la dotación, el hacendado lo expulsó al monte. El infeliz encontró unos manantiales, comenzó a bañarse en ellos. Se curó. Regresó obedientemente a la hacienda para dar la noticia, y entonces, el resto de la gente de la zona comenzó a utilizar aquellas aguas maravillosas, etc. Esta historia feliz, a lo Corín Tellado, se repite en cada sitio de baños termales en el país.

En este caso, el dueño de los esclavos era don Francisco Elguea, y la historia ocurrió en 1870, más o menos.

La explotación a gran escala comenzó aquí en 1967, y desde 1978 hay un confortable hotel con 99 habitaciones (no me pudieron explicar por qué no eran cien, supongo que el arquitecto sería supersticioso), además de 36 cabañas independientes.

La doctora Dorqui Fariñas se complace en explicarme con

detalle que las aguas tienen hasta 42 grados Celsius y son ricas en determinados minerales y azufre, y que disponen de todo, desde fangoterapia hasta podología y electropuntura. El tratamiento es gratis y el alojamiento a bajo precio. Sólo hay que lograr que un médico lo remita a uno a este balneario.

Casi a las cuatro de la tarde agradezco a la doctora, y Anselmo y yo nos sentamos tranquilamente a tomarnos una cerveza, junto a la piscina. Marlon hace rato que está desaparecido, pero sabemos más o menos por dónde anda. Estuvo dando vueltas con dos muchachas, con aspecto de jineteras vulgares. Anselmo vio que se fueron hacia el fondo del balneario, a unas cabañas. Yo no vi nada.

Pero me extraña todo esto. Si son jóvenes, bonitas y saludables, ¿qué hacen aquí? En el audio suena la India, una cantante colombiana, con una canción un poco extraña:

Es bugarrón, es bugarrón.
Ese negrito es un bugarrón.
A él le gusta el vacilón.
Bugarrón, bugarrón.
El negro no sabe si viene o va.
Ese negrito es misterioso,
mira de lao *y es mentiroso.*
Ese negrito es enamorao
y se mete por todos laos
Ese negrito lleva doble vida.
Es bugarrón, es bugarrón.

Algunos de los pacientes se bañan en la piscina medicinal y, al parecer, nadie presta atención a la canción de la India. Al fin, una hora después aparece Marlon. Muy satisfecho:

—¡Acere, son dos locotas esas niñas! Tuve que cortarlas porque querían seguir hasta mañana. Dicen que llevan aquí dos días descansando, pero que aquí *ná* más que hay viejos enfermos. Clavé hasta por las orejas.

—Marlon, pero tan rápido...

—¡Yo soy rápido y *acelerao*, Pedro Juan! Jajajá. Las dos son de Santa Clara. ¡Dos locas, acere, quimbás por completo! Dicen que van a La Habana, jinetean unos días con los yumas y regresan con un baro. Hacen de todo, lo que uno les pida. La más alta tiene un tatuaje en una nalga que dice «Free Way» y una banderita americana.

—¡Uff, candela!

Nos cuenta los detalles. Su padre se ríe y le hace una sola pregunta:

—¿Tú tenías condones?

—Ellas tienen quinientos condones. Son profesionales.

—¿Te pidieron dinero?

—¡Tú estás loco, Pedro Juan! ¡En mi vida he pagado a una puta! Yo soy un tigre. Marlon *el Baby*, jajajá. ¡Todas me quieren!

—A tu edad yo también era un tigre, y mírame ahora, más tranquilo que un bebé.

—Tú lo que necesitas es una viagra...

—Oye, Marlon, deja esa gracia. No necesito viagra. Mi mujer tiene veinte años menos que yo y golpeo todos los días. Y bien. Largo y extenso.

—Muy bien, don Pedro, no se ofenda.

—Dale, vamos.

Nos montamos en el carro. Me llevo un frasco de fango medicinal. Carlos Sarduy, el técnico de fisioterapia del balneario, me lo regaló a modo de prueba. En estos campos la gente es generosa. Viven con un sentido humanitario diferente al del habanero, que es demasiado pícaro.

Marlon está de buen humor:

—¿Y ese fango apestoso te quita las arrugas?

—Tiene azufre y minerales. Limpia la piel de espinillas y de impurezas. Las arrugas no las quita ni el médico chino.

—Cómo te cuidas, Pedro Juan. Quieres mantenerte como un bebé.

—Y tú estás alegre. Se ve que templaste bien.

Anselmo conecta el aire acondicionado y salimos. Estamos

en octubre, pero sigue el calor y la humedad en exceso. Quizá un poquito menos que en agosto. Pero muy poco menos. Reconozco que estoy molesto. Vagamente molesto. ¿Envidia? Creo que sí, un poco. Yo era igual que Marlon. Cuadraba un palo en dos minutos y dale *ján* hasta el otro día. Sin parar. Yo era Supermán, el tigre, el dueño del mundo. Ahora..., bueno, quizá es que estoy enamorado de mi mujer. Esa mulata me tiene loco y me concentro en ella. No necesito nada más. De todos modos, es una pesadez empezar a ponerse viejo y perder ímpetu y energía.

Desde Elguea atravesamos por Corralillo y seguimos hasta Santa Clara. Un largo trayecto de un par de horas por carreteras estrechas y casi desiertas. El paisaje es hermoso, pero muy despoblado. Se ve poca gente y muy pocas casitas en los campos.

De poco más de once millones de cubanos en la isla, el 75 por ciento o más vive en pueblos y ciudades. Los campos están casi despoblados, lo cual es inconveniente para un país básicamente agrícola. En otros países viven entre dos y tres millones. La cifra varía porque se ha perdido el control. Y no es mayor debido a las numerosas medidas aplicadas por las autoridades cubanas y por los países receptores. Son argucias burocráticas que tienden a alargar, encarecer y complicar los trámites de emigración hasta extremos inauditos. Una persona puede estar varios años haciendo las gestiones y gastando dinero para irse, por ejemplo, a Santo Domingo, Costa Rica o Panamá —que no son lugares muy envidiables precisamente— y al final no lo logra o, si tiene suficiente dinero y apoyo, viaja al fin ya agotado, al cabo de mucho tiempo. Es un tema «incómodo» del que se habla muy poco. O no se habla.

Marlon interrumpe mis pensamientos:

—Nos hubiéramos ido *pa* La Panchita y pasábamos la noche allí. Con las dos jebas.

—¿Qué es La Panchita?

—Una playa y un pueblecito de pescadores. Cerca de Elguea. Yo tengo amigos allí. Está bonito y siempre tienen pescado fresco, camarones. Vaya... un lujo.

—Tú querías llevarte a las jineteras contigo. Y te iban a pelar. Lo que quieren es dinero, no te hagas ilusiones.

—Ya te dije que no pago putas. *Ná*, se sintieron cómodas conmigo... Además, yo creo que tienen su romance entre ellas.

—¿Por qué?

—Me pareció ver algo más que sexo entre ellas dos. Creo que están enamoradas. Y dicen que siempre andan juntas, que son muy amigas. Se besaban con demasiada pasión.

Anselmo, que hasta ahora ha estado callado, dice:

—Las putas, en el fondo, odian a los hombres. Les voy a decir una cosa porque veo que ustedes no saben nada del tema: los hombres son abusadores, humillan a esas mujeres. Y ellas empiezan a odiar a los hombres. ¿Ustedes nunca han oído a Paquita la del Barrio, la mexicana?

Y yo, riéndome:

—Anselmo, ¿eso es filosofía mexicana, o pedagogía china?

—No, lo que acabo de decir es verdad. Son corazones sin amor. Engaños y dinero.

Y busca entre sus CD. No tiene de Paquita la del Barrio. Pero tenemos tema para seguir hablando un tiempo más. Empieza la noche cuando llegamos a Santa Clara.

Es una de las ciudades más antiguas de Cuba. En la plazuela del Carmen hay hasta un monumento a las trece familias que, en 1689, fundaron la ciudad. En esa época, el centro urbano más importante en la zona era la Villa de San Juan de los Remedios, pero sufrían muchos ataques de piratas. Entonces estas familias se unieron para fundar Santa Clara, 50 kilómetros tierra adentro.

Siempre ha sido una ciudad moderna, con un buen teatro, una buena biblioteca, industrias y una excelente universidad. Una de las mejores del país, junto con la de Santiago de Cuba y la de La Habana. Durante algunos años, en los cincuenta y sesenta una de las mejores editoriales cubanas pertenecía a esta universidad. Todavía hoy su colección de clásicos es referencia obligada.

Mientras que Santa Clara ha sido siempre una ciudad dinámica, industrial, con movimiento económico y cultural, Remedios permaneció como el pueblo bucólico, hermoso y señorial, pero con un excesivo aire soñador. La plaza Mayor de Remedios es la única en Cuba que tiene dos iglesias católicas. Ambas del siglo XVII: la iglesia de Nuestra Señora del Buen Viaje y la parroquial mayor de San Juan Bautista. En esta última hay un hermoso altar barroco de grandes dimensiones, enchapado en oro.

Remedios es famosa por sus parrandas. Son fiestas populares que se celebran el 24 de diciembre hasta el amanecer del día siguiente. La gente se divide en dos bandos: los de San Salvador, representados por un gallo de pelea, y los del Carmen, por un gavilán. En el pueblo hay un museo dedicado a la historia de estas fiestas, que ya tienen más de doscientos años de tradición.

Algunos parientes lejanos vivían en Remedios y hace muchos años los visité para las parrandas. Sólo recuerdo que eran unos carnavales muy alegres, con mucha borrachera y una enorme cantidad de fuegos artificiales. Además, me parece que duraron dos o tres días.

Ahora, en Santa Clara, nos alojamos en un hotel sencillo pero muy cómodo, el hotel Modelo. Alrededor del parque central de la ciudad hay buen ambiente, muy tranquilo. A eso de las once de la noche invito a Marlon y nos vamos a El Mejunje. Anselmo dice que está cansado y se acostará temprano.

El Mejunje es un lugar muy curioso porque no es exactamente una discoteca ni una sala de baile, ni un club juvenil, ni un centro gay, ni un cabaré de travestis. Pero es todo eso. Y más.

Está muy cerca del parque Leoncio Vidal, el parque central de Santa Clara, en la calle Martha Abreu. Instalado, o más bien improvisado, en un viejo caserón colonial arruinado, del que sólo quedaban unos muros de ladrillos mohosos y un gran portón. Unos enormes framboyanes de flores rojas habían roto las losas del piso y estaban ahí, dando sombra a aquel lugar.

Caminando hacia El Mejunje me encuentro en el parque con dos jóvenes que me reconocen y me abordan. Me aseguran que han leído casi todos mis libros, publicados en España. Hablamos un rato y me invitan a editar algo de mi poesía, en pequeñas editoriales que tienen aquí: Capiro y Sed de Belleza.

No hago ningún compromiso, pero me daría vergüenza publicar en una editorial con ese nombre: Sed de Belleza. Es demasiado. Les comento que aquí publiqué algunos ensayos en la revista *Signos*, que dirigía el gran investigador, poeta y escritor, Samuel Feijóo. Un hombre excepcional. Parecía un poco loco, pero en realidad era de un dinamismo y una energía increíbles. Trabajaba sin parar, investigaba, sobre todo, en el campo del folclore y la antropología social del campesino cubano. Y todo lo publicaba en la revista *Signos*. Creo que ya no existe.

También era pintor, dibujante, hacía poesía visual. Él y Fayad Jamís fueron los únicos en Cuba que hicieron poesía visual y experimental desde los años cincuenta, en la misma línea de las vanguardias europeas del siglo xx y del catalán Joan Brossa, o de los brasileños del grupo de São Paulo.

Estos jóvenes también recuerdan a Feijóo como un artista integral y perfectamente imperfecto. Desgraciadamente ha sido un poco olvidado desde su muerte, hace unos quince años.

Nos despedimos. Marlon y yo seguimos camino al cercano Mejunje. En internet hay algunas referencias a este sitio. Aparece como «un lugar de tolerancia en Cuba». En 1991, Ramón Silveiro, un promotor cultural con gran vocación, comenzó espontáneamente a reunir gente aquí para pequeñas descargas musicales, leer poesía y cuentos. En fin, una especie de peña artística. Hacía un té de hierbas y lo regalaba a los asistentes. Ahora Silveiro me cuenta:

—La gente empezó a decirle al té «el mejunje». Y poco a poco, le llamaron al lugar «el mejunje de Silveiro». Y así se le quedó el nombre. Ya cumplimos quince años y desde hace mucho tiempo abrimos noche tras noche. Ya ves, hoy es viernes y hay unos quinientos muchachos aquí, bailando y divirtiéndose.

Otras noches presentan obras de teatro. Silveiro dirige un grupo de actores y presenta sus montajes aquí mismo. «A teatro lleno», me asegura.

—Las noches más divertidas son las de sábado y domingo. Hay *shows* de travestis. Vienen las mariconas de todos los pueblecitos, que no pueden hacer nada donde viven y se desquitan en Santa Clara. Figúrate, con este calor llegan por la tarde ya con los maquillajes corridos y despeinadas. Después, por la madrugada, borrachas casi siempre, están peor. ¡Una banda de brujas! Es divertido después de todo. Bailan y se divierten. Salen de aquí patidifusas.

Mientras hablo con Silveiro, Marlon se perdió dentro de la multitud. Algunos jóvenes bailan, pero la mayoría conversan. Beben poco, o nada. En realidad es un lugar mucho más tranquilo de lo que pensaba. En todas partes hablan de este sitio como si fuera un pequeño infierno habitado por diablitos. La entrada es de dos pesos cubanos —menos de cinco centavos de dólar—, «y el que no los tiene entra también», me dice Silveiro.

—Me comporto como si fuera el dueño. En realidad esto pertenece a la Dirección Provincial de Cultura. Ya tenemos tanto prestigio que siempre presento grupos musicales de primera calidad aunque el presupuesto disponible es muy poco.

El Mejunje funciona hace quince años y, al parecer, cada día tiene más aceptación.

—Hay noches de música popular cubana. Y vienen personas mayores. A bailar boleros, chachachá y cosas de antes. Así he ido atrayendo a públicos muy diferentes.

Una hora después, Marlon me presenta a dos muchachas muy jóvenes. Tendrán veinte años cada una. No tenemos nada de que hablar, por supuesto. A eso de las dos de la madrugada me voy. Marlon se va por su rumbo y se despide. Me dice al oído:

—Acere, voy a matar la *jugá* por aquí cerca. *Ná* más le voy a dar un trancazo. Estoy cansadísimo.

—¡Y borrachísimo! Mañana salimos temprano hacia el Escambray. No te pierdas, Marlon.

Se va con su muchachita, la otra se aburrió y se fue hace rato. Yo me voy a dormir. Caí como una piedra en la cama. En El Mejunje me tomé unos tragos de ron y me tumbaron. A las siete de la mañana nos despierta Marlon, que llega a esa hora con unas ojeras profundas y completamente agotado, medio dormido. Se ducha y partimos. Anselmo quiere pasar a ver a un amigo, en un barrio de las afueras de la ciudad. Es un artesano. Hace faldas y pañuelos de cabeza pintados a mano, con pintura acrílica. Son una belleza. Con Anselmo envía un paquete para una tienda de Trinidad donde los venden. Nosotros ahora atravesaremos las montañas del Escambray y llegaremos a Trinidad.

Salimos de Santa Clara, rumbo sur. Dejamos a un lado el lago Hanabanilla, en medio de las montañas. Es impresionante. Tiene un área de 36 kilómetros cuadrados y contiene 280 millones de metros cúbicos de agua vertidas por varios ríos y manantiales. Algunos descienden haciendo cascadas en medio del monte.

He visitado muchas veces estos montes. El punto más alto es Topes de Collantes. Hay un enorme hotel para tratamientos de salud. Este lugar fue inaugurado en los años cuarenta como un sanatorio para tuberculosos. Con el tiempo, la tuberculosis se controló en el país mediante medicinas y vacunas, y el hotel pasó a ser un balneario para mejorar la calidad de vida.

Camino por un sendero solitario, a un lado de la carretera. Al parecer, aquí no vive nadie. Es monte cerrado. En los años sesenta, estas lomas fueron famosas por numerosos grupos de «alzados» contra la revolución. Durante varios años recibieron suministros desde Estados Unidos. El Gobierno cubano organizó miles de milicianos y el ejército, en tropas denominadas LCB (Lucha Contra Bandidos). Una de las medidas que tomaron fue la de sacar de estas lomas a muchas familias y situarlas en pueblos como Sandino y Briones Montoto, en la provincia de Pinar del Río, a más de 400 kilómetros de distancia. En esos pueblos, hace años, conocí a algunas de esas familias y me contaron lo que había sucedido. Son historias turbias y desagradables. Demasiado violentas para contarlas aquí.

En medio del monte encuentro un salto de agua, con un ruido que me atrae. El agua que cae y corre entre las piedras. Es un lugar especialmente fresco. Me siento un rato a meditar. Cierro los ojos y me pierdo junto con el rumor del agua.

No sé cuánto tiempo estuve meditando. Abro los ojos y ahí está Marlon. Me tomó una foto, silenciosamente. Muy extrañado de lo que yo hacía. Le explico brevemente y me responde:

—No me gusta. Estuviste sin mover ni un dedo, como un caimán. Media hora. O más. Yo no puedo. ¡Tengo que moverme, Pedro Juan!

—Ya te cansarás de moverte.

Como dice Taisen Deshimaru, en *La práctica del Zen*: «¿Por qué responder con lenguaje complicado? Una sola palabra o un solo gesto bastan.»

Seguimos adelante y volvemos a detenernos en una escuela primaria junto a la carretera. Quiero tomar unas fotos del paisaje. Es sábado y la escuela está cerrada. Una mujer y tres niños atienden el jardín. Lo escardan con unas guatacas. Hablamos un poquito. Madeleine tiene treinta y seis años, vive con sus tres hijos en una casita muy pobre, lejos de la carretera. Me cuenta que no hay trabajo por aquí. Su hijo mayor ya tiene quince años y quiere empezar a trabajar rápido para mantener a la familia. Le pregunto de qué viven:

—Vendo algún aguacate, mangos, tengo una cría de pollos. Y así vamos tirando, pero es difícil.

—¿No tienes marido?

—No. Yo sola con los niños.

Nos despedimos y seguimos adelante. Hace un buen día. Fresco y nublado.

Después de dormir un poco, Marlon se ha despabilado. Ahora nos cuenta con detalles cómo fue lo de anoche. La muchacha era una india, medio mulata.

—Pero tenía mucho pelo. ¡*Pelúa* hasta las rodillas!

Y yo:

—A mí me gustan *pelúas*.

—Pues a mí no, Pedro Juan. Eso es una *cochiná*. Esta chiquita porque es una guajira. Las mujeres en La Habana se afeitan.

—Algunas, Marlon.

—Yo digo entre las jovencitas, don Pedro. Las tembas siguen a la antigua, con la pelambrera.

—A mí me excitan los pelos. Incluso en las axilas, uf.

Anselmo no abre la boca. Presta atención a conducir porque la carretera es estrecha y tiene muchas curvas. Marlon sigue con el tema:

—Es más, el oficio que me gustaría de verdad no es este de taxista, sino peluquero de pubis.

—¿Eso es un oficio?

—Claro, como el de poner pírsines y hacer tatuajes.

—No creo que puedas tener clientes suficientes.

—Sí, como no. Hay miles de mujeres jóvenes que les gusta tener una mariposa en el pubis, o un triángulo. Ah, eso es todo un arte. Las jineteras, las putas, es muy higiénico. ¿Tú te imaginas mi peluquería? Con un letrero lumínico con una mujer de piernas largas que se abren y se cierran. En verde y rosado: clac, clac, clac, clac, clac, clac. Jajajá.

—Sigue soñando y ya verás que lo logras.

Voy mirando el paisaje de montaña, que es excepcional. Nos detenemos en un mirador, a unos 800 metros de altura. Creo que es uno de los puntos más altos de la cordillera de Guamuhaya, conocida simplemente como sierra del Escambray. Durante algunos años, en zonas de microclima, se hicieron experimentos aquí con uvas y fresas. Son lugares donde se mantienen temperaturas frescas. Las cosechas de fresas se dedicaban, sobre todo, para fabricar los helados Coppelia, de primera calidad. Las uvas nunca llegaron a ser suficientemente dulces.

El día no es muy húmedo y hay una visibilidad perfecta hasta la costa sur. Se ve muy bien Trinidad y los pequeños caseríos cercanos a esa ciudad.

Cerca de aquí se produjo una historia que siempre me ha interesado no olvidar porque creo que refleja muy bien el lado oscuro de la naturaleza humana: un emigrante de una pequeña aldea de Galicia —no debo publicar su nombre y apellido— vino a la ciudad de Cienfuegos en los años treinta. Atrás dejó a su mujer y unos cuantos hijos. Jamás se ocupó de ellos y, al parecer, ni los recordaba. En Cienfuegos se casó con una cubana, y poco tiempo después se fueron al monte. Se mudaron a un pequeño caserío en una de estas lomas del Escambray. Allí el gallego puso una panadería. Al triunfo revolucionario en 1959, el gallego se hizo miliciano y, en una pared de su casita, ponía fotos y más fotos de él con algunos personajes sobresalientes de la política.

El gallego, como le decían todos, era un hombre popular. En algún momento, en los años ochenta, pusieron un teléfono para prestar servicio en la zona. Y decidieron que debía estar en la casa del gallego. Todos estos montes están bastante incomunicados. Desconozco si en este momento hay coberturas para móviles, aunque todavía —en el 2006— esos aparaticos son rara avis en Cuba.

De algún modo, la familia del gallego solía llamarlo desde España ya que ahora sí había modo de comunicarse fácilmente. Comienza la crisis económica en 1991. El gallego ya es un hombre de más de sesenta años, quizá setenta, igual que su mujer. Los hijos que dejó atrás ya son hombres maduros. Alguno lo visita y ve que su padre ahora vive mal. La crisis, denominada en Cuba «período especial de guerra en tiempo de paz», invadió todas las zonas de la existencia humana.

Finalmente, hacia 1992, el gallego fue a visitar a sus hijos a Galicia. Y no regresó jamás. La última vez que hablé con su mujer cubana, creo que en 1994, estaba muy deprimida:

—Al principio me llamaba y me decía que extrañaba mucho y que tenía ganas de regresar. Pero parece que al fin se adaptó a lo bueno...

No hice comentarios. La mujer, llorosa, me mostró unas fotos del gallego en Galicia, con sus hijos:

—Esas fotos las mandó al mes de estar allá. Yo no pensé que me haría esto. Después de casi cuarenta años juntos.

Por supuesto que no abrí la boca, pero lo pensé: cuando había hambre en Galicia, se fue y se olvidó de lo que dejaba atrás. Y cuando había hambre en Cuba, se fue y se olvidó también. Sálvese quien pueda.

Lamentablemente sólo puedo exponer la historia desde mi propio ángulo. Limitado, por supuesto. Lo interesante sería escuchar a cada uno de los participantes en el drama. Cada uno tendría sus razones. Ahora pasamos muy cerca del caserío donde vivía el gallego, pero no quiero volver por allí, como un ave carroñera, a ver qué sucedió con aquella señora. Es mejor así.

Aunque quizá yo soy demasiado sentimental. Para vivir en estos montes, no se puede ser romántico. Todo lo contrario. Sólo los duros sobreviven, así que mejor no juzgo.

En otro de mis viajes por aquí, hace años, cuando era periodista y viajaba continuamente, hice noche en un pequeño pueblo habitado, sobre todo, por leñadores trabajadores forestales. Gente especialmente áspera.

Un fotógrafo y yo llegamos al mediodía, para hacer un reportaje sobre la naturaleza y la repoblación forestal en estas montañas. Pero nos encontramos que había una gran fiesta y nadie trabajaba. Alguien nos explicó que hacía muchos años que no hacían fiestas allí. «Por lo menos diez años sin fiestas. Tú verás las broncas que se van a armar.» No entendí aquello de las broncas. Si hay fiestas, supuse que habría baile y alegría.

Pues sí. Hubo de todo. Después de unas cuantas horas de alcohol y música empezaron las peleas. ¡A machetazos! Aquella gente no se andaba con chiquitas. A las diez de la noche ya el fotógrafo y yo también teníamos bastante ron y aguardiente dentro. Antes de irnos a dormir, decidimos dar una vuelta por el pueblo y pasamos frente a un pequeño policlínico. Dentro había dos médicos y tres enfermeras cosiendo heridas. Era increíble. Todo embarrado de sangre. Parecía una carnicería. Al menos diez personas habían sido curadas, otras diez esperaban turno. Uno de los médicos me dijo:

—Y los que faltan porque la noche todavía es joven. Cuanto más sube el alcohol en sangre, más broncas. Jajajá, es directamente proporcional.

Al día siguiente alguien me explicó, mientras finalmente hacíamos el reportaje sobre siembras de árboles y controles de flora y fauna: «El problema es que hay muchas cuentas pendientes. Cuando hay fiestas todos los años, no se acumulan. La gente se mete unos tragos, se desinhibe y se faja a machete limpio. Pero en diez años se acumula mucha mierda, rencores, celos, engaños femeninos, envidias. Todas las bajezas humanas anidando lentamente. Al fin explotaron anoche.»

Ahora bajamos por una carretera muy estrecha hacia Trinidad. Casi desierta. Hemos cruzado sólo con algunos turistas extranjeros que viajan en autos rentados, unos pocos camiones y algunos campesinos en bicicleta o a caballo. Muy pocos. Salimos de Santa Clara a eso de las nueve de la mañana y llegamos a Trinidad, sobre las dos de la tarde. Viajando sin prisa, tomando tiempo para detenernos a disfrutar de un paisaje montañoso que no puede ser captado por una cámara. Hay que verlo personalmente.

Trinidad es la ciudad colonial mejor conservada de Cuba. Se mantiene prácticamente intacta desde hace cuatro siglos y fue declarada por la UNESCO patrimonio de la humanidad.

La explotación azucarera del valle de San Luis favoreció el esplendor económico y cultural de Trinidad. Hoy en día se lo conoce como el valle de los Ingenios. Pero sólo quedan restos de unas cincuenta fábricas de azúcar que decayeron en la segunda mitad del siglo XIX. De ese modo, una crisis repentina sumió Trinidad en un aislamiento total durante muchos años. Debido a ese estancamiento y a estar muy alejada de las principales vías de comunicación, Trinidad mantuvo su identidad arquitectónica. Un Macondo cubano.

La mayoría de las casas de este pueblo tienen amplias fachadas, sin portales y con altos ventanales, con verjas elegantes y muy elaboradas. Por dentro, las casas son amplias y frescas, centralizadas por un patio o jardín interior. Algunas son de dos plantas, muy pocas.

El centro de la villa, de apenas tres kilómetros cuadrados, acoge suntuosos palacetes muy bien conservados gracias a un proceso continuo de restauración desde hace algunos años.

Como sucede en todos los lugares que viven del turismo, aquí abunda en la calle la gente que ofrece de todo al forastero. Desde habitaciones y coches clásicos para rentar, hasta restaurantes particulares especializados en pescados y mariscos o comida criolla. También hay ofertas más originales, hasta donde es posible la originalidad en este negocio. Por ejemplo, en una esquina del parque me encuentro con un viejito campesino con un burro. En la frente del burro hay un letrero ¡en inglés!: «Me alquilo para fotos, 50 centavos.»

Le tomo un par de fotos y me pongo a hablar con el viejo. Se queja de que no hay turistas, «y los pocos que pasan por aquí toman una foto con el burro y me dicen que no tienen dinero, ¿qué les voy a hacer?». Le molesta que no le paguen por las fotos. Está de mal humor.

Dice horrores de los turistas muertos de hambre que vienen, «y yo tengo que pagar una licencia de 20 dólares al mes para estar aquí con el burrito. Si sigo así, de capa caída, voy a tener que dejar este negocito».

Me cuenta que tiene un carretón y que tendrá que ponerse a trabajar al duro. Le pregunto:

—¿Con el burrito?

—No. Ya ese burro está muy viejo y no sirve. Tengo una yunta de bueyes.

De todos modos, lo cierto es que hay muy pocos turistas. Entré a un caserón colonial muy bonito. Sus dueños lo conservan muy bien y alquilan habitaciones. Está vacío totalmente hace días.

Al salir de Trinidad hacia Sancti Spíritus paramos en la carretera. Hay un puesto improvisado bajo unos árboles frondosos, que dan buena sombra. Unas mujeres venden anones, guayabas y limones.

Muy baratos. Por un dólar (25 pesos cubanos) me dan veinte anones. Casi los están regalando. Así y todo no venden, y me ruegan que les compre más. El anón ha desaparecido mucho en los últimos cuarenta años. Con el pretexto de sembrar grandes extensiones de caña de azúcar, papa, arroz, cítricos, se ha desmontado mucho bosque. Resultado: escasean la mayoría de las frutas, al extremo de que los hoteles para el turismo internacional se ven obligados a importar frutas desde Jamaica y otras islas vecinas.

A unos 12 kilómetros de Trinidad está el valle de los Ingenios. Quedan muchos restos de los tiempos del esplendor azucarero, entre 1790 y 1846. La visita de rigor es a la hacienda Manaca Iznaga. Allí se conserva la vivienda, los barracones de los esclavos y una torre de 45 metros de altura. Al parecer fue construida entre 1815 y 1830. Hay dos versiones igualmente creíbles. El hacendado Alejo M. del Carmen e Iznaga la construyó para vigilar a sus esclavos que trabajaban de sol a sol en sus extensos cañaverales. Hacia 1840 este señor tenía más de 350 esclavos. Otra versión cuenta que él y su hermano apostaron a superarse uno al otro haciendo algo extraordinario. Así, uno edificó la torre más alta del valle —y seguramente de Cuba en esa época— y el otro hizo el pozo más profundo e inagotable.

Por un instante pienso que, en Bolonia y en todo el norte de Italia, también me he encontrado con estas enormes e inútiles torres, fabricadas por señores de mucha fortuna. Hoy en día compran aviones y barcos particulares, una isla, pagan millones para rotar alrededor de la Tierra como astronautas turistas. En fin, cada millonario se entretiene como puede en el momento que le toca vivir. Y cada pobre se jode como puede.

A Anselmo le parece que desperdicio el viaje:

—Para conocer Trinidad y todo esto necesitas por lo menos tres días, Pedro Juan.

—Y vamos muy aprisa, ¿es lo que quieres decir?

—Exacto.

—Quiero llegar a Sancti Spíritus antes de que sea de noche. Además he estado aquí muchísimas veces.

Sancti Spíritus es la cuarta villa fundada por los españoles en Cuba, hacia 1514. En media hora entramos a la pequeña ciudad. Y vamos a la parroquial mayor de Sancti Spíritus. Construida entre 1671 y 1680, su planta es idéntica a la de la parroquial de la villa de Alcor, en Huelva, España.

Esta ciudad es un lugar especialmente apacible y apartado. Uno pasea por sus calles y sucede lo mismo que en Trinidad y en Camagüey y en otras muchas ciudades del centro de la isla: de repente parece que estamos en España. Mucho más ahora, en octubre, que, al caer la tarde, refresca y se reduce la humedad.

Por eso es muy curioso que sea aquí precisamente —en estas provincias del centro— donde se han encontrado e identificado restos de visitantes europeos anteriores a Cristóbal Colón.

Así que dejamos Sancti Spíritus y vamos un poco más al norte, hacia el pueblo de Taguasco. Ya nos espera en su casa Alejandro González Ventura, conocido por Milán. Va a ser nuestro guía. Entramos por un camino de tierra, y muy cerca del pueblo está el llamado dolmen de Taguasco. Consiste en una agrupación de grandes pedruscos dispuestos de un modo peculiar. Según algunos investigadores pudo funcionar como un observatorio solar, de acuerdo con las alineaciones de las piedras y con un hoyo realizado por la mano del hombre por donde se ve el sol en determinada época del año.

Cerca de aquí, encontraron en el lecho de un río unas piedras con inscripciones rúnicas, que fueron descifradas. Y en Rodas, también cerca de Cienfuegos, se encontró una pulsera con inscripción legible ya descifrada y un dolmen cerca de una caverna, también con inscripciones.

En los años noventa, los investigadores Jorge Díaz y Marcos

Rodríguez trabajaron arduamente en todo esto y encontraron relaciones entre los diferentes hallazgos arqueológicos.

En la cueva de Rodas —ubicada en la finca El Tanteo— las inscripciones halladas corresponden a dos sistemas de escrituras usadas por los celtas íberos y los fenicios del sur de España y Portugal.

La inscripción en ogam se corresponde con el estilo que esta cultura utilizó entre los años 800 y 200 a.J.C., y la interpretación más acertada sería la de TUAHT BI BEL: (al) norte (templo) dedicado a Bel.

Bel es un dios considerado divinidad solar de los celtas ibéricos. Las inscripciones de la cueva fueron pintadas, no talladas, por lo que se supone que fue un sitio de paso y no de largo asentamiento.

Se cree que debajo del dolmen de Rodas pueden descansar los restos de alguien importante, pero hasta ahora estos sitios sólo se preservan lo mejor posible. Las investigaciones hace años están detenidas. Al parecer, algunas personas se han quedado escandalizadas con estas hipótesis de visitantes anteriores a Colón.

Unos pocos entusiastas —aficionados con otros oficios— siguen creyendo apasionadamente y han decidido preservar los sitios. No pueden hacer más. Por ejemplo, el «observatorio solar de Taguasco» ni siquiera está cercado y protegido físicamente. Milán se me queja discretamente:

—No hay apoyo. Hasta que no venga aquí algún arqueólogo de renombre internacional y estudie todo esto y publique sus conclusiones, nadie nos hará caso.

Después, ya de regreso al pueblo de Taguasco, me explica que en el Museo Provincial de Cienfuegos tienen una punta de lanza que apareció en San Fernando de Camarones, y una cabecita con bigote y gorro alto que se encontró en cayo Carena.

En fin, por ahora son sólo indicios, al parecer de la cultura fenicia, grandes marineros y comerciantes. Precisamente, navegando, propagaron un alfabeto de donde se derivan la mayor parte de los alfabetos del mundo antiguo.

Ya es de noche cuando salimos hacia Cienfuegos. Más exactamente hacia La Milpa, un pequeño caserío costero, perdido en un recodo, a la entrada de la bahía, más allá del Hotel Pasacaballo y frente a cayo Carenas. Allí nos esperan unos amigos.

Tenemos que regresar a Trinidad y desde allí, por una carretera junto al litoral sur, hacia Cienfuegos. Apenas 80 kilómetros, pero la vía es estrecha, casi sin señales, y podemos encontrar animales. Por suerte, está desierta y sin tráfico.

Una luna muy baja ilumina el mar, tranquilo, sin viento. Y pienso que, en esto de las investigaciones arqueológicas, el azar y la buena fortuna desempeñan siempre un papel esencial. Ha sido así en Egipto, en Grecia, en Perú, en México. La mayoría de los sitios arqueológicos del mundo han sido descubiertos e investigados a fondo gracias al azar y a circunstancias fortuitas que en algún momento se combinan.

Por ejemplo, un grupo de investigadores subacuáticos cubano-canadienses durante años se dedicaron a buscar tesoros hundidos en viejos galeones, alrededor de Cuba. Fabulosos tesoros que estuvieron sumergidos durante siglos fueron traídos a la superficie. Por supuesto, todo con mucha discreción y evitando cuidadosamente la publicidad y a los cazadores furtivos de tesoros, que hacen la competencia a este grupo cubano «oficial».

Pues bien, hace pocos años, hacia el 2001, encontraron algo mucho más interesante que el vil metal áureo: un conjunto megalítico que denominaron MEGA, descubierto al pie del talud insular en el cabo de San Antonio, el extremo más occidental de Cuba. Hay sólo 210 kilómetros entre este cabo y cabo Catoche, en Yucatán.

La expedición cubano-canadiense se denomina EXPLORAMAR y viaja en el buque de exploración *Ulises*, muy bien equipado para esta ocasión con los equipos más modernos y costosos, lo cual incluye hasta un eficiente robot submarino especializado en excavaciones subacuáticas, capaz de rodar en el lecho marino, con un brazo de 10 metros de largo.

La ingeniera Paulina Zelitsky —directora del equipo— ha dado la información poco a poco a los periodistas en los últimos años, muy precavidamente, como es lógico. Ha explicado que son unas estructuras submarinas, dispuestas de este a oeste, en el norte de la península de Guanahacabibes, a más de 600 metros de profundidad.

En esa área se observan formas rocosas con aspecto de crestas, bloques cúbicos y pirámides, que sobresalen del fondo marino arenoso. Se habla de una ciudad sumergida, de los restos de la Atlántida o quizá de una formación natural, adaptada por seres inteligentes para uso habitacional o místico.

El sitio MEGA descansa en la base de un volcán de lodo, extinguido hace millones de años. Era común en las civilizaciones antiguas construir sus asentamientos encima de los suelos fértiles, en la parte inferior de los volcanes.

Todavía en el 2006 no se sabe si fue una ciudad sumergida, hipótesis que gana adeptos, sobre todo porque ya esto demuestra definitivamente que Yucatán y Cuba estuvieron unidas en tiempos muy remotos.

Comento todo esto con Anselmo. Marlon duerme. La verdad es que trabaja poco o nada como copiloto. Anselmo no reprime sus comentarios mordaces:

—Esa gente ya sabe de sobra lo que hay, pero no quieren hablar en voz alta para evitar la competencia.

—Puede ser, Anselmo. Yo haría lo mismo. Es mejor trabajar en secreto, calladito. Y de pronto: ¡Bang! Sueltas el bombazo.

—Sí, visto así...

—¿Te imaginas una ciudad sumergida entre Yucatán y el cabo de San Antonio? Explicaría qué sucedió con muchas de las culturas yucatecas y mexicanas que de repente se extinguían y nadie sabe por qué.

—Tengo hambre.

—Jajajá. ¿No te interesa la arqueología?

—Hummm, hummm.

—¿Tienes sueño? Has manejado todo el día. ¿Marlon no te ayuda?

—No. Él viene más bien de mecánico. No me gusta darle el timón porque...

—Conduce muy rápido.

—Es un poco loco.

—Ahhh.

A eso de las diez de la noche vemos la hermosa bahía de Cienfuegos, apenas iluminada, dejamos a nuestra derecha el hotel Pasacaballo —muy bien resguardado con cercas y guardias alrededor— para el turismo internacional. Dos kilómetros más allá está el caserío de pescadores. La Milpa. Uf, menos mal. Estoy muerto de cansancio.

Me reciben Lorena y Jose, su marido. Tienen dos hijos. Están jugando al dominó con unos vecinos que, después de saludar, se retiran a su casa. Lorena es muy bonita, tiene unos treinta años, y Marlon en seguida se pone demasiado gentil con ella. Lo llamo aparte y le hablo con toda seriedad:

—Marlon, por favor. Esta gente son amigos míos desde hace muchos años, y si Jose se da cuenta de tu pesadez y tu lujuria, saca un machete y esto va a acabar mal. ¡Respeta, compadre, o tú estás loco!

—¡Esa mujer tiene tremendo culo y tremendas tetas y está lindísima! ¿Qué le ve a ese guajiro bruto? ¡No puede ser!

—A ti eso no te importa. Respeta y cálmate los nervios. ¿O tú eres enfermo mental?

—Me voy a quedar tranquilo por ti, *pa* que lo sepas. Porque yo te respeto, como anciano que eres...

—¡Marlon, vete *pa* la pinga!

—Jajajá. ¡Eres un anciano, Pedro Juan! Ésas son cosas de viejos. Y mi padre es peor que tú.

—Anselmo es un hombre correcto.

—¡Es otro viejo! Si los tres fuéramos jóvenes, yo emborracho esta noche al guajiro y me tiemplo a la jeba. La vuelvo loca, porque estos guajiros no saben templar. Ni maman ni meten el dedo. No saben templar, acere. Yo la vuelvo loca y la hago gozar. Al final me lo agradece.

—Está bien, Supermán, ya sabemos que eres el pinga dulce *number one* de Cuba.

—Te repito que me quedo tranquilo, no sé ni cómo, porque Lorena está *pa* mí. Tú no has visto cómo me mira.

En eso vienen Jose y Anselmo, con una botella de ron recién abierta. Jose me dice:

—Pedro Juan, date un buche *pa* que refresques el coco.

Nos sentamos en los restos de una antigua glorieta, junto al mar. Y hablamos de todo un poco. Hay poca pesca. Le pregunto por los submarinos. Durante muchos años, la bahía de Cienfuegos fue —al parecer— una base de submarinos, soviéticos. La información la mantienen muy cerrada todavía hoy. Hace más de una década que no se ven submarinos por allí, según Jose.

El Caribe siempre ha sido muy codiciado como teatro de operaciones para los submarinos. A partir de 1959 fueron los submarinos de la Unión Soviética, con base en Cuba, pero antes fueron los nazis de Hitler. Leicester Hemingway, hermano de Ernest, lo cuenta en un largo artículo publicado en diciembre de 1940 en «Selecciones» del *Reader Digest*. Ese año, él y su colega periodista, Anthony Jenkinson, recorrieron durante varios meses el Caribe en la goleta de doce toneladas, *Río Azul*.

«El presidente Roosevelt declaró en enero de 1940 que se había avistado un submarino de nacionalidad desconocida cerca de Miami; noticias procedentes de Trinidad daban por segura la existencia de tres submarinos y un buque de auxilios en la parte septentrional de la América del Sur; también se hablaba de cinco submarinos que rondaban el Golfo de México.»

«En los primeros días de febrero zarpamos de cayo Hueso», cuenta Hemingway, y a partir de ahí hace un relato minucioso de todo lo que encontró: depósitos de combustible diésel en muchas pequeñas islas cercanas a Centroamérica, alemanes recién llegados haciéndose pasar por comerciantes, que tenían en sus casas retratos de Hitler y distribuían folletos en español e inglés sobre el nazismo, y decenas de personas nativas de estos lugares, reclutadas para el contrabando y abastecimiento de combustible diésel para los submarinos nazis. En la isla colombiana de San Andrés, relata cómo un altavoz en la plaza de la ciudad difundía bien alto los partes de guerra triunfalistas de la radio exterior de Alemania.

En la isla de Great Corn, cerca de Nicaragua, el comandante Kruger, hijo de alemanes, nicaragüense, los invitó a su casa: «En la sala de la casa de Kruger contemplamos un enorme retrato de Hitler. Kruger habló con entusiasmo del Führer, a quien llamó "varón justo y fuerte".

»"—Hitler dominará el mundo —nos dijo transido de emoción—. La conquista de Europa señala sólo el principio de su gloriosa misión. Asociado a un rico amigo, acometeré la construcción de un aeropuerto aquí. No está lejos el día en que ese aeropuerto será de inmenso valor."»

En esa misma isla, Jackson, «el mercader más prominente del lugar», les propuso directamente transformar la goleta para el contrabando de combustible para los nazis. «Cada día necesitan más combustible esos submarinos. El administrador alemán de los muelles de puerto Cabezas nos facilitará el diésel, y ustedes lo traen. Aquí mismo fondea un submarino y lo abastecemos directamente. Los nazis pagan bien y por adelantado. Se pueden hacer ricos con esta goleta.»

Después de esas aventuras de Leicester, Ernest, que vivía en San Francisco de Paula, en las afueras de La Habana, se decidió: preparó su yate El Pilar con algunas cargas de profundidad y equipos adecuados de detección y se lanzó por el Caribe a la caza de submarinos. Nunca cazó ni una sardina, pero escribió un libro sobre sus andanzas: Islas en el Golfo.

Ahora, en La Milpa, frente a cayo Carenas, la botella de ron se acabó muy rápido. Con cuatro gargantas chupando, su destino era el vacío fulminante. Marlon se ofrece para traer otra. En su ausencia, Jose me dice:

—Lorena tiene la comida lista. Estamos esperando por ustedes desde por la tarde, pero lo que teníamos eran unos pescaditos chiquiticos...

—Y cerca de aquí hay un tipo que vende camarones...

—Jajajá, ¿tú me lees el pensamiento, Pedro Juan?

—Sí. Más de lo que tú crees. Dile a Lorena que deje esos pescaditos. Tú sabes que yo no como espinas.

—Los camarones están ahí al frente.

—¿En cayo Carenas?

—Ahí mismo.

—¿A esta hora?

—Da igual. O vamos a buscarlos o se comen los pescaditos.

—Bueno, vamos.

Los tragos de ron me despejaron. Ya no estoy tan cansado. Esperamos un momento por Marlon y nos fuimos los cuatro, en el botecito de Jose, fondeado en un muelle de tres metros de longitud, al fondo de la casa.

El bote tiene un pequeño motor. En quince minutos estamos en cayo Carenas. Está muy dentro de la bahía, más allá del pasadizo de entrada. Fondeamos en una playa sucia, con fuerte olor a marismas. Caminamos hasta unas pocas casas de pescadores, en tinieblas. No hay electricidad. Se alumbran con un farol, pero tienen los camarones en una nevera con hielo. Por tres dólares compro un paquete de dos kilos, o más.

Antes de regresar, Jose nos lleva a un extremo de la playa. Se ve apenas a la escasa luz de la luna. Me asegura que por allí hay medio sumergido un casco de un submarino. Hay unas viejas casas de madera desvencijadas y desplomadas sobre sí mismas. En algún momento, éste fue un lugar bonito. Sirvió de escenario para algunas secuencias de *Lucía,* de Humberto Solás, un clásico del cine cubano. Ahora parece el escenario de una película de fantasmas y terror. Para colmo, unas nubes negras cubren a ratos la luna, y la luz nos llega tamizada y escasa. Sólo falta el aullido de un lobo entre las tinieblas.

Jose me asegura que no viviría aquí por nada del mundo:

—Todas esas casas desplomadas las tumbaron los ciclones. Y dicen que se ven los muertos saliendo del agua.

—¿Eh?

—Gente ahogada por los ciclones y de un accidente de un submarino. Todos los marineros embarrados con fango. No sé. Eso dice la gente. Yo no quiero ver un ahogado delante de mí, *¡Solavaya!*

—Yo siempre había escuchado que los muertos vagan solos. Cuando se dejan ver, es uno solo.

—Aquí dicen que se ven en grupos. Muchos muertos al mismo tiempo saliendo del agua y caminando por la playa. Dicen que desaparecen en cuanto tocan tierra y vuelven a aparecer. Así, sin parar. Condenados en el infierno.

Me ericé. Anselmo y Marlon miran de reojo a su alrededor. Bebemos un buche largo de ron. Quedan tres dedos de la botella. Hemos bebido fuerte. Regresamos a La Milpa y nos pusimos a jugar al dominó, con la tercera botella de ron rodando entre nosotros.

Al fin. A eso de las doce pudimos comer: camarones enchilados, boniato hervido, arroz blanco, frijoles negros, aguacate. Y un postre especial: rodajas de piña y panales rebosantes de miel de abeja, porque Jose tiene veinte colmenas que producen todo el año.

A la hora de dormir nos distribuimos como pudimos. Marlon durmió en el asiento de atrás del carro. Jose nos dio unas colchonetas un poco apestosas a orina de niños, pero aceptables. Para Anselmo y para mí. Las tiramos en el portal y dormimos al fresco de la noche. No había mosquitos, ni uno. El viento del norte los barría hacia los mangles al otro lado de la bahía, hacia Juraguá, donde se construyó en los años ochenta una central electronuclear. Debía ser la primera de Cuba. Pero en 1990 cayó en crisis, junto con todo lo demás. Hoy en día sólo son ruinas que la hierba cubre poco a poco, como sucede con los edificios de apartamentos en la cercana «Ciudad Nuclear». Ruinas para los arqueólogos dentro de dos mil años. Como hoy se preguntan: «¿Los fenicios estuvieron aquí?» Aquéllos se preguntarán: «¿Los rusos estuvieron aquí?»

Al día siguiente, temprano, tomamos café. Jose insistía en que nos quedáramos hasta el almuerzo para regresar a La Habana al mediodía. Marlon se me adelantó:

—Ésa es buena idea. Podemos almorzar aquí y nos vamos tranquilos por la tarde...

—No, Marlon. Tenemos que irnos ahora.

Marlon no me contestó. Es muy zorro. Fue a la cocina, donde estaba Lorena, y nos dijo:

—Bueno, voy a tomar agua porque tengo el estómago *cocinao*. Ese ron de anoche...

Me aterré. Y fui con él. Es demasiado loco. Cuando llegué, en efecto, tomaba agua, y le decía algo muy bajo a Lorena. No pude escuchar. Pero ella se sonreía, un poco maliciosa, y le decía:

—¡Mentiroso, eso no te lo crees ni tú!

Tomé agua. Nos despedimos. Y salimos hacia Cienfuegos para seguir por una carretera que pasa por Rodas, Yaguaramas y Aguada de Pasajeros. Allí entramos en la autopista nacional, de regreso hacia La Habana.

Todo el viaje, Marlon estuvo hablando de lo fácil que le fue conquistar a Lorena y que no había avanzado más por mi culpa y por no buscarme problemas. Ya me tenía cansado:

—Compadre, pero tú no tienes escrúpulos ni con tus amigos.

—Jose no es amigo. Es un conocido. Y si Lorena quería, había que ir adelante. Cuando yo te lo digo: tú piensas como los viejos.

Entonces pasó a hablar de su sueño dorado: poner una peluquería de pubis, con un anuncio lumínico verde y rosado. Una mujer de piernas largas que las abre y las cierra. Clap, clap, clap, clap, clap, clap.

Capítulo 8

He dedicado un par de días a investigar sobre mi incineración. Quiero decir, sobre la incineración de mi cadáver. Me parece abominable, además de asqueroso, que entierren mi cuerpo en una bóveda para que se pudra. Creo que el fuego es lo único aceptable. En el fondo, me interesa mucho más el destino de mi espíritu. Pero eso es harina de otro costal. Así que para no desviarme: llamé al cementerio de Colón, el más grande de Cuba. Respuesta:

—No, compañero, no prestamos ese servicio. Llame a Medicina Legal.

Conseguir el teléfono del Instituto de Medicina Legal (vulgo: la morgue) fue una odisea. Al fin lo conseguí y llamé. Respuesta:

—No, compañero, cremación completa no puede ser. Sólo los huesos.

—¡¿Ehhhh?!

—*Güeso ná má.*

—Ah... esto... no entiendo... Es para un tío mío, que es su última voluntad. (Reconocer que era para mí me parecía muy fuerte.)

—Lo entierra, a los dos años lo exhuma y se pueden cremar los restos. Tiene que llamarnos primero y coordinar. Llamarnos antes de la exhumación. ¿Bien?

—Sí.

Plum. Me colgó. Quedé desalentado. Para colmo, lo comento con mi mujer. Respuesta de ella, alarmada:

—¡Incineración! ¡Uf, eso ha de ser carísimo!

Así que no puedo confiar en ella tampoco. Lo comento con un amigo y me cuenta que no lo hacen porque necesitan 600 galones de combustible diésel. Es mucho gasto. Otros me hacen historias truculentas de un sueco que no cabía completo en el horno. Otro me dice de una señora que al fin no la pudieron incinerar totalmente y tuvieron que enterrarla de todos modos. Otro más me dice de una famosa escritora que pidió que la quemaran y depositaran sus cenizas en algún valle donde se inspiró para uno de sus libros. Sólo fue posible gracias a la intervención expresa de un personaje de las alturas.

Yo no tengo personajes de las alturas que hagan algo por mi cremación. Esa noche tengo una pesadilla: un tipo medio asado y medio vivo que me habla.

Mejor olvido el asunto. Después de todo, no merece la pena. Uno ni se imagina cómo ni cuándo llegará la parca. Así que me da igual. De todos modos, siempre me ha impresionado y molestado la majestuosidad de los cementerios. Me parece una imbecilidad más de los seres humanos. El de Cristóbal Colón es tan imponente que lo han declarado monumento nacional, y con sus 56 hectáreas dicen que es el mayor del mundo.

Uno camina por allí y se da cuenta de cómo algunas personas —sobre todo los adinerados— quieren extender su arrogancia y su vanidad más allá del último suspiro. Hay tumbas faraónicas, en forma de pirámides egipcias, panteones enormes y cientos de esculturas perfectas y dramáticas. Blasones, apellidos, escudos. La más visitada y hermosa es la de «la Milagrosa». La gente va a pedirle favores. Es el sepulcro de Amelia Goyre de la Hoz, una joven de veinticuatro años, fallecida el 3 de mayo de 1901, casi al término de su embarazo. Su esposo, José Vicente Adot, perturbado por la muerte de Amelia, visitaba cada día su tumba, ejecutando invariablemente un extraño ritual.

Golpeaba la losa con las argollas. Decía que para despertarla. Y después entablaba un monólogo con ella durante horas. Al retirarse caminaba sin darle la espalda a la sepultura. Un tiempo después, los negocios de José Vicente alcanzaron cierta prosperidad, lo que fue asociado con la influencia benéfica del espíritu de Amelia. Después se aseguró que sus restos habían aparecido abrazando a su hijo cuando fue exhumada. La gente comenzó a ponerle flores y a hacer sus pedidos. La costumbre se mantiene hasta hoy.

Hay muchas historias curiosas, como la de un señor —que llevó una vida novelesca— que pidió que lo enterraran de pie, el llamado Ángel Oidor, realizado en mármol de Carrara, objeto de culto y peticiones. También la tumba del fotógrafo norteamericano Samuel A. Cohner, que murió asesinado por un soldado español en una reyerta en el Café El Louvre, en la noche del domingo 24 de enero de 1869. El hombre se había puesto una corbata azul, sin saber que era el color de los simpatizantes de la independencia. En medio de la bronca, de repente un soldado lo agarró por la corbata y lo asesinó a boca de jarro.

Entre todos los ángeles —el del silencio, el gigante, el de la espada, etc.— sobresale el Ángel Hermafrodita. Está realizado en mármol blanco. Rostro de virgen, torso de efebo, caderas de doncella, en una actitud ambivalente entre la custodia y la entrega. Parece solicitar el pago de un tributo por permitir a las almas el paso definitivo hacia una dimensión de paz.

También hay varios monumentos con aviones, y la famosa escultura de san Francisco de Asís, que se convierte en Orula en los cultos afrocubanos. La personalidad de san Francisco-Orula se asocia con la sabiduría; también se lo considera como gran médico, dentro de la medicina tradicional afrocubana. A través del oráculo de Ifá, que sólo pueden interpretar los babalawos (sacerdotes) brinda sus buenos consejos para librarse del mal y las enfermedades.

Muchos devotos acuden a la tumba de Leocadia Pérez Herrero, fallecida en 1962 y reconocida como una de las espiritistas más famosas de Cuba. Cuando caía en trance, montaba el espíritu de un negro congo, que se hacía llamar Ta José. Los devotos la siguen adorando y le agradecen poniendo en su tumba tabacos, aguardiente y flores, por las peticiones concedidas.

Una de las tumbas que más ha dado que hablar es la de Cecilia Valdés, el más famoso personaje de la literatura cubana de todos los tiempos. Y es una prueba a favor de su existencia real. Una gran controversia suscitó, entre los historiadores y por muchos años, la posibilidad de que Cecilia, llamada también «la virgencita de bronce» por su bello rostro y piel morena, fuera mucho más que un personaje salido de la imaginación de Cirilo Villaverde (1812-1894). Una exhaustiva investigación dentro de la necrópolis y las pesquisas a través de la vida y las relaciones del escritor, llevó a dos investigadores a afirmar que la joven fue un personaje real. Según el libro de defunciones, murió el 20 de mayo de 1893, a los ochenta y seis años.

Por suerte, después de todas estas investigaciones fúnebres, tuve unas cuantas fiestas nocturnas y presenté la edición cubana de *Nuestro GG en La Habana*. En el brindis posterior se me acerca un hombre de unos sesenta y pico años y me dice:

—Me gusta mucho Supermán, el personaje que usted desarrolla aquí.

—Ah, sí. No es un invento mío...

—Le voy a contar algo que usted no sabe. Ese hombre existió y yo lo conocí. Era un indio negro, más bien feo, musculoso, pero con un aparato descomunal. Le colgaba hasta la rodilla.

—Más de lo que yo me atreví a escribir en la novela.

—Sí, ya sabemos que la realidad supera la ficción. Yo lo vi en su *show* en el Teatro Shangai y siempre me he preguntado cómo podía mantenerlo en erección durante tanto tiempo, porque era... algo salvaje. Podía tener 40 centímetros de largo, o más. Y por lo menos ocho centímetros de diámetro.

—¡Cojones!

—El tipo, además, era ganso. Por el día se vestía de mujer,

se pintaba las uñas. De día era una mujer. Tal como usted lo cuenta en la novela.

—Sí, era famoso en los años cincuenta.

—A lo que voy: Ava Gardner fue una noche a verlo al Teatro Shangai. Lo fascinó y se lo llevó para su suite en el Hotel Nacional. Al día siguiente por la mañana tuvieron que llevarla al Hospital Calixto García. Desgarrada y sangrando. Tuvieron que suturarle con unos cuantos puntos.

Carcajada general. Alguien remató:

—Bueno, por lo menos sobrevivió y no murió desangrada de amor.

Antes de despedirse, el hombre me anota su nombre y teléfono y me dice, muy divertido:

—Yo tuve un tío que era taxista en el Hotel Nacional en esa época. Y se enteraba de todos esos chismes. Él decía que La Habana era una de las siete ciudades más pervertidas del mundo.

—¿Cuáles eran las otras seis?

—Nunca le pregunté. Pero yo tengo muchas historias. Hasta de Marlon Brando. Todos venían aquí a la gozadera. No deje de llamarme.

Alguno de los presentes comentó:

—Si en esa época La Habana estaba entre las siete más pervertidas, hoy debe estar entre las tres.

Otro:

—No lo creo. En Asia y en la Europa oriental...

Y ahí comienza la discusión sobre cómo se ha extendido la perversión por el mundo. Siempre me sucede lo mismo. Presento un libro, y las conversaciones no se derivan hacia la literatura, sino hacia el sexo y la perversión.

Al día siguiente voy a Regla. Los alrededores de La Habana son muy interesantes: Guanabacoa, San Francisco de Paula, Santa María del Mar, Cojímar, Santa Fe, Jaimanitas, El Calvario. Hace un siglo esos lugares eran pequeñas villas, con grandes haciendas de recreo y palacetes de la burguesía. Hoy son barrios.

En Regla me espera un viejo amigo, Antonio Canet, pintor,

grabador y galerista. Hace algunos años expuse en su taller galería algunos cuadros. Ahora me insiste para hacer una nueva exposición.

Para ir a Regla, lo mejor y más rápido es llegar hasta la avenida del Puerto, en los muelles, abordar la lanchita que atraviesa hasta el barrio de Regla, situado al fondo de la bahía. En la avenida, al frente, está el bar Two Brothers, que durante años fue una cervecera barata, de guapos y broncas. Hasta le arrancaron el letrero en inglés. Después lo restauraron. Volvieron a poner el letrero y ahora es un poco caro. Sólo para turistas. Un grupo musical «ameniza» y canta muchísimas veces al día *Ché, comandante, amigo*. Suponen que a todos los turistas les fascina esa canción. Junto al bar hay una obra enorme y complicada, que va a millón: la catedral ortodoxa rusa. Un letrero muestra un dibujo, y parece que quedará muy bonita. El proyecto es de un arquitecto de Moscú: Vorontsov. Me quedo con la boca abierta. ¿De dónde sacarán los feligreses? Bueno, seguro que aparecen en cuanto la iglesia comience a funcionar.

Esa iglesia me demuestra lo rápido que cambian las cosas. ¿A quién se le hubiera ocurrido no ya construir, sino insinuar la construcción de esta iglesia en 1989?

Exactamente al frente está el embarcadero de la lanchita. Hay que pasar un control policial, igual que en los aeropuertos. No permiten objetos cortantes, ni aerosoles, ni líquidos inflamables, etc.

Ese control se origina en julio-agosto de 1994, cuando algunas personas secuestraron sucesivamente varias de estas lanchas para irse a Estados Unidos. Todo aquello culminó con la manifestación contra el Gobierno, el viernes 5 de agosto de 1994, por el Malecón. Y durante el resto del mes, los balseros se iban como podían, con destino al país del norte. Una buena parte —no se sabe cuántos— sirvió de alimento para tiburones. Uno de los grandes dramas de este país en toda su historia.

Revisan mi mochila minuciosamente y también mi cuerpo

con un detector de metales. Han pasado doce años de aquellos sucesos. La policía tiene buena memoria.

Las lanchitas salen cada quince minutos y la travesía demora menos de diez. Los muchachos pintan grafitis, sobre todo sus nombres y fechas, en el interior de las lanchas. Un letrero, con buen humor, llama al orden: «Sabemos que tienes alma de Picasso, pero por favor no me pintes a mí.»

Otro letrero al fondo de la lancha ofrece instrucciones detalladas para «casos de zafarrancho». Las posibilidades son: incendio a bordo, colisión, avería en máquina o falta de combustible, y hombre al agua. En todos los casos, las instrucciones para los pasajeros comienzan por «Mantener la calma».

Creo que nadie se toma el trabajo de leer todo eso; así que, si sucede algo, supongo que nadie mantendrá la calma. Cuando vamos navegando entre los barcos fondeados, veo una pequeña embarcación con una trampa en la proa. Recoge restos flotantes de aceites, combustibles y otros contaminantes. Eso forma parte de un proyecto que comenzó hace unos diez años para limpiar la bahía, que llegó a estar entre las ocho más contaminadas del mundo.

En los años noventa —cuando trabajaba como periodista— preparé un reportaje sobre el tema, y las fotos eran tan impactantes que la revista no quiso publicarlas. Me dijeron que eran muy alarmantes: toneladas de cochambre aceitosa cubriendo los arrecifes de las orillas en algunas zonas del puerto.

Han tomado muchas medidas con las industrias que rodean la bahía y con los residuos de aguas negras, de más de 300.000 habitantes, que vierten aquí. Es una bahía de bolsa, muy cerrada, con escasa circulación. Hay un grupo de científicos y técnicos que trabaja con insistencia, y dicen que ya hasta se puede pescar dentro de la bahía. No estoy seguro de la calidad de esos peces, si es que existen, pero es evidente que está más limpia que cuando hice aquel reportaje.

En seguida llego a Regla. Frente al embarcadero está la iglesia de ese pueblecito, dedicada a la Virgen negra, la Virgen de Regla.

Equivale a Yemayá en la religión afrocubana. Es el modelo de madre universal y madre de todos los orishas. Reina del mar y diosa de la inteligencia, de lo racional y la brujería. Es hermana de Oshún y madre de Changó. Cuando castiga, es inflexible.

Sus colores representativos son el azul marino y el blanco. Protege de las enfermedades del vientre y del daño por el agua.

Siempre hay personas orando en esta iglesia, con flores y velas. Al frente, sentados en un muro, unos cuantos vendedores tienen los collares azul y blanco, manteca de corojo y cacao, caracoles especiales, y otros atributos de la santería relacionados con Yemayá. En la pequeña tienda de la iglesia tienen crucifijos, imágenes de la Virgen de Regla, medallitas y otros atributos del rito católico de la santa. Paradójicamente los vendedores ambulantes son negros, la empleada de la tiendecita es blanca. Dentro de la iglesia, en un panel, destaca un texto sobre los adivinadores del futuro. Proclama que un buen cristiano no debe acudir a esas personas que intentan adivinar lo que viene. Alerta que, además, eso es imposible. En fin, la eterna batalla de Dios y el diablo en la tierra del sol.

Antonio Canet tiene su casa, que al mismo tiempo es taller y galería, en una esquina del viejo parque de Regla, sombreado por inmensos laureles centenarios. La vivienda tiene también más de cien años. Cuando vino a vivir aquí, hace unos veinte años, recuerdo que estaba derruida e invadida por ratas enormes y agresivas. Con tesón increíble, Canet eliminó las ratas y comenzó a reparar poco a poco. Hoy es un caserón colonial delicioso y lo visitan cientos de turistas y amigos para ver los cuadros. Ahora hay una excelente muestra de un joven pintor de Guanabacoa, autodidacta.

Nos conocemos hace muchos años. Hablamos de todo un poco, veo sus últimos cuadros. Está obsesionado por un crimen atroz que se cometió aquí cerca hace unos años y ahora salió a la luz: un gay vivía con su joven amante. Discuten. El joven lo asesina, lo descuartiza y se lo lleva en pedazos hasta el hospital donde trabajaba. Casualmente, el Calixto García, el mismo hospital donde atendieron a la Gardner por aquel incidente sangriento. Y allí incinera cada trozo del cuerpo. En una ocasión, el asesino va a montar en la lanchita y un santero se le queda mirando insistentemente. El tipo, molesto, le dice:

—¿Por qué me mira? ¿Usted me conoce?

—No. Pero usted lleva un muerto embarrado en sangre atrás. Tiene que atenderlo o se lo llevará a usted *pal* otro mundo.

Después de dos años del crimen, una serie de circunstancias fortuitas alertarán a la policía, que, mediante sofisticadas técnicas, descubre y comprueba todo.

Canet, impresionado, me dice:

—Lo sacaron anoche en un programa de televisión. ¡Qué horror!

—Bueno, tranquilo.

—No debí ver ese programa, ayy.

Ya tiene sesenta y cinco años y se siente solo. Lo salva su energía y su capacidad para trabajar. Piensa dejar su casa en testamento al Museo de Regla, que está a unos pasos y colinda pared con pared. «Es buena idea», le digo. Y nos vamos al museo para saludar a otra amiga, Raisa Fornagueras, que fue la curadora de aquella exposición.

El Museo de Regla tiene una secuencia bien montada de la historia local desde los tiempos de los aborígenes. Entre niños de las escuelas cercanas, turistas y otras personas recibe más de dos mil visitantes mensuales. No está mal para una institución tan modesta.

Mientras hablamos, llega Enrique Pérez Gutiérrez, coordinador de un grupo muy singular: el Seminario de OVNIS y SETI: Tierra. SETI significa Search for Extraterrestrial Intelligence.

Le hablo de aquel caso del pueblo de Torriente, que conocí hace poco y que comento en el capítulo 4 de este libro.

Y me dice:

—Ése fue uno de los dos casos más importantes registrados en Cuba en los últimos años. Al menos que se tenga noticia. El otro fue el de Dámaso González, un campesino de Sancti Spíritus. Él tuvo tres contactos. Uno en 1997, otro en 1999, y finalmente, el más dramático, el jueves 6 de marzo del 2003. A las 5.30 el ruido de los animales alborotados los despierta, a él y a su esposa. Hay algo en el cafetal, atrás de la casa, situada en una finca.

»Se levanta, descalzo, vestido sólo con un *short*, y va a investigar. Se encuentra el mismo ovni y a dos seres que ya conocía de las ocasiones anteriores. El ovni era redondo, de unos nueve metros de diámetro y levitaba a dos metros de altura. Tenía un domo arriba y luces rojas, verdes y azules que se encendían y apagaban.

»Los dos individuos eran de mediana estatura, delgados, pálidos, con pelo entrecano y corto, manos finas y un traje como de plástico, ceñido hasta el cuello y las muñecas. Parecían europeos. Lo invitaron a subir a la nave, y él accedió. Ya lo había hecho en el segundo contacto, pero sólo estuvo unos minutos en su interior, le hicieron unas pruebas sicométricas, y descendió.

»En esta ocasión, la escotilla de la nave cerró en forma de diafragma de cámara fotográfica y ascendieron. La esposa comentó que estaba intranquila porque Dámaso se demoraba. Miró por la ventana y vio una luz que se levantaba hacia el cielo.

»Eso sucedió a las 5.30 de la madrugada. A las 5.55 lo dejaron en el reparto Flores, en Quinta Avenida y calle 184, frente al Restaurante La Ferminia, en Miramar, La Habana. Te estoy resumiendo todo. En nuestro archivo hay un guión completo, con todos los detalles, porque él nunca estuvo inconsciente.

»En ese tiempo hicieron una escala. Él recogió algunas muestras de suelo y disimuladamente las dejó en el bolsillo del *short*, aunque sus acompañantes le apretaron la muñeca para que las dejara. Él logró salvar unas piedrecitas. Un análisis posterior permitió comprobar que era mineral de cobre. Se analizaron y calculamos que esa escala pudo ser en El Cobre, Santiago de Cuba; o en Minas de Matahambre, Pinar del Río; o en las minas de El Teniente, en Chile. Es decir, que desarrollaron una velocidad terrorífica. Él me afirmó que veía pasar las luces de las estrellas como si fueran líneas o rayas de luz, a través de una escotilla.

»En fin. Los vecinos de aquel lugar donde apareció llamaron a la policía. Fue objeto de análisis y controles de todo tipo, y a alto nivel. No se permitió que la información pasara a ser de dominio público en Cuba, aunque periodistas de la BBC sí lograron conocer los detalles y la pasaron al resto del mundo. Después, un programa de televisión en Cuba entrevistó a Dámaso y el hecho fue conocido.

»El final de la historia es que, en el 2004, Dámaso cayó repentinamente enfermo. Comenzó a bajar de peso. Le aparecieron hematomas negros en la piel. Se le atendió en La Habana, en el Instituto de Hematología. Los médicos, después de muchas pruebas, dijeron que no tenía nada, y regresó a su casa en la finca. Siguió mal y, finalmente, falleció el 9 de marzo del 2005, en el mejor hospital de La Habana. Diagnóstico: leucemia fulminante. Tenía cincuenta y siete años. La hija exigió una autopsia, y nunca le han respondido. Habían pasado dos años de su abducción por extraterrestres.

El grupo que coordina Enrique se creó en enero de 1975, pero nunca tuvo reconocimiento legal. En 1978 fue disuelto y reactivado alrededor de 1995. Sigue sin reconocimiento legal, lo cual —en Cuba— es imprescindible para su funcionamiento. Por ahora se reúnen todos los viernes por las tardes en una biblioteca de La Habana Vieja para «intercambiar experiencias».

Enrique me asegura que «en Cuba hay unos sesenta casos de contactos, bien argumentados. Desde Cienfuegos hasta Pinar del Río. Se puede hablar de un eje de avistamientos de ovnis: Sancti Spíritus-Cienfuegos-Matanzas-Sur de La Habana-Artemisa. Y en Ciudad de La Habana el eje de avistamientos corre también de este a oeste: playa de Guanabo-Cojímar-farola de El Morro-Malecón-Hospital Hermanos Amejeiras-Hotel Ha-

bana Libre-Ciudad Universitaria José Antonio Echeverría-ae-
ropuerto José Martí, y desde ahí, en línea recta hacia Yucatán.
Desde 1999 hay muchos reportes, y se observa este "corredor"
o línea ortotécnica. Hubo una oleada más grande entre 1997 y
1999, sobre todo los martes y miércoles, a veces los jueves».

Enrique prefiere no hablar de avistamientos y encuentros
hacia la zona oriental del país. Es un hombre discreto y precavido. Y añade: «Hay mucha información pero está clasificada a
alto nivel y por ahora se mantiene en secreto.

»Nuestro grupo tiene un buen archivo, con testimonios de
los controladores aéreos y radistas del aeropuerto, meteorólogos, científicos. Sin embargo, la difusión ha sido mínima. Sólo
un documental de Octavio Cortázar titulado ¿*OVNIS sobre
Cuba*?, algunos programas en televisión y el número 47 de la
revista *Signos*, de Santa Clara.»

Le cuento algunas experiencias que he tenido desde el año
2000, y quedamos en vernos en otra ocasión para seguir co-
mentando. Es un asunto escabroso, creo que por una razón
esencial: los seres humanos quedamos en una situación vulnerable a merced de algo superior e inexplicable. Y eso nos molesta y nos intimida. Por consiguiente, las reacciones habituales
son de dos tipos: o bien el que niega rotundamente, de forma
airada, ofendido por algo que le parece muy irracional y estú-
pido, o bien el que se queda aturdido y temeroso ante la magnitud del hecho.

En fin. Ahí estamos. Ante el misterio. Nos despedimos, y
regreso en la lanchita. Cruzo la bahía y de nuevo estoy en la
avenida del Puerto. Es un día plomizo, pegajoso, nublado, caliente. Cuesta trabajo moverse. Y estamos a finales de octubre.
El calentamiento global es un hecho.

Pienso tomar una cerveza en el Two Brothers, pero las mesas están llenas de turistas y el grupito musical sigue con la can-
taleta de las guarachitas. Por toda la avenida del Puerto voy hasta la plaza de Armas para saludar a dos amigos que venden
libros raros y de uso. Varias veces a la semana les permiten

montar allí sus tinglados. Uno de ellos tiene un ejemplar de *Animal Tropical* en francés. Hace que se lo firme y ponga la fecha de hoy. Para venderlo un poquito más caro. En los últimos años creo que le he firmado decenas y decenas. Vuelve a ponerlo discretamente en una caja. Sólo lo muestra si algún cliente tiene un interés especial. Del mismo modo «discreto» venden libros de Cabrera Infante, Reinaldo Arenas, Heberto Padilla y otros autores más. Una vez le pregunté si existía un documento, una resolución oficial, algo que prohibiera vender libros de esos autores, yo incluido. Me dijo, filosóficamente:

—No existe, pero funciona. El gato no deja huellas.

Cabrera Infante, en Londres, se divertía cuando supo que, en alguna época, sus libros se cambiaban aquí por una o dos latas de leche condensada. Le parecía un intercambio justo. A mí también me han sucedido cosas muy simpáticas, pero ya las contaré algún día. Todo a su tiempo. Ahora les traigo dos ejemplares de regalo de la edición cubana de *Nuestro GG en La Habana*. Ellos se ríen a carcajadas:

—Jajajá, Pedro Juan, gracias pero ya nos adelantamos.

Resulta que cada uno compró veinte ejemplares. A 10 pesos cubanos. Unos 45 centavos de dólar. Ahora los revenden a 10 dólares o más. Y encima me piden que se los firme. ¡Todos! Y allá voy yo, de buen samaritano, y los firmo. Bueno, no me puedo quejar. Siempre me tienen alguna exquisitez de regalo. Me señalan una biografía bellísima de Mahatma Gandhi y me preguntan:

—¿Te gusta?

—Sí.

—Es tuya. Te la teníamos reservada. Y pide. Pide lo que quieras que nosotros somos tus amigos, jajajá.

—¿Amigos? ¡Ustedes son unos fenicios!

—¡Y con colmillos!

Nos reímos y nos despedimos. Regreso hasta la plaza de San Francisco y camino por la calle Amargura. En la esquina de Amargura y San Ignacio está el Hotel Raquel. Bellísimo. Y tiene sauna. La calle parece ya una sauna, pero de todos modos entro a preguntar. Sí. Todo exquisito. Hay una sauna a buen precio, masajistas, ofrecen toallas, jabones, etc. Y tratan con una cortesía especial. ¡Qué bien! Vengo uno de estos días a tomar una sauna. Frente al hotel hay una tienda macrobiótica. Compro un frasco de polen y ginseng en polvo, coreano, de seis años. En estos días me he puesto mascarillas con el fango terapéutico que traje de Elguea. Quiero borrar de mi rostro diez años. Quiero borrar de mi rostro diez años. Quiero borrar de mi rostro diez años. Quince si es posible. Veinte.

Si repito la idea muchas veces, quizá se cumple. No es tan difícil. Al menos no me perderé en las selvas de la Florida, como Ponce de León, en 1513, buscando la fuente de la eterna juventud. Puedo mejorar un poco cuidándome. También empecé a tomar jugo de noni. Está de moda. Busco en una enciclopedia: «Noni *(Morinda citrifolia)* procede de un extenso territorio comprendido entre la India y la Polinesia. En Hawai, Tahití, Malasia, llevan cientos de años cultivándolo, y si no existía en los alrededores, no se asentaban para crear una aldea. Combate el cáncer y estabiliza las alteraciones del corazón, exceso de peso, digestión, diabetes, infarto, etc. Hay un libro sobre el tema, de Neil Solomon: *El fenómeno del noni.* Aumenta la energía del organismo, alivia el dolor, es antiinflamatorio, antihistamínico, antibacteriano, regula el sueño, la temperatura corporal y el estado de ánimo. Se debe tomar el jugo media hora antes del desayuno y la cena, alejado de alcohol, tabaco y café. El cubano Juan Tomás Roig lo estudió en el siglo XIX con el nombre de *mora de la India.*»

Al parecer, es una maravilla. Hace años que de nuevo se han puesto de moda estos remedios naturales: spirulina, extractos de algas; cartílago de tiburón, extracto de eso mismo; veneno de alacrán, como ya conté en el capítulo 4; uña de gato, extracto de esa planta; concentrado de mangle rojo. Y muchos más. Y ahora, con el amor renovado por China, supongo que se incrementarán estos productos naturales y las técnicas antiguas de medicina tradicional. Y pensar que Mao por poco acaba con los médicos descalzos. Por suerte quedaron algunos. De todos modos no hay nada nuevo bajo el sol. Cuando era niño, en Matanzas, me asombraba en la Farmacia Francesa del Doctor Ernesto Triolet, frente al parque central de la ciudad. Usaban desde alacranes hasta todo tipo de hierbas para hacer medicinas. Funcionaba desde 1882 y tenía registradas en sus libros más de un millón de fórmulas originales a base de sustancias naturales. Tiene una biblioteca con cientos de libros sobre estos asuntos. Triolet exportaba sus medicinas a España, Francia y Estados Unidos, y patentó decenas de medicamentos de base natural, once de los cuales fueron premiados en la famosa Exposición de París de 1900. Pero en 1964 fue intervenida por el Gobierno Revolucionario y cerrada. Poco después la convirtieron en un museo porque era una reliquia del pasado. No sé qué pasó con la familia Triolet, que la mantuvo en funciones durante más de ochenta años.

Ahora esta farmacia aparece en las guías turísticas como un atractivo de la ciudad de Matanzas, y aseguran que es la única de su tipo que se conserva en el mundo. En la época de las medicinas químicas y los antibióticos, lo que hacían en esta farmacia era demodé. Pero la historia es circular, dicen los chinos. Siempre regresamos al origen... cuando se nos bajan los humos.

En fin, sigo caminando Amargura arriba. A mi espalda, el puerto. Subo hacia la iglesia y plaza del Cristo. A medida que uno se aleja del corazón de La Habana Vieja, comprueba que la pobreza y el deterioro de los edificios es deprimente. Sólo dos cuadras más arriba del lujoso Hotel Raquel, las cosas cambian. Para peor.

De todos modos, la restauración continúa y se amplía incesantemente. Sonriamos al futuro y seamos positivos. Todo esto me recuerda el Trastévere, en Roma. Hoy en día es un lugar delicioso y *très chic*. Demasiado caro. Así que habrá que venir por aquí dentro de treinta o cuarenta años. Ya no habrá tugurios ni pobres cargando cubos de agua a las dos de la mañana para tener unos pocos litros al día siguiente. No. Los pobres estarán como en todas las ciudades del mundo: en las orillas, en los márgenes, lejos de la vista.

Para esas fechas ya no podré venir. Por razones obvias. Pero quizá pasee por estas calles como un fantasmita sucio y pervertido, divirtiéndome, entrando en las alcobas, dando mordiditas en los pezones a las mulatas sabrosonas. Creo que los fantasmas no pueden hacer mucho más.

Capítulo 9

Hoy me he despertado con unas frases martillando en mi cerebro:

Agradece lo que tienes hoy.
No tengas miedo del mañana.
Y sonríe.

Todos tenemos miedos y fobias. Más o menos ocultos. Debemos organizar nuestro pequeño inventario. Y guardarlo. Acariciar esos miedos. Mimarlos. Nada de rechazarlos o de hacer como si no existieran e ignorarlos. No. Todo lo contrario. Amarlos, acariciarlos. De ese modo, poco a poco se disuelven dentro de nosotros. Igual que aceptamos nuestras luces y sombras. Nuestro lado angelical y el lado diabólico. Nuestra parte de macho y el pedazo de hembra. Niños y adultos. De ese modo hay que aceptar que somos valientes y miedosos. Al mismo tiempo. Y así fluimos.

Pienso en todo esto mientras tomo café y desayuno. Hace tiempo que llegué a una conclusión esencial sobre mi vida. Y trato de no olvidarla nunca: Estoy en un avión. Me ponen un paracaídas y me dicen: «Tienes que saltar ahora mismo. No te pasará nada. Saltas. Cuentas hasta diez y halas este cordón. El paracaídas se abre y desciendes felizmente hacia la tierra. Es divertido y lo vas a disfrutar.»

En ese momento tengo dos opciones: me lanzo riéndome, a disfrutar de una sensación desconocida y extraordinaria; o me lanzo aterrado, al borde del infarto.

Creo que es obvio lo que tengo que hacer. Si hay que hacerlo de todos modos, es mejor reírse. A carcajadas si es posible. En ésas estoy. Relajado. Flotando en el aire. Sonriendo. Viendo cómo el suelo se acerca poco a poco, y sé que todo va bien.

Quiero ir a la sauna y dejarme de tanta filosofía. Siempre es igual. Me despierto muy filosófico. Después, durante el día, recupero el pragmatismo. Pero antes de la sauna tengo que ir a ver a una costurera para unos arreglos. Vive en Guanabacoa. Son dos pantalones que quiero recortar, otro que me queda muy grande y hay que ajustarlo. Y una camisa también muy grande. Me dijo que fuera a las doce. Es un travesti. Por teléfono parece una señora. Y pronuncia como una locutora, marcando cada letra.

En la calle Monte, cerca del parque de la Fraternidad, cojo un taxi colectivo. Es un «almendrón»: un viejo chevrolet de 1952, con un motor diésel adaptado. También le adaptaron más asientos y lleva ocho pasajeros. Cobra 15 pesos por el viaje. Unos 65 centavos de dólar. Vamos un poco apretados. El chófer tiene las manos manchadas de grasa y se las limpia con una estopa. Siempre es así. Estos almendrones son una especie de Frankenstein mecánico. El carapacho es de Estados Unidos; el motor diésel (es mucho más económico que el original de gasolina), de Japón o de la ex hermana URSS; y después, el resto de las piezas es un batiburrillo de todas partes. Todo se «consigue» en el mercado negro, se adapta y se usa. Cada uno de estos carros es un rompecabezas, y el único que lo entiende es el chófer, que además es el dueño-mecánico-cirujano. Por supuesto que hay que gastar mucho para conservarlos en funciones, más los impuestos y licencias. Al final apenas dan para vivir y mantener a la familia.

Salimos. Rodeamos el puerto; antes de llegar a Regla, doblamos a la derecha, y entramos en Guanabacoa. Veinte minutos escasos de trayecto. El día está más fresco, seco, medio nublado. Al fin entró el primer frente frío. Generalmente se disuelven al sur de Estados Unidos, y nosotros seguimos con este calor apabullante. El vecino del norte lo quiere todo para él. No nos manda ni el frío para refrescarnos un poquito. Bueno, ya no es tan así. Desde hace unos pocos años ha comenzado de nuevo el comercio. De Estados Unidos viene arroz, manzanas, huevos, pollo congelado, cereales y no sé qué más. A veces, desde mi terraza, veo entrar al puerto una patana frigorífico gigantesca, halada por un remolcador con la banderita de las barras y las estrellas. La gente del barrio dice: «Ahí vienen los pollos.» Al día siguiente sale de regreso el remolcador con la patana vacía. Es un viaje cortico. Menos mal. Yo siempre digo que el dinero tranquiliza los nervios.

Bueno, eso del «frente frío» es simbólico. Las temperaturas en Occidente siguen en 20-32 y hacia oriente en 22-34. Así y todo, es tanta el ansia de frío que mucha gente saca suéteres, jerséis y camisas de mangas largas. Y caminan por la calle abrigados, felices con el «frío».

Babi se llama el travesti. Vive con su abuelita, en un edificio de pequeños apartamentos, en un barrio apartado, con mucho verde. En los patios crían cerdos y gallinas. Me hace esperar un buen rato mientras se maquilla en el cuarto. Me asomo al balcón, para hacer algo. A la derecha se ve la chimenea de la refinería Ñico López. Lanza una enorme bola de fuego al aire: gases que a su vez se transforman en humo negro, denso, contamina tranquilamente. Para colmo, el aire está de norte a sur y lanza el humo hacia acá. Se respira un tufo sulfuroso. Terrible. ¿A quién nos podemos quejar? A nadie. No hay modo de quejarse. Aguanta y cállate. O vete. Babi me llama. Voy a su cuarto de costura mientras ella termina de maquillarse. Se pone unas argollas doradas. Y ya está lista:

—Perdona la demora pero una no se puede dejar caer. Me gusta pintarme desde por la mañana.

Me parece que tiene unos cuarenta años. Pero se conserva. Con una minifalda. Tiene buenos muslos y piernas, senos pequeños, las manos cuidadas, una ligerísima sombra de patilla, casi nada. Intento concentrarme en la ropa que traigo. Le explico lo que quiero. Me toma unas medidas del largo de piernas. Coloca alfileres para marcar exactamente lo que hará y me dice que en dos días puedo regresar a buscarlo. Entonces me brinda café:

—Oh, disculpa, no te he brindado nada. ¿Tomas café?

—Sí, gracias.

Aunque estamos en el cuarto piso, por las persianas se oye a un grupo de hombres ruidosos y gritones jugando al dominó, abajo, en la entrada del edificio. Es un barrio de los arrabales. Todos los barrios son así. En cada casa oyen música, pero muy alto. Reguetón sobre todo. Babi se disculpa, un poco apenada tal vez de vivir en un lugar demasiado vulgar:

—Este edificio es muy silencioso. No sé qué sucede hoy. Pensarás que vivo en un solar. Pero no. Aquí no se oye ni una mosca volar.

Me sonríe. ¿Creerá que no soy cubano? Me habla como si yo fuera un ET. Quiero que me cuente su vida y me lanzo:

—Me dijeron que tu nombre es Letal.

—¿Quién te lo dijo?

—Raisa, en el Museo de Regla.

—Ah, sí. Ella y yo somos amiguitas. Letal es mi nombre artístico, pero aquí en el barrio soy Babi.

—Ahh, ya. Y... ¿siempre has sido así tan femenina?

Después que le hago la pregunta, me doy cuenta que hoy estoy bruto. Demasiado torpe para llevar la conversación hacia donde quiero. Ella me mira así de lado, muy puta, y me dice:

—Jajajá, ay, niño, ¿tú eres policía?

—No, ¿por qué?

—Porque me fascinan los policías. Con sus interrogatorios brutales, jajajá.

Me sonrío solamente. No sé qué decir. Ella:

—No te cortes, te voy a contar: a los tres años me llevaron al médico por mi amaneramiento. Yo era una niña. Lo mío es de nacimiento muchacho, no tengo arreglo.

—¿Y qué edad tienes?

Me fulmina con la mirada:

—La que aparento, querido.

—Ehhh, treinta y dos...

—Gracias. Eres un caballero. Cuarenta. Bueno, en realidad, cuarenta y cuatro, pero por los papeles, cuarenta porque me inscribieron a los cuatro años.

—¿Y ahora coses nada más?

—Hago transformaciones y arreglos, que es lo que me gusta. Coso mis vestidos y toda mi ropa, pero me gusta transformar.

—¿Y cómo empezaste?

—¿A qué, con los hombres? ¡Ayy, qué fuerte eres!

—¡No, no! Con la música, en los cabarés.

—¡Ahh, niño, me asustaste, haciendo preguntas tan privadas!, jajajá. Nada. Yo era loquísima. Ya con diecisiete años o menos bailaba en todas partes. En las comparsas, en Los Guaracheros de Regla. Y un día estaba vendiendo una peluca, y —yo vivía en Regla— frente a mi casa pasó una señora, negra, muy elegante, distinguida, con una peluca puesta. Y le dije: «Señora, estoy vendiendo una peluca y creo que está mejor que esa que usted lleva puesta.» La señora me dijo: «Tú eres atrevida», pero le gustó la peluca y me la compró. Me dijo que era cantante y que necesitaba pelucas y féferes. Entonces le dije que yo cantaba también y me dijo: «A ver, cántame algo.» Ahí mismo, *a capella*, le canté un bolero. Le gustó tanto que me dijo: «Mañana por la noche ve al Palermo, vestida para la pista, y cantamos juntas, a ver si te contratan.»

—¿Quién era?

—¡Perla Negra!

—Ah, es mi amiga. Somos vecinos.

—¿Sí? Mira qué pequeñito es el mundo. Bueno, pues mi debut fue en el Palermo, en San Miguel y Amistad, en Centro

Habana. Con Perla Negra nada más y nada menos. Y después, más tarde, hacía otra presentación en el Arlequín, cerca de allí.

—¿Doblas o cantas?

—Doblo canciones famosas y canto otras más. Soy muy versátil. Y hago mi propio vestuario. Soy de Capricornio, muy organizada, muy trabajadora, muy terca. Cuando quiero algo lo logro.

—¿Y por qué Letal?

—Por la película *Tacones lejanos*, de Almodóvar. Me gustó ese nombre. A mediados de los noventa era muy difícil ser travesti en este país. La policía no daba tregua. Todavía es difícil, y estamos en el 2006. Pero, así y todo, ahora hay muchísimos más travestis y gays bien definidos. Así que no me puedo quejar porque siempre he hecho lo que he querido, ¡Pero qué trabajo para que nos respeten!

—¿Trabajaste muchos años en cabarés?

—Huyy, síiii, en toda La Habana. Yo tenía miles de fans, toda la gente de Los Sitios, de Jesús María. En el sótano del Teatro Nacional estuve muchos años. Y en Santiago de Cuba. Iba a veces hasta por seis meses y más. Allí era la estrella. Y tuve unos cuantos novios. Unos cuantos. Tuve romances muy lindos porque los hombres en Santiago son diferentes. No tienen tantos prejuicios como los habaneros. Tuve unos mulatones de ojos verdes, ¡con unas trancas enormes! ¡Hay que verlos para creer! Llenos de músculos... ahhh, una locura. Y me amaron. Sexo solamente no. Amor. De conocer a la familia y todo, como si fuéramos un matrimonio legal. Eso en La Habana no se da. Aquí hay muchos prejuicios y todo tiene que ser secreto. Los hombres nunca quieren que la familia se entere. Y total: la mayoría son bisexuales. Quieren tenerme a mí y a una mujer. Para la sociedad son machos, con su familia y sus hijos. Y yo soy Babi, la amante complaciente y secreta. Ufff, qué horror, pero es así.

—¿Y ya no cantas, Babi?

—Bueno, siempre alterné. La costura y mi vida artística. Ya

no. Hace años que me fui apartando de los *shows* y de la noche. Esa vida es demasiado loca. Una se cansa.

—¿Tienes pareja estable o...?

—Nada de pareja. Hace como dos años que tengo amiguitos complacientes nada más. Soy muy promiscua. Todo el que me mira así..., si me gusta, me lo echo. Eso es lo que me voy a llevar.

—¿Cuántos hombres habrás tenido?

—¡Huyyy, niñooooo! Cómo te gusta saber... No sé..., por lo menos dos mil, tres mil.

—¿Ehhh?

—Seguro. Por encima de mí han pasado de dos mil a tres mil. No lo dudes. ¡Soy una loca, loquísima, y les gusto a los hombres! ¿Qué voy a hacer? ¿Decirles que no?

—¿No le tienes miedo al sida?

—No. Me protejo. Para todo. Con la boca y como sea, me protejo siempre. Ahí tengo por lo menos cien preservativos. Nunca me faltan.

—¿Eres muy romántica?

—Sí, ahh.

Cierra los ojos y suspira:

—Mi último gran amor fue..., ayyy... policía. A mí los policías y los camioneros me arrebatan. Vinticinco años. Una belleza, ¡una tranca, ay, Dios mío, un brazo, un brazo es lo que tiene entre las piernas! Pero me engañó con una mujer, y yo no soporto las mentiras. Lo cogí pegándome los tarros, y hasta ahí llegamos. Entonces me dije: «Los hombres me hacen sufrir cada vez que me enamoro. Así que a partir de ahora amiguitos complacientes y nada más.»

En ese momento llegan dos de sus sobrinos. Adolescentes. Le traen unas ropas para que ella se las ajuste al cuerpo. Quieren unas camisas bien apretadas. Ella, maternal, se pone a atenderlos, y, por supuesto, la conversación termina.

Antes de despedirme, le pregunto si es cierto que echa las barajas.

—Sí, mi amor, yo tengo mi cosa espiritual de toda la vida. Desde los ocho años soy cartomántica. Pero sólo cuando me inspiro. Si, cuando vengas a buscar tu ropa, estoy inspirada y tengo tiempo te voy a echar las cartas. Creo que lo necesitas. Para refrescarte un poco. Te noto atormentado. Y te manejan mucho. Tienes que... buscar luz.

Está lloviznando y muy fresco. Me gusta caminar. Así que salgo hacia el puerto. Hace años que no vengo por esta carretera. Son los escenarios que utilicé en *El Rey de La Habana*. En esa novela también aparece un travesti, Sandra. Hay algo de fascinante en estas vidas duplicadas. O transformadas. Ocultas. Tema del que siempre se habla en voz baja. Bueno, la pornografía sigue prohibida, por ley. En Cuba unos pocos investigadores han tocado el asunto en los últimos años. Víctor Fowler, escarbando en la Biblioteca Nacional, encontró un par de números de *La Cebolla*, supuesto «Órgano oficial de las prostitutas de La Habana». Al parecer se editaron sólo cinco números. En el del 9 de septiembre de 1888, encuentra un artículo titulado «Los maricones», el cual afirma que:

«Cualquier extranjero que se pasee por las calles de San Miguel y adyacentes, en La Habana, quedará sorprendido al ver unos tipos inverosímiles: de la cintura para arriba son mujeres; pero de la cintura para abajo son hombres; pero de los pies a la cabeza no son hombres ni mujeres [...]. ¿Los maricones de San Miguel y otras calles, y casas de prostitutas, deben ser tolerados por la autoridad? Los espartanos no permitían que los niños deformes vivieran: su organización, esencialmente guerrera y viril, rechazaba estas criaturas inútiles. ¿La ley no puede corregir lo que la naturaleza se ha burlado en crear?»

Según Fowler, las películas porno se filman por primera vez en el mundo a principios del siglo XX, en Buenos Aires y La Habana. Él —que trabaja en la Escuela de Cine de San Antonio de los Baños— investiga el tema, «aunque es casi imposible encontrar alguna cinta de esa época».

Lo que sí abunda todavía son las fotos porno de baja calidad. Cuando yo era adolescente, en los años sesenta, las vendían muy baratas en pequeños timbiriches de la calle Neptuno. Impresas en sepia, muy antiguas. Me parecían ridículas y nunca compré ni una. Me masturbaba con fotos de Brigitte Bardot. Era una mujer perfecta. La inolvidable B. B.

Me aburro de caminar por esta zona de almacenes y contenedores. Muy fea. Es la parte más alejada del puerto de La Habana. Al fin tomo un taxi de nuevo y regreso hasta la estación de ferrocarriles. Ya no llueve, pero las calles están sucias y enfangadas.

Aquí quedan unos restos de las murallas de la ciudad. Duraron poco y sirvieron para nada. Las construyeron entre 1674 y 1797. Tenían una altura media de 10 metros por 1,40 de grosor. Al principio con una sola puerta, llamada de La Muralla (hoy es el comienzo de esa calle, en su conjunción con la avenida del Puerto). Después tuvo un total de nueve puertas.

Pero hacia 1650 se habían asentado fuera de los límites de San Cristóbal de La Habana los primeros habitantes de lo que después sería el barrio de Jesús del Monte. Hacia mediados del siglo XIX, la ciudad tenía unos 150.000 habitantes, y su área urbanizada rondaba las 600 hectáreas. La muralla ya molestaba mucho y no servía para nada. Comenzó su demolición el 8 de agosto de 1863. ¡Y se prolongó por más de setenta años! Se abrió una gran especulación por esos terrenos. Una parte es hoy el paseo del Prado y los valiosos edificios que lo bordean.

Los historiadores siempre cuentan con mucho orgullo que, a comienzos del siglo XIX, los habitantes totales de La Habana superaban los de Boston, Nueva York y Filadelfia. El vecinito del norte siempre es punto de referencia. Consciente o inconscientemente.

En 1837 se inauguró en La Habana el séptimo ferrocarril que funcionó en el mundo, antes incluso que en España. El tren recorrió el tramo Habana-Bejucal. Es una lástima que ese servicio hoy en día sea de tan baja calidad en todos los sentidos, aunque dicen que hay un programa para mejorarlo en los próximos años.

Los orígenes de la Ciudad de La Habana han quedado sumidos en la oscuridad. No se conservan papeles ni documentos, perdidos, sobre todo, por los ataques e incendios de los piratas. Se sabe, por los testimonios de los cronistas de Indias, que originalmente estuvo en la costa sur, junto a la desembocadura del río Mayabeque, llamado Onicajinal por los indios. Probablemente muy cerca de lo que hoy es Batabanó.

Pánfilo de Narváez, conquistador fiero, la fundó allí el 25 de julio de 1514. Le puso San Cristóbal, por ser ese día la festividad del santo y en honor al almirante descubridor de las Américas. La Habana le vino de los indios, que llamaban así aquellas tierras, pertenecientes a su cacique Habaguanex.

Pero los moradores tuvieron que irse pronto de allí, atormentados por las plagas de mosquitos e insectos y el cieno de las tierras bajas y pantanosas. Se asentaron al norte, junto al río Almendares. Tampoco les gustó porque estaba muy desprotegido de los ataques de piratas. Finalmente llevaron sus bártulos al puerto de Carenas, descubierto por Sebastián de Ocampo en 1508, mientras ponía en claro con el bojeo, si Cuba era continente o isla.

Codiciada siempre por ingleses, franceses, holandeses, y hacia el siglo xix, además, por Estados Unidos, el punto culminante se produce en el verano de 1762. Los ingleses plantan frente a La Habana la más formidable armada nunca antes vista en las Américas. Doscientos barcos, dos mil cañones y más de veinte mil hombres. Desde El Morro se hizo una férrea resistencia. Grupos de guerrilleros armados en Guanabacoa también lucharon fuertemente. Mes y medio duró el asedio. El 30 de julio de 1762, los ingleses tomaron La Habana y la ocuparon.

Quizá ahí comenzó el orgullo de ser cubano, de defender lo de uno y no soportar a ningún invasor. Ya existía el «criollo», el mulato, el capirro. El mestizo. Ya no éramos tan negros africanos ni tan blancos españoles. Había un sentido incipiente de nacionalidad.

Todavía hoy se dice en momentos de apuro. «A la hora de los mameyes, voy a ver lo que vas a hacer.» «Los mameyes» se les decía a los soldados británicos por su uniforme rojo. El cubano, siempre burlón e irónico, sobre todo en los momentos más difíciles.

Después de casi un año de dominación británica, la devuelven a España, a cambio de La Florida. Pero fueron once meses de libre comercio y de entrada masiva de esclavos africanos. Todo esto tuvo una extraordinaria repercusión positiva en la economía cubana. España reconoció la gran importancia estratégica de la isla, lo cual impulsó la construcción de poderosas fortalezas militares en sus principales ciudades. A partir de ahí La Habana se convierte en el más importante puerto marítimo del Nuevo Mundo durante siglos. Además, se autoriza el comercio directo entre la isla y los nacientes Estados Unidos. Todo esto se amplía en 1818, cuando Fernando VII dicta nuevas medidas de liberación comercial para Cuba, hecho que refuerza el poderío económico de la aristocracia criolla.

De ese modo, en 1868, comienza la primera guerra de independencia. Dura diez años y se frustra. La segunda guerra, en 1895. Pero el imprevisto, y hasta hoy misterioso, estallido en el puerto de La Habana en la noche del 15 de febrero de 1898, del acorazado norteamericano *Maine*, sirvió de pretexto para que Estados Unidos interviniera en la guerra que los independentistas cubanos sostenían contra España. La ganaron de manera oportunista, a un mínimo costo. Fue la llamada guerra Hispano-Cubano-Americana. Duró ciento diez días y contó con el apoyo entusiasta de los patriotas isleños.

Pero los americanos no se retiraron fácilmente. Los españoles perdieron, y los americanos iniciaron una intervención en Cuba que duró tres años. El 20 de mayo de 1902 se declaró la República pero con la soberanía mediatizada por la Enmienda Platt —derogada en 1934—, que daba al vecinito del norte todas las potestades para intervenir en la isla siempre que lo considerase necesario. Todavía hoy queda —no se sabe hasta cuándo— la base naval de Guantánamo, establecida en 1903.

Todo este proceso civilizatorio es intenso y vertiginoso. Desde aquellas míseras casitas de madera y guano junto al puerto, en 1519, hasta hoy. Menos de quinientos años. La complejidad económica, política, cultural, sociológica, se resiste a ser resumida en unas pocas páginas. Por ejemplo, el desarrollo de la música, las artes plásticas, la arquitectura y la literatura, es fascinante, para llegar al grado de diversidad y riqueza actual.

Los inicios de la literatura cubana se basan en hechos reales. Esto ha sucedido —creo— en todos los cuerpos literarios del mundo. Sólo hay que pensar un poquito desde *La Ilíada* y *La Odisea* hacia acá.

Lo primero fue un poema épico, en 1608, titulado *Espejo de paciencia* y escrito por el canario Silvestre de Balboa. Este señor se inspiró en un ataque del pirata Gilberto Girón a la ciudad oriental de Bayamo. El pirata secuestró a un obispo y a su auxiliar y pidió rescate. Los vecinos y el ejército defensor decidieron dar una lección al pirata. Lo atacaron. Y en la lucha cuerpo a cuerpo, el esclavo Salvador Golomón mató al jefe pirata, cuya cabeza fue paseada en la punta de una pica por la villa y expuesta como trofeo en la plaza de Armas, lo cual trascendió a todo el Caribe y sirvió de escarmiento.

Después hay un largo período en la literatura de la isla, a base sobre todo de poesía, y, finalmente, la narrativa surge con fuerza con Cirilo Villaverde (1812-1894), con la edición definitiva de su novela *Cecilia Valdés*, en Nueva York, 1882. En esa misma época José Martí, también en Nueva York, escribía los versos de *El Ismaelillo* y algunos reportajes, como *El terremoto de San Francisco*, que todavía asombran por la fuerza de una prosa directa, aguda, moderna, y muchos otros textos esenciales.

Hoy en día, los tres grandes cuerpos literarios de América Latina, son los de Argentina, México y Cuba. Esta opinión, tajante y personal, me trae siempre grandes problemas, pero a mí me da igual. Total, yo soy un simple escritor y no un cuidadoso teórico, que tiene que ser precavido cada vez que abre la boca.

En ese proceso civilizatorio, la religión también se cruzó de un modo increíble. Y hoy sigue igual de complicada. Por ejemplo. Babi-Letal practica la Regla de Ocha o santería, el Palo Monte, tiene un gran Jesucristo y varios santos católicos, y además es cartomántica y «tiene sus cosas espirituales», como ella dice. Es decir, utiliza, además, el espiritismo muy en la línea de Allan Kardec. Ufff, ¡candela! Y todavía le queda tiempo para coser y para salir a divertirse por la noche. ¡Tiene mucha energía la niña Babi!

En la actualidad hay tres grandes ramas religiosas: los católicos, los protestantes y las religiones afrocubanas, además de pequeños grupos que practican yoga, espiritismo, etc.

La santería —nombre popular que recibe lo que verdaderamente se llama Regla de Ocha (Ocha: orisha, santo, deidad)— fue desde siempre un culto individual y familiar. La liturgia católica infundía pánico en estos hombres. El africano vivía asombrado y un poco aturdido ante el cambio inesperado, sorpresivo y cruel. Primero era apresado en sus montes africanos, después venía encadenado y hacinado en míseras condiciones en un buque atestado. Los que sobrevivían eran vendidos como mercancía y después seguían encadenados y humillados, con el látigo siempre sobre la espalda y trabajando como animales, bajo un sol infernal.

Por eso aprendió a ser cauto y receloso. Para sobrevivir. Escondió sus dioses y siempre que pudo construyó sus tambores. Cuando no podían más, se escapaban al monte y se convertían en cimarrones, perseguidos también porque daban un «mal ejemplo» a las dotaciones de esclavos que permanecían obedientes en las haciendas.

Precisamente Cirilo Villaverde, a quien hice referencia antes, consultó los diarios de rancheadores de su padre y escribió una obra fundamental de la literatura cubana: *Diario de un ranchador*. También existe una película. El padre tenía cafetales en Pinar del Río.

Los rancheadores eran asesinos a sueldo. Cazadores de negros huidos, de cimarrones. Organizaban una partida a caballo, se ponían a disposición de un hacendado esclavista y salían al monte. Mataban a todo negro que cazaran, le cortaban las dos orejas y cobraban de acuerdo con la cantidad de orejas que presentaran al regreso. El hacendado les exigía, además, que llevaran un diario, para conocer exactamente los lugares utilizados como escondites.

Se dice que Cirilo Villaverde robó algunos de estos diarios a su padre y por ahí escribió su obra. Supongo que sería el *pesaíto* de la familia Villaverde. Era independentista y escribió casi toda su obra en Estados Unidos, en el exilio, como les ha sucedido desde entonces a tantos y tantos escritores cubanos. Caen *pesaos* y los obligan a irse. O tienen que irse «por voluntad propia». Desde José Martí, José María Heredia y Cirilo Villaverde, la lista es muy larga.

Bueno, basta por ahora. Me voy a la sauna del Hotel Raquel, en Amargura y San Ignacio, en La Habana Vieja.

Hay poca gente en la sauna. Casi nadie. Unas muchachitas muy gentiles me ofrecen masajes. No acepto. No quiero excitar mi lujuria. Estoy un par de horas y salgo con unos años menos. Directo para la barra del hotel. Me tomo una cerveza, en un ambiente completamente europeo, no parece Cuba. Y me voy hasta Cojímar, un pueblecito costero muy cerca de La Habana, al este.

Este pueblo es un remanso de paz. La Habana es agotadora. Mantiene su diseño de acueducto, alcantarillado y todo para 500.000 habitantes, pero ya tiene entre 2,5 millones y 3 millones de personas, porque siempre hay mucha población «flotante», es decir, no registrada legalmente. Viene, sobre todo, de las zonas más empobrecidas de las provincias orientales, aunque una ley les prohíbe estar en La Habana. Esa ley fue dictada a mediados de los noventa y dio mucho que hablar, pero se mantiene. En La Habana sólo pueden vivir las personas registradas legalmente en las oficinas del carné de identidad, con una dirección física en esta ciudad. Y punto.

El impacto de la crisis que comenzó en 1990-1991 fue brutal sobre el país. Y cambió muchas cosas, no sólo en la economía, sino también en la moral y la ética. De repente hubo una explosión de prostitución. Las llamadas jineteras comienzan en esa fecha. También hubo una explosión de religiosidad. De todo tipo. La gente necesitaba algo a qué aferrarse.

A partir de 1997-1998 aproximadamente, comenzó a registrarse una leve mejoría. Por suerte, el Gobierno ha logrado mantener la gratuidad en los servicios de salud y educación, así como la subvención sobre los precios de algunos alimentos, transporte, teléfonos, electricidad, servicios funerarios, gas, agua. De otro modo no sé qué pasaría. Hay que tener en cuenta que, en general, el empleo está muy mal remunerado. Los trabajadores ganan entre 140 y 450 pesos cubanos al mes, es decir, entre 6 y 18 dólares. Ayudan las remesas en dinero de más de 2 millones de cubanos que viven en otros países. Y también el turismo, que genera empleos muy diversos. Y algunas empresas mixtas con otros países, donde los trabajadores disfrutan de algunas pequeñas ventajas económicas.

De todos modos, el cubano no se lamenta nunca. Al contrario. «Inventa» y se busca la vida, como sea. Hay una frase que define esta filosofía: «Aquí cada uno inventa su maquinaria.» El inventario es largo y diverso, pero en general al cubano le gusta vestirse bien, usar cadenas de oro y relojes de marca, perfumes de fulanito de tal, estar al día en música, cine, teatro y en lo que pasa en el mundo. Y además, bailar en discotecas, tener carro, pasar una semana en la playa, etc. Cada vez más gente adopta este estilo de vida. ¿Cómo lo logran? No sé. Misterio. Pero es evidente. Para no verlo, hay que ser ciego.

Mientras pienso en todo esto, llego a Cojímar. Ignacio y su esposa, viejos amigos, tienen un gran patio de tierra con varias plantas de noni. Me esperan. Nos sentamos en el patio, a la sombra, tomamos café y hablamos de todo un poco. De los mismos temas de siempre: un hermano de Ignacio «inventó» y dentro de unos días se va para Estados Unidos, legalmente, con todos los derechos. Ignacio quiere poner una paladar, es decir, un pequeño restaurante privado, pero no consigue que le den la licencia y tendrá que cambiar de planes, quizá comprar un almendrón y meterse a taxista. Le pregunto:

—¿Y ahora de qué vives?

—De la mecánica, acere. Tú sabes que yo lo mismo soy albañil, que carpintero, que mecánico. Menos electricista, le meto a todo. Ah, y estoy haciendo rejas, para puertas y ventanas. Mira, ven *pa* que veas.

Tiene un taller a un costado de la casa. Está reparando el motor diésel de un viejo buick de 1949. ¡Hay que ver un motor diésel destripado! Creo que son miles de piececitas. Ignacio es un genio.

—¿No tienes ayudante?

—No, Pedro Juan, la juventud es muy vaga, muy informal. Se han acostumbrado a vivir sin trabajar. Inventan un dinerito y se van para la discoteca, a jinetear un yuma y a vivir del cuento. En este país ya nadie trabaja.

—Bueno, no tan tajante.

—Cuatro gatos trabajan y quinientos viven del cuento. Entonces, tú los oyes y quieren irse *pa* Yuma. Mira, aquí al lado vive uno que está preparando los papeles para irse *pa* Costa Rica. Definitivo. Un muchacho que ya tiene treinta y cuatro años, sin oficio, sin estudio. ¿Qué va a hacer allí?

—Entonces trabajas solo.

—Sí, es mejor. Ese motor ya está listo para armarlo de nuevo. En una semana ese carrito está al kilo, rodando por toda Cuba. A lo mejor me lo venden.

Me muestra una reja para puerta, y un catálogo con fotos de diversos modelos.

—¿Y los precios?

—Según el cliente, tú sabes. Cuando quieras una reja, me avisas. Para ti hay precios especiales, no te preocupes.

—Ahhh, bien.

Nos despedimos, me llevo unos cuantos frutos de noni. Insistió en que me llevara unas hojas también. Dice que se secan y se toma un té de noni, que también ayuda al organismo.

Lo dejo trabajando en el motor diésel. No me aceptó una invitación para tomar una cerveza en La Terraza. Quiere adelantar en su trabajo. Me voy solo al bar.

En La Terraza se puede comer y beber en silencio, en un ambiente de los años cuarenta tan perfecto, que me pareció que en cualquier momento aparecería Hemingway con sus amigotes: Spencer Tracy, Ava Gardner, Humphrey Bogart y todos los demás. A unos pasos de aquí, en un muellecito que ya no existe, Hemingway amarraba su yate *Pilar* y venía algunas tardes a navegar un rato y distenderse. Él era de esos escritores que escriben más con el corazón que con el cerebro. Y eso agota hasta extremos inimaginables.

En realidad, Hemingway tenía una gran residencia en San Francisco de Paula, un pueblecito al sur de La Habana. En una colina, desde donde se ve toda La Habana, compró Finca Vigía, con terrenos amplios alrededor y árboles de mangos y aguacates, además de la casa y la piscina.

Vivió allí a partir de 1939, durante veinte años, y escribió muchas de sus obras, sobre todo las novelas. La casa se conserva muy bien y no parece un museo. Con todos sus libros, ropas, zapatos. Uno puede mirar por las ventanas y curiosear en la intimidad del escritor. Eso es lo que nos gusta a todos: meternos en las vidas ajenas; saber qué hacen los demás; cómo se visten; cómo gastan su dinero; cómo se comportan cuando están solos; de qué hablan; qué, cómo y cuánto beben; cuáles son sus ideas políticas, filosóficas y morales, sus gustos sexuales.

Por eso, los servicios secretos de la policía, los escritores, los periodistas, los sociólogos y los antropólogos nos parecemos tanto. Por ejemplo, el FBI chequeaba escrupulosamente a Hemingway. Y a muchos más. Bueno, pues eso mismo me gusta hacer a mí. Voy a Finca Vigía y me pongo a curiosear y a sacar conclusiones, de acuerdo con los indicios que dejó. Los libros que leía, las revistas, el tipo de ropa que usaba, las esposas que tuvo. (Jamás se le conoció romances con cubanas, ¡parece que no le gustaban las mulatas!

En fin, mister Hemingway hizo lo mismo que todos sus colegas en los años veinte, treinta y después. Paul Bowles y Jane se fueron a Marruecos; Gertrude Stein y sus amigos, a París; Truman Capote se iba a buscar bellísimos efebos al sur de Italia; Elizabeth Bishop, a Ouro Preto, Brasil. Y así. Todos viajaban. Al parecer tenían alergia a su lugar de origen. Hemingway buscó una islita tropical donde nadie lo conociera y donde lo dejaran tranquilo. Creo que no le interesaba nada de Cuba, como es lógico. Habría vivido igual en México, Jamaica o en las Bahamas o las Bermudas. Necesitaba un lugar alejado, económico, tranquilo. Y vino para La Habana. Veinte años. Se fue en 1959. En 1961, ya muy alterado, le dieron un diagnóstico equivocado de cáncer. Su espíritu agotado y atormentado no soportó la noticia. Ya estaba muy vulnerable emocionalmente, y se metió un balazo en el cerebro. Después de cazar y pescar tanto, matar sin necesidad, el último plomo fue para él.

Por supuesto, en Finca Vigía nunca tuvo excesiva tranquilidad. Entre las peleas matrimoniales y las visitas, más las borracheras, se entretenía mucho. Al parecer, trabajaba disciplinadamente por las mañanas, nadaba un rato en la piscina al mediodía, almorzaba, y por las tardes se iba al Floridita o a La Bodeguita del Medio, a beber. Muchas veces estaba de mal humor. Un escritor cubano, muy conocido y reconocido hoy en día, en esa época era un joven impetuoso. En cierta ocasión se le acercó —efusivo— mientras bebía recostado a la barra del Floridita:

—¡Ohh, maestroooo!

Hemingway dejó que se le acercara y le metió un puñetazo por la cara. Lo dejó *knock out* sobre el piso del bar.

Ava Gardner nadaba desnuda en su piscina de Finca Vigía. Decía que había mucho calor y le molestaba el traje de baño. Pero la mayoría de las tardes, Hemingway prefería el silencio de Cojímar. Tomar algo en este bar, La Terraza, o navegar hasta que fuera de noche. Aquí, en este pueblo, se enteró de la gran ambición de todos los pescadores del lugar: capturar algún día un pez, un gran *blue marlin*, una gran aguja, que pudieran vender y tener dinero suficiente para unos cuantos días. Todos eran muy pobres y vivían al día, literalmente.

De ese modo, Hemingway estuvo unos doce años tramando en su mente la noveleta, hasta que se decidió: *El viejo y el mar*. Creo que es una estupenda historia, con el argumento más simple posible: perseguir toda la vida un sueño y, cuando al fin se consigue, se destruye velozmente por algo absolutamente imprevisto, y todo sigue igual.

Hemingway obtuvo el premio Nobel en 1952. Se hizo mucho más famoso. Lo reconocían en todos los aeropuertos, bares, restaurantes. En todas partes. Su vida se hizo insoportable bajo esa presión. Al parecer, se puso un poco neurótico y se escondía. Le molestaba la gente que lo asediaba estúpidamente. El final ya lo sabemos.

En fin, termino mi cerveza. Y regreso a casita.

Capítulo 10

Un amigo me ha insinuado muchas veces que puedo acompañarlo una noche a un grupo de *swingers*. Gente que intercambia parejas. Cuando le pregunté si hay que llevar una pareja, me responde:

—Como tú quieras. Es muy libre. Como si quieres mirar nada más y masturbarte. Sexo con la persona que más amas en el mundo.

Me acordé del personaje de Norman Mailer en *Los hombres duros no bailan*. El tipo es muy machista, inflexible. Él y su mujer fueron a otra ciudad para hacer un intercambio con otra pareja. Habían visto el anuncio en una revista y —por teléfono— se pusieron de acuerdo. Pero el tipo no estaba preparado. Le irritó escuchar a su mujer gritando y gozando toda la noche en la habitación de al lado, mientras él se quimbaba a una rubia que no le gustaba mucho. No lo soportó. Y regresó solo a su casa. O era un tipo inmaduro o la mujer era una loca pervertida y él un santurrón disfrazado de tipo duro. Es un comienzo muy bueno para una novela. En la vida real no sé.

Mi amigo ahora me aconseja:

—Ve solo la primera vez. Así es más fácil. O invita a otra mujer, que no sea la tuya. No sé. Hay muchas variantes.

—Y... ¿hay homosexuales también?

—Sí, claro. Bisexuales, pajeros, mirahuecos, tortilleras, pornógrafos. De todo. Sexo libre.

—Cuando yo era joven, a eso se le llamaba una *fiesta de perchero*. Cuando llegabas, te daban un perchero en la puerta. Te desnudabas. Ponías toda tu ropa en el perchero y entonces podías entrar.

—Ahora son *swingers*. Sexo libre. Hay muchos grupos así en La Habana.

—Es como regresar a la edad de las cuevas. Todos contra todos.

—Eso. Pastelitos.

—Sí..., ehh..., no sé qué hacer.

—Bueno, no te fuerces. Es para pasar un buen rato, Pedro Juan.

—Es que no estoy acostumbrado a templar delante de más gente. Esas orgías...

—Jajajá, no sigas madurando porque te vas a podrir en la mata.

—¿Qué quieres decir?

—Que se supone que eres un hombre maduro, equilibrado, que sabe lo que quiere. Pero pareces un niño. Indeciso.

Es una conversación un poco extraña. ¿Qué pretende con arrastrarme a eso? Me olvido del tema. Tengo un viaje a Pinar del Río entre manos.

Cuba es La Habana y el resto es paisaje. Supongo que esa frase la inventaron los habaneros, que son los más pícaros, negociantes y desconfiados. En provincias, la gente es más tranquila. El habanero es muy inquieto y competitivo.

Creo que eso mismo sucede en todas partes. En México los llaman *chilangos* a los de Ciudad de México, de un modo despreciativo. En España, los madrileños tienen fama de creerse los más más más. Y las mujeres madrileñas son tan duras como las de Centro Habana. Desconfiadas. Cínicas.

Y así. El habanero vive con mucha más tensión y prisa. Más rápido. En el interior del país todo es lento. En los años setenta y ochenta viví algunos años en la ciudad de Pinar del Río, de unos 300.000 habitantes, incluidos los alrededores. Trabajé como periodista y conozco el modo de pensar y actuar de los pinareños. Tienen fama de ser buenos y nobles. Demasiado. En realidad son objeto de burla. En el resto de las provincias, sobre todo en La Habana, cuando alguien comete un error o dice algo tonto, le preguntan: «¿Tú eres bobo o de Pinar del Río?»

Se me ha quedado siempre una sensación agradable por esa provincia. Creo que lo mejor de Cuba en cuanto a calidad de vida son los dos extremos. Oriente y occidente. Disfrutan más la sensualidad de la buena cocina, de la conversación, de no hacer nada, de dejar pasar el tiempo y reírse. Y también de esperar poco o nada. Los habaneros son mucho más ambiciosos.

Hace años que no recorro la provincia. Hablo con Yesuan, *el Diésel*. Un socio del barrio. Tiene un almendrón muy viejo, un plymouth de 1953, con un motor diésel adaptado. Era un motor de tractor. El combustible es más económico. Ajustamos un precio y nos lanzamos. No hay otro modo de hacerlo con un mínimo de comodidad. Los autos rentados son muy caros para mi bolsillo, y no se los alquilan a cubanos. Sólo para turistas. Igual que alquilar una habitación en un hotel. No. Sólo para turistas. Y si te ven un poco extraño, no te dejan ni entrar al *lobby* del hotel.

Hay una carretera estrecha y bastante solitaria que recorre toda la provincia de Pinar del Río por el norte. Partimos muy temprano de Centro Habana. Siete de la mañana. Principios de noviembre. Ha refrescado. Cada unos cuantos días entra un frente frío con nublados, chubascos y temperaturas más frescas. De junio a octubre ha sido una agonía. Cuando yo era niño, hace muchísimos años, los meses calurosos eran julio y agosto. Ahora desde mayo ya se calienta demasiado, hasta octubre.

Salimos hacia el oeste, por Quinta Avenida, en Miramar, el barrio de lujo de La Habana. Aquí están las residencias de los diplomáticos, algunas embajadas, oficinas de negocios. Hay jardines bien cuidados a lo largo de unos ocho kilómetros o un poco más, que es la extensión total de la avenida. A ambos lados, mansiones espléndidas, casi todas construidas en los años treinta, cuarenta y cincuenta. En esa época, los ricos disponían hasta de un puente levadizo sobre el río Almendares, para separarse más aún del resto de la ciudad. Ya La Habana Vieja había sido invadida por gente pobre y negros. En Centro Habana funcionaba a todo trapo el barrio de Colón, la zona de putas de la ciudad, comprendida en un rectángulo delimitado por las calles San Lázaro, al norte; Neptuno, al sur; el paseo del Prado, al este, y Galiano, al oeste. El gran escritor José Lezama Lima vivió siempre en el corazón de ese barrio pervertido, pero jamás escribió ni una línea sobre el tema. Para él la literatura era otra cosa. Y le salió bien.

En Miramar está la iglesia de Santa Rita, con una escultura bellísima de la santa, realizada por Rita Longa en los años cuarenta. Le dicen la Virgen Sensual porque su expresión de candidez se confunde con sensualidad y deseo. Tiene hasta una pierna adelantada como si se apretara el pubis para estimularlo. La tuvieron guardada durante años en un cuarto oscuro porque el cura de esa iglesia la consideraba demasiado erótica. Hace unos pocos años decidieron al fin sacarla del olvido. Y allí está, en la iglesia de la Quinta Avenida con la calle 26.

En 1959 y en los primeros años de los años sesenta, este barrio quedó casi totalmente vacío. Los ricos se fueron a Estados Unidos. Fue la primera oleada migratoria. Después hubo otras más. Tantas que hay sociólogos y académicos que se han especializado en el tema. Bueno, pues a partir de 1961 estas lujosas y enormes residencias fueron ocupadas por becarios de la revolución. Por ejemplo, muchas de las prostitutas que se acogieron a «planes de reeducación» fueron alojadas aquí para prepararlas en otros oficios: taxistas, costureras, etc. En esa época se creó en La Habana una compañía estatal de taxis, pintados de color violeta, conducidos casi todos por esas mujeres «reeducadas» en un tiempo muy corto. Les decían «las violeteras». No duraron muchos años aquellos taxis. Nada dura mucho en Cuba. Bueno, sí, algunas cosas sí duran demasiado. Como decía el dominicano Máximo Gómez, uno de los jefes militares de las guerras de independencia: «El cubano o no llega o se pasa.»

Hubo otros muchos planes de becas en esa época, sobre todo para campesinos y campesinas. Los traían a estas mansiones para que estudiaran, desde la enseñanza primaria hasta carreras universitarias. Eran programas educacionales masivos. La política revolucionaria se dirigía a mejorar de un modo radical los servicios de salud y educación, abrir empleos, tecnificar e industrializar el país, desarrollar la agricultura extensiva y diversificarla más allá de la caña de azúcar, desarrollar la pesca de altura y la flota mercante, desarrollar el campo y construir pequeños pueblos más confortables.

Fueron años complejos y dinámicos porque, junto con todo esto, la situación política nacional e internacional se enrareció en seguida. Recordemos sólo que el mundo estuvo al borde de una catástrofe nuclear en octubre de 1962, debido a los misiles nucleares agresivamente apuntados hacia Estados Unidos desde Cuba. Pero hay muchísimo más, clasificado y bien guardado en archivos de Cuba, Estados Unidos y la Unión Soviética. Sólo con la sedimentación que propicia el tiempo se podrá comprender mejor la magnitud, la intensidad y la peligrosidad de aquellos años, fundamentalmente agresivos, violentos, histéricos.

Por ahora es imposible ser objetivo. Muchos de los grandes protagonistas están vivos aún. En Cuba, en Estados Unidos, y en otros países. Por consiguiente, hay muchos intereses en juego que impiden la objetividad.

Pero regresemos a Miramar, en los años sesenta. Por suerte, los programas de becas se fueron desplazando hacia lugares más adecuados, para conservar aquellas mansiones lujosas en buen estado. Así y todo, muchas fueron destrozadas. Hay que tener en cuenta que, en aquellos años «heroicos», todo lo que pareciera burgués y aristocrático era mal visto. Ropas, muebles, casas, zapatos, estilo de vida, vocabulario, comidas, estudios. Todo, absolutamente todo, tenía que estar marcado por un acentuado tinte proletario y marxista-leninista. Nada de collares de perlas ni perfumes, ni muebles de estilo, ni interés material, ni creencias religiosas, ni literatura críptica y proustiana, ni un largo etcétera.

Los teléfonos públicos funcionaban sin monedas, los servicios fúnebres eran gratis, las casas se las regalaron a sus inquilinos. En fin, todos los días había una nueva «medida revolucionaria a favor del pueblo». Pero éste no es el lugar para extendernos. Una radiografía cronológica minuciosa ayudaría a comprender.

En los años setenta, Miramar de nuevo quedó medio abandonado, hasta que empezó a ser ocupado por sus habitantes actuales: diplomáticos, gerentes, altos cargos, oficinas superchic, embajadas. Es un barrio extenso, silencioso, con calles arboladas y jardines bien cuidados, con pequeñas playitas y caletas a todo lo largo de la costa. En fin, está muy bien, sólo que no tiene nada que ver con el resto de la ciudad. Vivir en Miramar, por supuesto, es el sueño dorado de muchos habaneros. El non plus ultra del lujo de vivir.

Dejamos atrás un extenso terreno donde hasta los años setenta estuvo el parque de diversiones Coney Island. Ahora de nuevo lo reconstruyen, pero un poco más modesto. Más al norte funcionaba el hipódromo y el canódromo, cerrados hacia 1960 como parte de una ola moralizante que cerró los casinos, clubes y cabarés, eliminó la Lotería Nacional y la «bolita», o lotería clandestina, la prostitución y los burdeles, y hasta los bares, y llevó casi a cero la producción de bebidas alcohólicas. Parecíamos jesuitas.

El reparto Náutico, Flores, Jaimanitas. La ciudad se va disolviendo en el campo. A nuestra izquierda dejamos un barrio protegido: Siboney, el Palacio de las Convenciones, más residencias diplomáticas. A la derecha, la Marina Hemingway. Muy exclusiva, con lujosos yates fondeados, del mundo entero. Sigo de largo, no me interesan las exclusividades y la gente privilegiada. Bueno, no sé, si algún día uno de ellos me invita a uno de sus yates..., puede ser que me empiecen a interesar, y escribiré novelas como las de Françoise Sagan. Para variar. Buenos días, alegría.

En pocos minutos estamos en Jaimanitas y Santa Fe. Dos barrios sencillos, construidos a lo largo de la costa. No hay mucho que ver. El próximo pueblo es Baracoa. Una población de pescadores, con un aeropuerto militar cercano y la gran escuela latinoamericana de medicina, con becarios de muchos países.

En Baracoa todavía se conservan viejas casas de madera, utilizadas como casas de veraneo en la primera mitad del siglo XX por gente de la clase media habanera. Son casas sencillas, con grandes portales. Hay una playa pequeña y algunas caletas a lo largo de la costa. Es un pueblo tranquilo. Ya se respira el aire de campo.

Son las once de la mañana. Preguntamos por una paladar donde se pueda beber algo. No. Es muy temprano. Todas están cerradas hasta las doce del día, para despachar almuerzos. Me sorprende encontrar tantas. Alguien me explica que los estudiantes de la escuela de medicina vienen aquí a distenderse y gastan su dinerito sobre todo en beber y comer. Yesuan y yo vamos a una terracita con mesas y sombrillas, en el centro del pueblo, y nos refrescamos con una cerveza. Caminamos un poco por los alrededores. Parece un pueblo aburrido.

Unos muchachos nos preguntan si queremos almorzar langostas. Nos llevan a una paladar ilegal, muy discreta, en el patio posterior de una casa, junto al mar. Hay que entrar por un pasillo largo y estrecho entre dos viviendas. Es un poco misterioso. Como una conspiración. Sólo para almorzar. Hay varias mesas y sillas, bajo una parra. Un lugar agradable, fresco, luminoso.

Elijo camarones enchilados. Yesuan prefiere un filete de pargo al horno. La dueña nos trae unas cervezas muy frías y un plato de tostones, es decir, ruedas de plátano verde frito, para ir haciendo boca. Nos pregunta si queremos que ponga música. Le contesto en seguida:

—Si tiene algo que no sea muy escandaloso. Y bien bajita... para ayudar a la digestión.

La señora se ríe:

—¿Reguetón? Jajajá. Yo tampoco lo soporto. Eso es para la gente joven.

Pone unos boleros. José José. Me da igual. Demasiado empalagoso. Me concentro en la comida, abundante y bien cocinada: tostones de plátano, arroz blanco, frijoles negros, camarones enchilados, aguacate, cerveza. Cuatro dólares cada uno.

Con este calor y tanta humedad, presiento que es mejor que Yesuan duerma una siesta. No se hace de rogar. Se acuesta en el asiento de atrás del auto y se queda dormido en un minuto. Es un hombre feliz. Si yo pudiera dormir así en cualquier lugar, también sería feliz.

Camino hacia la playa. Está casi vacía. Me quito la ropa, la pongo por allí, sobre una piedra y me tiro. Sólo para refrescar. El agua está limpia. Al menos eso parece, pero no hay dónde resguardarse del sol, así que con quince minutos es suficiente. Un hombre que está pescando me dice:

—Aproveche ahora. Dicen que por la noche va a entrar otro frente frío.

—Eso es lo que hace falta.

—El tiempo está *revolcao*. Estamos en noviembre y no se siente el frío.

—Ha refrescado un poquito. ¿Aquí se coge algo?

—No. A veces se pega algo chiquito. Para carnada. Si entra el frente, a veces pican.

—¿Y por qué no se embarca?

—Sí, embarcado sí se coge allí afuera, en el veril.

—Le hace falta un bote.

—Sí, el bote y la gasolina y el permiso, ahh... mejor sigo aquí, tranquilo.

Regreso al auto. La una y media. Yesuan duerme a pierna suelta y ronca. Si lo dejo, duerme hasta mañana de un tirón. Una persona así puede durar quinientos años. Según los chinos, los animales que menos se mueven son los que más duran. Uno automáticamente piensa en elefantes y tortugas. Y los que más se mueven —mosquitos, mariposas, moscas— apenas uno o dos días de vida.

Lo despierto y le doy unos minutos para hablarle. Le cuesta despejarse. Al fin se pone en acción. Sin hablar. Revisa algo en el motor. ¿Será un vicio? Siempre revisa el motor, y le pregunto:

—¿Hay algún problema?

—No.

Cierra la tapa y arranca. Listo para partir. Salimos del pueblo, y unos kilómetros más allá entramos en Mariel, un pueblecito junto a un puerto grande. Hay una termoeléctrica, una fábrica de cemento, unos astilleros, y un ambiente industrial.

Mariel se hizo famoso en abril de 1980. A principios de mes, un grupo de personas desesperadas por irse de Cuba lanzaron un autobús contra la cerca de la Embajada de Perú, en la Quinta Avenida, en Miramar. Una vez dentro del perímetro diplomático pidieron asilo político. Al menos fueron originales, porque a pocas personas en el mundo se les ocurre pedir asilo político en Perú. Es una idea extraña. Pero fue así. Es un hecho.

Rápidamente más personas aprovecharon la brecha. En pocos días llegaron a ser diez mil. Enardecidos. Gritando. Furiosos. Aterrados. Mujeres y niños también. Apiñados unos sobre otros, subidos a los árboles. Era un pandemónium. Si uno ve el terreno, no se puede imaginar cómo esa cantidad de personas se apretujaron allí, de un modo tan dramático. Después de varios días de escándalo, la salida política del Gobierno cubano fue abrir el puerto de Mariel para que los cubanos de Miami vinieran en yates a buscar a sus familiares. Se originó una gran crisis. Grupos de cubanos, organizados de algún modo por los CDR o los sindicatos, iban a las casas de los que se iban, los asediaban y les gritaban «escoria». Fue bochornoso. Hoy es un capítulo casi olvidado, pero los que vivimos aquellos días lo mantenemos como una etapa penosa y desalentadora. A pesar de los «actos de repudio» contra los que se marchaban, miles y miles se apuntaron para irse en las listas abiertas en las jefaturas de la policía. Algunos decían que eran homosexuales y que sufrían mucha represión.

En fin, las cifras varían, pero se calcula que unas 250.000 personas emigraron hacia Estados Unidos desde Mariel, en 1980, y por avión en los años siguientes, pero que habían formulado su solicitud al amparo de la crisis del Mariel. En Estados Unidos, sobre todo en Miami, se los conoció como los «marielitos». Es una historia larga.

Explosiones migratorias hacia Estados Unidos se han registrado: la de 1965, por el pequeño puerto de Boca de Camarioca, en Matanzas; la del Mariel, en abril de 1980; y la de los balseros, en agosto de 1994. Han sido tres momentos caóticos, siempre con situaciones políticas tensionales y previas, que al fin desembocan en un golpe de migración masiva en un tiempo corto. Es decir, dejar escapar un poco de presión de la caldera, para que no explote. Con los balseros, se calcula que unos 21.300 llegaron a Estados Unidos, y una cifra indeterminada de personas perecieron ahogadas en el estrecho de la Florida. De las salidas por Camarioca, las cifras disponibles son demasiado contradictorias. El estudio de la emigración cubana es toda una rama dentro de la «cubanología», a cargo de numerosos académicos, radicados sobre todo en Estados Unidos. También estudian la cultura cubana, la religión, la política, la economía, etc.

Damos una vuelta por el pueblo. Sólo para mirar un poco. Y llegamos a una playa. Yesuan me dice:

—En esa arena nos enterrábamos como si fuéramos cangrejos.

—¿Qué tú dices?

—Yo pasé el servicio militar aquí cerca, en Quiebrahacha, en Tropas Especiales.

—Ahh.

No me extraña. El tipo mide 1,80 o más, y es fuerte como un salvaje. Y bastante tosco. Demasiado. A veces me parece que le puede torcer el pescuezo a uno y quedarse tan tranquilo.

—Veníamos aquí a entrenar. Uno de los ejercicios era enterrarse en la arena y respirar con una ramita de bambú.

—Coño, está bueno eso.

—Hace años.

—¿Y para qué?

—Por si hay una invasión. De repente salen cientos de soldados de la arena.

—Ah, como en las películas. Oye, ¿por qué te dicen Yesuan, *el Diésel*?

—Porque soy loco a los motores diésel. No hay quien me ponga un pie delante.

—¿Los desarmas y...?

—Todo. Los desarmo, los arreglo. Los de gasolina no me gustan.

—Ahhh.

Por ahí empieza a darme detalles de las diferencias entre los motores diésel rusos y japoneses. Y los italianos. Yo desconecto y lo dejo que hable y se desahogue mientras conduce. Pasamos Cabañas. Hay paisajes montañosos muy bonitos. Me paro para hablar con unos muchachos que cortan hierba a la orilla de la carretera. Ganan 350 pesos al mes —unos 14 dólares— y tienen un tramo demasiado largo que deben mantener despejado de hierba. Me dicen que crían puercos y con eso compensan bastante. Hay poco empleo por aquí, pero la gente siempre busca algo que hacer.

En Bahía Honda entramos por una carretera muy estrecha hasta la playa de San Pedro. Hacía más de veinte años que no venía por aquí. Ahora hay muchas casitas y gente. Todos se multiplican y nacen más y más. Un hombre se nos acerca y nos ofrece pargos, loros y sobacos. A 12 pesos la libra, es decir a 1 dólar el kilo. Algunos los llevan a La Habana y los revenden al doble de ese precio.

Más adelante entramos a El Morrillo. Son varios pequeños pueblos costeros de pescadores en esta zona. El Morrillo es uno de los más desarrollados. Carenero y Blanca Arena están apartados, detrás de los cañaverales y tierras abandonadas. Hace unos años cerraron tres centrales azucareras por aquí. Desde entonces todo parece bastante deprimido. A lo largo de los años noventa también cerraron las minas de cobre de Matahambre, un poco más adelante. Por aquí, la mejor zona en cuanto a nivel de vida es Viñales, que recibe turismo internacional.

En El Morrillo, una señora vende refrescos y dulces en el portal de su casa. Vende poco y tiene ganas de hablar con alguien. Compramos unos refrescos y le pregunto por la forma de vivir allí, tan apartados:

—A todo se acostumbra uno. Ustedes porque son de La Habana y necesitan ese correcorre. Pero yo en La Habana me pongo muy nerviosa.

—¿Ha ido alguna vez?

—Tres veces en toda mi vida. A operarme de una rodilla en un hospital. Y ya. Ojalá no tenga que ir más.

—Jajajá. Ya usted ve, yo no podría vivir aquí en este pueblecito.

—Pues, mira, aquí se vive muy bien.

—Es lo que usted dice, señora, todo es acostumbrarse. ¿Y usted vive sola?

—No, con una hija, y un nietecito. Los demás se fueron.

—¿Para La Habana?

—¡*Pa* Miami! Dos hijos y el marido de mi hija. Los tres se fueron juntos.

—¿En un bote?

—Sí, en una lancha rápida. De esas que cobran muchísimo.

—¿Y llegaron bien?

—Sí, ya llevan casi un año en Miami.

La mujer tiene los ojos aguados. Le compro unos caramelos para cambiarle el tema. La hija sale de la casa. Es una casita de madera, pequeña y sencilla, con un techo de tejas de fibrocemento. La casita es un horno, porque ese material se calienta a 60 grados Celsius fácilmente. La muchacha debe tener treinta años o menos y está muy bien. Yesuan se pone en alerta. Es un conquistador profesional. Ella nos pregunta si queremos comprar pargos.

—Están grandes y fresquitos. Los trajeron ahora mismo.

Voy a decirle que no nos interesa, pero Yesuan me interrumpe:

—Sí, déjame verlos.

Entramos al patio, caminando atrás de la muchacha. Yesuan me abre los ojos, admirado por el cuerpo de ella. Cada pargo tiene de 6 a 8 kilos. Grandísimos y baratos. Ella me dice:

—Si se los lleva todos, le pongo mejor precio.

Yesuan de nuevo me interrumpe:

—Mira, puede ser que a mí me interesen. A él no. Pedro Juan, déjame hablar con ella.

Salgo del patio hacia el portal y los dejo solos, mientras Yesuan le habla muy bajo. Pero en un minuto viene Yesuan detrás de mí, rápidamente. Montamos en el carro y nos vamos.

—Yesuan, ¿qué pasó?, ¿qué le dijiste?

—*Ná*. Esa guajira es una bruta.

—¿Qué pasó?

—Le dije que saliera conmigo a dar una vuelta, para tomarnos una cerveza, que yo sabía que estaba sola. Y me contestó que yo me había equivocado, que ella era una mujer casada y que me fuera.

—Es decir, que te botó de la casa.

—¡Sí, chico, me botó, que me fuera y me señaló la puerta y todo! Es una bruta.

—Está esperando al marido. La Penélope.

—El marido se fue hace un año y ya ni se acuerda de ella.

—¿Qué tú sabes, Yesuan? No saques esas conclusiones. A lo mejor el tipo la está reclamando.

—Ah, yo lo que sé es que está muy buena y muy templable.

—No seas bruto, muchacho.

—¿Bruto yo? Yo la cojo y la pongo a gozar. ¡Tiene un culo y unas tetas! Ahhh, chico, la pongo a gozar y la dejo loca.

Es un alardoso. En los motores es el mejor del mundo, ahora con las mujeres es un bárbaro. Yo desconecto, ¿para qué voy a gastar saliva? Es un troglodita.

—Por eso se está muriendo de hambre. Se busca un macho como yo y...

—¿Y tu mujer?

—¿Cuál? Yo tengo cuatro. Jajajá. Y con esta guajira iban a ser cinco.

Sigue hablando solo. Dice que tiene cuatro hijos y que podía preñar a esta guajira. Creo que se siente poderoso al timón de este carro. Es un auto rojo, fuerte, veloz, que funciona muy bien. Quizá se identifica mucho con esa potencia.

Hace años unos sicólogos de la policía de tránsito hicieron unas encuestas entre chóferes de autobuses en La Habana y encontraron que conducir una guagua fuerte, veloz, llena de gente, los hacía sentirse importantes y poderosos y los llevaba a conductas temerarias. Todos conducían con cierto grado de irresponsabilidad debido a ese mecanismo sicológico. Sus debilidades personales se veían compensadas con el «poder» que recibían a través de un coche poderoso. Creo que la publicidad de automóviles se basa en el mismo principio. Yesuan ni se imagina todo eso. ¿Se lo explico, o lo dejo que disfrute su droga? Si se lo explico, ¿me entenderá o creerá que yo soy un *pesao*?

Por supuesto, guardo silencio y miro el paisaje. Yesuan cambia el tema:

—Pedro Juan, dice la vieja que los tres se fueron en lanchas rápidas.

—Sí.

—Pero son carísimas.

—De 5.000 a 7.000 dólares, cada uno.

—A veces más.

—Sí, depende.

—Si yo tuviera ese dinero, me voy echando también.

—Además, son peligrosas, Yesuan.

—Todo lo bueno es ilegal, te hace daño y te envicia. Eso es así, Pedro Juan.

Me quedo pensando. Si pagaron a 7.000 cada uno, son 21.000. Es bastante. Comento con Yesuan:

—Unos 21.000 dólares. O más. Es mucho dinero, quizá... se encontraron unas cuantas pacas y las vendieron bien.

En las costas de Cuba a veces recalan pacas con drogas, cocaína sobre todo. Los traficantes las sacan de Sudamérica en yates o aviones. En la zona del Caribe cambian de transporte para introducirlas en Estados Unidos. A veces, en alta mar, trasladan la mercancía a otro yate. Y si son aviones, «bombardean» las pacas sobre algún barco que espera en un punto determinado. A veces —con mar gruesa o mal tiempo— se les escapa alguna, y las corrientes marinas las arrastran hasta las costas de Cuba. El Caribe sigue siendo un cruce de caminos. Como siempre.

A eso de las cuatro de la tarde estoy agotado. Estamos en La Palma. Tienen una fiesta en el parque del pueblo. Comemos pan con lechón asado y cerveza. Yo apenas lo pruebo. Yesuan come por cuatro. Pienso que, para pasar la noche, podemos ir a Puerto Esperanza o a San Diego de los Baños.

—Yesuan, vamos a pasar la noche en Puerto Esperanza.

—¿Conoces a alguien allí?

—No sé si se acordarán de mí. Creo que no. Pero Viñales es más caro. Y San Diego de los Baños es un balneario que... no me gusta mucho.

Salimos por el norte, a playa Pajarito, y de ahí a Puerto Esperanza. Playa Pajarito tiene el agua roja, arcillosa. Hace años era sólo una caleta casi desierta. Ahora también hay casitas y pescadores.

Toda esa zona montañosa tuvo una etapa muy interesante con los cafetales. En agosto de 1791 comenzó la insurrección general en Haití, Saint Domingue en esa época, colonia francesa. El líder negro, Toussaint Louverture, encabezó la revolución, liberó a los esclavos, y se derramó mucha sangre. Se produjeron emigraciones de los hacendados franceses cultivadores de café. Lo perdieron todo, pero querían salvar la vida. Se calcula que en ese momento el 60 por ciento del café que se consumía en el hemisferio occidental se producía en Haití. Entre 1789 y 1804 unos 10.000 franceses, o más, llegaron y se asentaron en Cuba. Una buena parte en la zona oriental del país, y otros aquí precisamente, en estas montañas al norte de Pinar del Río.

Se estima que aquí funcionaron unas cien haciendas productoras de café. Quedan restos y ruinas evidentes de unas cincuenta, de las cuales sobresale Angerona, con preciosos edificios que imitan la arquitectura griega.

En pocos años, los franceses se hicieron célebres y atrajeron muchas visitas de viajeros criollos y extranjeros que escribieron sobre la perfección técnica y estética de estas haciendas. Todavía se encuentran libros de la condesa de Merlín, de Samuel Hazart, Fredrika Bremer, Abiel Abbot, Cirilo Villaverde y otros muchos, con amplias descripciones de estos paisajes cubiertos de cafetos.

Uno de esos viajeros, José Jacinto de Salas y Quiroga, en su libro titulado *Viajes*, de 1839, se refiere también al lado oscuro del asunto, la esclavitud: «[...] es doloroso ver el marcado interés que hay en conservar más y más bruta a esa clase de hombres a quienes se trata peor que a los caballos y a los bueyes [...]».

Por esa misma época, Cirilo Villaverde también recorrió estas tierras, a caballo, y escribió una serie de artículos que se publicaron en un periódico y una revista en La Habana. Posteriormente fueron recogidos en un libro titulado *Excursión a Vueltabajo*. Con una prosa directa, amena, sin ampulosidad, Villaverde describe el trato humillante y el estilo de vida degradante de estos esclavos. Son especialmente interesantes algunos diálogos donde reproduce el modo de hablar de estos africanos que a duras penas podían entender el castellano.

Este libro se reedita cada cierto tiempo, al igual que otros de este periodista y escritor con el que comienza definitivamente la narrativa cubana.

Uno de sus comentarios cuando visita el caserío de Quiebrahacha, cerca de Bahía Honda: «Así como en los Estados de la Unión Americana, cuando se traza la planta de un pueblo, los primeros edificios que se fabrican son los que han de servir a la instrucción pública gratuita, a la difusión de las luces y al culto religioso (la escuela, la imprenta y la iglesia); entre nosotros, al contrario, comenzamos por el fin, es decir, por la taberna, la valla de gallos, y acabamos por la iglesia; la escuela, si se crea, no tiene casa; gracias que la alcance la religión. Esto quiere decir, que el Quiebra Hacha si hoy cuenta con un templo, todavía parece que no es llegado el tiempo en que le erija una escuela. Esperamos.»

Han pasado ciento setenta años desde que Villaverde escribió eso. Hace muchos años que hay escuelas, iglesias, carreteras, electricidad en algunas zonas, llegan señales de radio y televisión, pero el ser humano siempre quiere un poco más. El gran problema de esta zona, al igual que en todos los campos de Cuba, es la despoblación. Como escribí en un capítulo anterior. Los jóvenes se van de estos pequeños pueblos, hacia las ciudades, hacia La Habana si es posible, hacia Miami muchos. Cualquier lugar donde se pueda vivir mejor materialmente.

Sin embargo, creo que es natural que el ser humano quiera irse siempre a un lugar mejor, donde haya trabajo, dinero, mejor vida. Los pueblos de campo están condenados —en todo el mundo, no sólo en esta isla— a ser generadores de alimento humano para las grandes urbes, esos molinos carnívoros que tragan de todo y devoran, mezclan, machacan. Otros, los más pacíficos o tímidos, se quedan por aquí tranquilamente. Supongo que con menos abundancia material, pero con más tranquilidad espiritual.

Creo que los más interesantes son los más locos y efervescentes, los trascuerdos, los que no pueden quedarse tranquilos.

Por ejemplo, en Cuba y América, la aparición de los criollos se origina en ese proceso de mezclas y trasiegos, que, por cierto, no comenzó precisamente con el descubrimiento de América en 1492, como habitualmente creemos, sino un poco antes.

Alejo Carpentier en su ensayo «Cómo el negro se volvió criollo», incluido en su libro *Visión de América,* revela algo sorprendente:

«En 1441, diez nativos del norte de Guinea son llevados a Portugal, como "presente" hecho al rey Enrique el Navegante por un comerciante y viajero, Antam Gonçalvez, quien los traía a título de mera curiosidad exótica, como hubiese podido traer papagayos o plantas raras del Trópico. Pero muy pronto —¡demasiado pronto!— entendieron los hombres de Europa que esas "rarezas tropicales" podrían constituirse en formidables fuerzas de trabajo y ya, tres años más tarde, eran doscientos treinta y cinco africanos, entre hombres, mujeres y niños, los que fueron llevados por la fuerza a Portugal, "para la salvación de sus almas, hasta entonces irremisiblemente perdidas", nos aclara un piadoso cronista.

»Y así fue como muy pronto, en los palacios y haciendas de ricos señores, aparecieron, para realizar faenas domésticas y agrícolas, esclavos negros en número cada vez mayor. Se había instaurado ya, por lo tanto, el abominable negocio de la trata que ahora cobraría proporciones pavorosas con el descubrimiento de América. Y ese negocio quedaría oficializado, por así decirlo, con la autorización dada por Carlos V, en 1518, para que cuatro mil esclavos africanos fuesen llevados a la isla Española (Santo Domingo), Cuba, Jamaica y Puerto Rico.

»Pero antes de esa fecha, la costumbre de utilizar esclavos negros se había generalizado en España, a imitación de Portugal (y Cervantes nos hablará de ello, cien años más tarde, en sus *Novelas ejemplares*). Y por ello, muchos negros pasaron al Nuevo Continente —a las Antillas, cuya colonización era ya un hecho— con anterioridad a los años en que la trata quedara establecida como negocio de gran rendimiento.

»En la inestimable fuente de documentación demográfica que constituye el Catálogo de Pasajeros a Indias de la Casa de la Contratación de Sevilla, en cuyas páginas quedaron los nombres de los primeros solicitantes a trasladarse a "las tierras recién descubiertas del otro lado de la Mar Occeana" [sic.], se pueden ver los siguientes asientos: "5 de febrero de 1510, Francisco, de color negro." (Es el primero de su raza, en fecha, y se inscribe con el número 38.) "27 de febrero de 1512, Rodrigo de Ovando, negro horro." (Es decir: liberto.) "Abril de 1512. Pedro y Jorge, esclavos." (Viajan con sus amos.) "Agosto de 1512. Cristina, de color negro, y su hija Inés", etcétera, etcétera. Y siguen otros muchos, esclavos, "ahorrados" "loros" (cuando son de tez particularmente oscura), de "color de pera cocha" (cocida) que son los mulatos, sin olvidar, por lo pintoresco del caso, un Juan Gallego, negro, natural de Pontevedra, que embarca, no se nos dice si liberto o no, el 10 de noviembre de 1517...

»Y ahora, con la instauración en firme de la trata —tanto española como portuguesa—, el número de negros pasados a América crecerá en proporción geométrica, y se constituirá en uno de los elementos étnicos de base de una población que, formada por europeos tempranamente unidos a mujeres indias, enriquecida ahora por la aportación africana, habría de engendrar la clase de los criollos, determinante para cuanto se refiera al estudio, interpretación, entendimiento y visión general de la historia de América.»

Alejo Carpentier no lo cita porque no viene al caso, pero —como una curiosidad— en ese católogo de viajeros a las Indias, están asentadas también las primeras cinco prostitutas que viajaron a América, traídas por el mismísimo Cristóbal Colón. Aparecen con sus nombres y apellidos. Prostitutas, curas ambiciosos, soldados, delincuentes recién salidos de las cárceles, campesinos analfabetos, africanos traídos a la fuerza y encadenados. Tenemos orígenes volcánicos. Una amalgama poco envidiable, pero con sabor a aventuras de locos ambiciosos. No nacimos de ángeles y santos, sino más bien de demonios sulfurosos.

Cuando llegamos a Puerto Esperanza son casi las cinco de la tarde. Hay una calle ancha y muy limpia, de unos 300 metros, que termina, o comienza, en el mar. Hay casitas a un lado y a otro. El pueblo es poco más que eso. Y ya está bien. Cuando yo era niño, alrededor de 1950, mis padres alquilaban aquí una casita de madera, con techo de guano, por un mes. Cada verano. Quizá era menos, pero a mí me parecía un mes. Venía mucha gente de la familia a pasar días con nosotros. En esa época, y en mi familia humilde, era todo un lujo. Dejar de trabajar para pasar tanto tiempo en la playa.

Recuerdo siempre dos o tres cosas de este pueblo de pescadores: había un muchacho unos pocos años mayor que yo. Tenía una pierna deforme y era cojo. Era un mulatico flaco, hijo de pescadores, que hacía algo increíble: metía la mano en las cuevas de los cangrejos. Todo el brazo, hasta el fondo, y sacaba siempre uno. Era como un chiste. Lo soltaba, y el cangrejo, asustado, corría y se metía de nuevo en la cueva. Él repetía lo mismo. Así muchas veces. Supongo que el cangrejo daría cualquier cosa por tener una ametralladora y liquidarnos a plomo limpio. Yo me quedaba maravillado por su habilidad y valor, pero me quedaba siempre como espectador. Jamás me atreví a probar suerte. ¿Cobardía o precaución? Ahora que lo pienso: cobardía. Sin más. Un niñito fino de la ciudad.

Ahora vamos hasta la orilla de la playa. Está exactamente igual que en aquella época: una arena oscura, sucia, el agua con hierbas en el fondo y olor a marismas y a algas; es decir, una playa horrible. Un muelle de madera medio derruido. Y allá, a la derecha, unas pocas embarcaciones de pescadores, pequeñas, bien protegidas por una cerca y un puesto de guardafronteras, para evitar que alguien robe los botes para irse a Yuma. Así es en cada uno de estos pueblos costeros. Tienen que proteger los botes, encadenarlos y tener guardia permanente. Y por supuesto, para ser pescador y subir a uno de estos botes, es imprescindible un permiso, difícil de obtener.

No tenemos ni idea de qué hacer. Al menos está fresco el tiempo, con buena brisa yodada y respiro profundo. En un quiosco cercano nos tomamos un refresco. La empleada nos ofrece comida, pescados, langostas. No queremos. Le pregunto por un viejo amigo:

—Mira, por allí atrás, como a 50 metros de aquí, entre esos mangles vivía un negro viejo que vendía bichos de carey.

—Ah, sí, ése era el viejo Bocourt, pero se murió hace años. Ni podía caminar. Dicen que se murió con ciento veinte años, jajajá, ese viejo era un caso...

—¿Por qué?

—Porque... le dio por el bicho de carey. Y él también tomaba de eso. Dicen que funcionaba hasta que se murió..., jajajá, yo no lo puedo creer.

Yesuan no entiende nada y pregunta de qué hablamos. Le explico que el carey es una tortuga que tiene un coito de cuarenta y cinco días. Los pescadores, cuando la capturan, separan el pene, que es estrecho y como de 30 centímetros o más. Lo secan al sol, y lo venden como afrodisiaco. Se dice que, si lo raspas un poquito y ese polvillo lo tomas media hora antes del sexo, mezclado con café o ron, por ejemplo, uno funciona perfectamente. La empleada del quiosco, muy divertida, nos da más detalles:

—Pero si ustedes quieren, hay otros pescadores que los venden. Mira allí, en aquella casa rosadita vive Ignacio, el padre y el hijo. Cualquiera de los dos.

Yesuan se siente ofendido y protesta:

—No, yo no necesito esa mierda, ¿tú estás loca o qué? Yo soy Yesuan *el Diésel*, un tipo durísimo en Centro Habana...

—Eh, Yesuan, deja eso, acere. Tú eres un chamaco, pero yo soy un viejito que no puedo con mi alma. Voy a ver a esa gente. ¿Cómo se llaman?

La muchacha aún está azorada por la agresividad de Yesuan. Temerosa, me dice muy bajito:

—Ignacio, padre e hijo.

Es una casita de tablas de madera, muy pulcra, pintada de rosa y blanco. En la sala de la casa hay una mesita de centro con unos cien pequeños muñecos de yeso pintado: elefantes, pájaros, muñequitas imitando a las de biscuit, bailarinas, niños, palomitas. Es una colección *kitsch* perfecta. Esto abunda mucho por aquí. Son muñecos baratos. Ignacio hijo está en el patio, con dos amigos, junto a unas jaulas de gallos finos. Los saludo sobre la cerca —también de madera, pintada de rosa y blanco— y le digo que se acerque para hacerle una pregunta. Me presento, nos damos la mano, y le digo:

—Mira, nosotros venimos de La Habana y vamos para Guane. Y necesitamos buscar un lugar para quedarnos esta noche. Te vi con los gallos aquí... Vaya, yo soy enfermo a los gallos. Por eso.

—¿A usted le gustan los gallos? Pasen, pasen *pa ca*.

Abre una puertecita y nos permite entrar a su patio. Se le ilumina el rostro y creo que se alegra de tener visitas para mostrar sus gallos. Le dice a su mujer que nos traiga café. Olvidamos lo del alojamiento y nos ponemos a hablar de gallos. Ignacio me dice:

—Aquí cerca hay una valla. Escondida, tú sabes. Ilegal. Pero funciona los sábados nada más.

—Mañana es sábado.

—Sí, por eso. Si se quieren quedar. Mañana yo echo a pelear a este y a ese pinto. Los dos están bien.

Yesuan me dice bajito:

—Tú venías a buscar el bicho de carey *pa* que se te pare, jajajá.

—Quédate tranquilo.

Hablo un poco más de gallos con Ignacio y sus amigos. Uno de ellos me acompaña cerca. Hay una familia que alquila habitaciones. Es una casita muy bonita, de mampostería. Tienen un cuarto con una cama matrimonial. Le digo:

—Es para nosotros dos. Si tuviera otra camita... para dormir separados.

La señora tiene una cama plegable con una colchoneta. La saca y la dispone:

—Si es una sola noche son 5 dólares.

—Está un poco cara. No tienen ni aire acondicionado.

—Ése es el precio en esta época. En temporada de playa cobro 10 por día. Ese ventilador está buenísimo y no hay mosquitos. Tiene entrada independiente por aquí, directo a la calle...

—Está bien, señora. Nos quedamos.

Le pago por adelantado, me asienta en su libro de registro. Cuando voy a buscar mi mochila, me encuentro a Yesuan trasteando en el motor del carro y hablando con uno de allí. Ya encontró a un colega. Aprovecho que estoy solo y tomo una ducha tranquilamente. El agua es salobre y casi no hace espuma. Gasto medio jabón. Pero me siento mejor. Salgo a la calle con mi cámara en la mano. Comienza el crepúsculo y quiero hacer unas fotos. Regreso a casa de Ignacio. Hablamos brevemente y le tomo unas fotos con sus gallos. No me resisto y hago fotos de su mujer junto a la mesita en la sala, recargada de muñecos de yeso. Me salen unas fotos parecidas a las de Diane Arbus. Ignacio tiene una botella de ron peleón. Me brinda. En aras de la buena vecindad acepto. Pero sabe a petróleo. Al segundo trago sale a relucir un plato de chicharrones de puerco y otro de camaroncitos a la plancha. Uhh, esto se pone bueno. Al tercer trago, le pregunto:

—Ignacio, aquella muchacha que trabaja en el quiosco...

—Ésa es mi sobrina, ¿qué te dijo?

—Que tú vendes bichos de carey.

—Jajajá, sí, pero ahora no tengo. El viejo mío debe tener alguno por ahí... papá...

Va a buscar al viejo, que está haciendo algo al fondo del patio, con unas redes. Creo que las remienda. Sí, al viejo le quedan unos cuantos. Me vende uno por 2 dólares y me advierte, muy respetuoso:

—¿Usted ha usado esto antes o es primera vez?

—No. Nunca lo he usado. Yo creo que no me hace falta.

—Y entonces, ¿*pa* qué lo compra?

—Por curiosidad.

—Tenga cuidado con esto. Si no le hace falta, no lo use. O use un poquito *namá*. Esto es algo serio.

—¿Usted conoció al viejo Bocourt?

—Sí, cómo no, ese viejo brujo. Él decía que fue esclavo. Que trabajó en la caña por Bahía Honda cuando era jovencito. Era un bicho. Se murió hace veinte años.

—Yo me acuerdo de él porque yo venía por aquí en esa época.

—Ahhh.

—Yo era periodista.

—Ah, por eso pregunta tanto.

—Jajajá.

Seguimos bebiendo y hablamos de gallos. Ignacio me insiste en que me quede para ir a la valla. Nos despedimos y quedamos en que al día siguiente, temprano, a eso de las ocho nos vamos juntos para la valla.

La noche fue tranquila. Para mí. Yesuan se empató con una mulata lindísima, la montó en el carro y se fueron a pasear. Yo comí una pizza y me acosté temprano. Yesuan me despertó a las tres y media de la madrugada. Lo sentí, borracho. Se acostó en la camita plegable sin quitarse la ropa y al instante roncaba fuerte. A pesar de los ronquidos me dormí de nuevo.

Amaneció a las seis y media. Me levanté, hablé un rato con la dueña de la casa, que le daba comida a los pollos. Tiene una cría bastante buena en el patio. Tomamos café con leche. Le dije que si el Yesuan despertaba, que me esperara tranquilamente. Y me fui para la valla de gallos con Ignacio.

Uno de los amigos de Ignacio tiene un *jeep* Willys-Overland de 1948. Un poco destartalado, pero fuerte. Vamos Ignacio, sus dos amigos, yo y cinco jaulas con los pollos de pelea. Hay que entrar por unos caminos de tierra y monte. Media hora. La valla es clandestina, por supuesto. Llegamos en media hora. Son las nueve de la mañana y apenas empieza a llegar gente.

Ignacio y sus amigos van a pesar sus gallos y a coger turnos para sus peleas. Ya hay veinticuatro gallos apuntados en la lista, así que nos tocará al mediodía. Cada pelea se demora diez minutos o un poco más. Y entre una pelea y la siguiente se demoran cinco minutos más. Detrás de nosotros siguen llegando más y más. Algunos criadores vienen hasta con doce pollos finos. Al fin, a eso de las diez de la mañana se abre la valla. Tiene un ruedo pequeño en el centro, como de 8 metros de diámetro, con el suelo cubierto por serrín, y alrededor, de forma circular, las gradas consistentes en tablones dispuestos de modo ascendente. Como una plaza de toros, pero en pequeño. A 5 pesos la entrada. Se llena en seguida de gente vociferando sus apuestas. A las doce del día hay dentro de la valla trescientas o cuatrocientas personas sudorosas apostando de 100 a 20.000 pesos cubanos (de 4.000 a 5.000 dólares).

Los gallos son imprevisibles. El criador los entrena para que peleen y no huyan. Pero yo no creo en eso. He ido a vallas de gallos en toda Cuba, desde que tenía trece años, en Matanzas. El gallo más peleador se puede acobardar de pronto y empieza a correr por el ruedo, perseguido por el otro. He visto eso muchas veces. Gallos que han ganado tres peleas antes. Limpiamente y con facilidad. De pronto se asustan, salen corriendo, el otro persigue, clava las espuelas, le saca un ojo, lo desangra en dos minutos. Nada que hacer. El favorito cae al suelo temblando. Un negro grande y fuerte como un luchador de grecorromana, que hace de árbitro en el ruedo, lo recoge y se lo devuelve al dueño. *Pal* caldero. Dentro de dos horas habrá sopa de gallo en alguna casa cercana. Y el dueño y todos los que apostaron han perdido una fortuna y tratan de sonreír y dicen una y otra vez que no es nada. «Los hombres pelean y pierden y vuelven a pelear.» Y se dan buches de ron y encienden un tabaco. Respiran hondo y dicen: «Vamos *pal* otro pollo. Voy 100 monedas, que aquí hay dinero *pa* parar un tren.»

Una moneda son 5 pesos cubanos. Los ánimos se van calentando y la gente se quita los relojes y los juega, una camisa, un sombrero bueno, una cadena de oro o de plata. Alrededor de la valla hay juegos de todo tipo: dados, cartas, estafadores y tramposos. ¿De dónde ha salido toda esta plebe? Tres o cuatro mujeres se pasean entre toda esa gente. Venden café caliente, con unos termos grandes, pero si alguien les ofrece un dinerito, se van con él para los matorrales. Un «rápido» aquí puede valer 3-4 dólares. Y menos. Las mujeres están flacas y un poco sucias. Pero consiguen clientes.

Es así en todas las vallas. Una vorágine. Una locura. La policía no existe. Mejor ni averiguar. Ya hacia la una, al fin le toca a los gallos que trae Ignacio. Me llaman con un grito. Entro de nuevo a la valla. Saco 500 pesos cubanos y apuesto al primero que echan. Gana en menos de diez minutos. Bien, ahora tengo 1.000. Ignacio me mira muy contento y me dice:

—A este pinto le puedes jugar la vida porque ya tiene dos peleas ganadas. Es una fiera.

El hombre está muy confiado con su gallito en la mano. Tiene buenas espuelas y un plumaje brillante y lindo. Me decido y grito:

—¡Voy 200 monedas al pinto! ¡Voy 200 monedas al pinto!

En seguida salta otro jugador, con el brazo en alto y me grita:

—¡Juego! ¡Voy contigo!

—Bien, voy.

Comienza la pelea y desde el primer momento el pinto de Ignacio escurre el bulto. Esconde la cabeza hacia la izquierda. El otro aprovecha y le mete la espuela en un ojo. El pinto se recupera y ataca duro, pero el otro ya tiene la delantera. Y nada. La pelea no dura más de cinco minutos. El pinto huye tres veces, corriendo como un loco por el ruedo. El árbitro lo saca. ¡El pinto pierde en cinco minutos! Y allá se van 1.000 pesos. Volando. Ignacio no sale de su asombro:

—¡Este gallo *salao*! ¡Cojones! ¡No lo puedo creer! No, pero el sábado que viene me voy a desquitar con el jabao. Ése sí va a arrasar aquí.

Le pregunto al oído cuánto perdió.

—Tres mil pesos, Pedro Juan. Acabó conmigo ese gallito. Si el jabao no me salva, voy a tener que dar el culo.

—Jajajá, ya por tu culo nadie da ni 2 pesos.

—Jajajá.

Después pelean los otros tres pollos de sus amigos, pero ya no juego más. Perdí 500 pesos. Es suficiente. Siempre me pasa lo mismo. Gano la primera pelea, a veces la segunda, y en la tercera pierdo todo. En mi vida jamás me he podido ir de la valla con algo en el bolsillo.

Por la tarde regresamos a Puerto Esperanza. Llego extenuado. Me baño bien y me tiro en la cama un rato.

Cuando despierto son las nueve de la noche. Y Yesuan no aparece. ¿Dónde se metió?

Capítulo 11

Yesuan me despertó de madrugada. Venía asustado, con una herida sangrante en el hombro izquierdo. Eran las cuatro y media de la mañana. Con el pulóver se apretaba la herida, pero la sangre le corría por el pecho y el brazo.

—¿Qué te pasó, muchacho?

—*Ná*. Después te digo. Ayúdame a ver qué hacemos.

Salimos sin hacer ruido. No teníamos idea de dónde estaba el policlínico del pueblo. La calle, completamente desierta. Le pregunté:

—¿Cómo te hiciste esa herida?

—Un machetazo. La chiquita de anoche tiene marido. Un camionero de la forestal. El tipo nos siguió hasta Viñales.

—¿Y tú te la llevaste a Viñales?

—Sí, a una discoteca. El tipo se puso *pesao* y sacó un machetín.

—¿Y tú?

—Fui a coger el machete que tengo debajo del asiento, pero no me dio tiempo. *Ná*, es un penco. Cogí una piedra y se la reventé en la cabeza.

—Ah, carajo. ¿Le diste muy duro?

—Sí.

—Pero... ¿lo mataste?

—No, chico, no es *pa* tanto. Dale, no averigües más.

—¿Dale *pa* dónde? No tenemos ni idea...

En eso dobló por una esquina un tipo con una cesta con redes y avíos de pesca. Venía hacia nosotros. Le preguntamos. El policlínico estaba muy cerca. Por suerte había un médico de guardia y le suturó la herida. También había un policía. Tuvimos que declarar. Me adelanté y hablé sin pensar:

—Veníamos de Viñales y el carro se rompió por la carretera. Yesuan buscó una piedra entre la hierba, resbaló y con una esquina del carro se dio ese tajazo. Es que lo van a chapistear y tiene huecos en la carrocería.

Yesuan no abrió la boca. El médico se desentendió y se fue a dormir a otra habitación. El policía creo que se hizo el bobo porque ese cuento es torpe. Se me ocurrió de repente. El tipo nos dejó ir. Yesuan tenía inflamada la herida.

—Yesuan, descansa un rato y a las siete de la mañana nos vamos de aquí. Yo tengo que ir a Viñales precisamente.

—Yo no puedo manejar. Esto me duele cantidad.

—Ya veo, Yo manejo, no te preocupes.

—Bueno, vamos a Viñales y regresamos para La Habana.

—Ok.

La dueña de la casa nos había oído y se levantó. Nos preparó café. Le dio una aspirina a Yesuan. Le hizo acostarse. Seguíamos con el cuento del accidente. Pero yo estaba ansioso por ponerme en camino y alejarme de allí. A las seis y media nos fuimos.

Dicen que las desgracias vienen todas juntas. A la entrada del pueblo de Viñales, Yesuan iba dormido junto a mí. Yo conducía tranquilamente. Amanecía. Y de golpe, ¡pamm! El carro se cae a la derecha, se arrastra unos metros chirriando, la rueda salió disparada hacia la cuneta, el timón no respondía. Frené a tiempo y quedamos varados sobre la carretera. ¡Se partió la punta derecha del eje delantero!

Yesuan despertó sobresaltado y no salía de su asombro:

—¿Y esto? ¿Cómo es posible?

—Agotamiento del metal.

—¿Qué es eso, Pedro Juan?

—Así se llama este fenómeno. Esos metales deben de ser de la fábrica original.

—Sí, del 53.

—Uhmmm... cincuenta y tres años. Los metales se agotan. Y partió.

—Ah, carajo. Voy a llamar a mi hermano.

—¿A La Habana? ¿Y él tiene la pieza de repuesto?

—Él tiene unas puntas de eje de uso. Es chapista y mecánico. A lo mejor...

—Ah, bien.

Encontrar un teléfono para llamar a La Habana nos llevó una hora. Era domingo y todo estaba cerrado. Al fin, Yesuan llamó, habló con el hermano. Se demoraría cuatro o cinco horas en llegar. Regresó al carro, que estaba parado en medio de la carretera. Habíamos fabricado una señal de advertencia con una rama de árbol y la rueda desprendida. Era curioso lo que había sucedido. El metal partió limpiamente, como si lo hubieran cortado con una segueta bien afilada.

Busqué algo para desayunar y se lo traje a Yesuan. Dormía a pierna suelta, en el asiento delantero. Es el hombre perfecto. No tiene nervios. Lo desperté. Desayunó y volvió a dormirse en un minuto. Me fui a ver a Juan Gallardo, que vive cerca.

El viejo Juan Gallardo es mi amigo. Hace muchos años. Ya tiene más de noventa años y habla y se mantiene activo, increíble, a esa edad. El hijo se llama igual que el padre. Tiene cincuenta y seis años y ha seguido sus pasos. Me muestra la colección de fósiles que tiene ahora: caracoles, peces y pedazos de madera. Todo convertido en piedra.

El viejo Juan Gallardo se dedicó desde muy joven a criar caracoles del tipo *Sacricia guanensis*. Esos moluscos se adormecen durante el invierno, y en la primavera, con los truenos y la lluvia, se despiertan para comer, crecer y engordar. En ese momento, Juan recogía su cosecha. Miles de caracoles que vendía a unos pocos restaurantes en La Habana. Sobre todo al Centro Asturiano y al Monseigneur.

Con el tiempo aprendió a buscar fósiles. Es un oficio muy especial. Colaboró con don Carlos de la Torre y Huerta, uno de los grandes biólogos cubanos de la primera mitad del siglo xx, y posteriormente con el gran geógrafo, arqueólogo y explorador Antonio Núñez Jiménez.

El valle de Viñales es único en el mundo. Tiene unos grandes mogotes de piedra caliza, llenos de cavernas, algunas tan interesantes como la de Santo Tomás, con unos 57 kilómetros explorados, pero aún tiene mucho más. ¡57 kilómetros bajo tierra, descendiendo!

Según algunos autores, en cierta época de la historia geológica del planeta, los mares estuvieron entre 120 y 150 metros por encima del nivel actual. Después vienen las diferentes glaciaciones —Wisconsin e Illinois—, con un período intermedio denominado *sangamonense*. En fin, que la isla de Cuba se define como está hoy en día hace apenas setenta y cinco mil años aproximadamente. Quizá cuarenta mil, cuando el cambio de clima derrite los casquetes polares, aumenta el volumen del océano mundial y, por tanto, sube el nivel hasta donde hoy se encuentra, ascenso llamado *flandriense*.

Por eso, en las zonas de piedra caliza —con abundancia de cal y otros minerales adecuados— se fosilizan algunos peces y caracoles que quedaron varados en tierra cuando descendió el nivel del mar. También árboles y hojas.

La zona de Viñales es muy rica en fósiles, pero no se ven a simple vista. Hay que recorrer los montes, subir a los mogotes, cubiertos por piedras muy afiladas (diente de perro) y por vegetación de cactáceas espinosas.

Juan aprendió a identificar estas piezas. Con la mano izquierda sostiene la piedra, con una hachuela en la mano derecha da un golpe seco y exacto. Y la piedra se parte en dos pedazos. Ahí aparece el fósil: un gran caracol *Ammonites* o un pez, envuelto en piedra y convertido él mismo en piedra. Los ojos, las espinas, escamas, todo, como una escultura.

Vi al viejo Juan Gallardo hacer esto muchas veces. Es como un truco de magia. Los ejemplares que obtenía los regalaba a museos de toda Cuba. No guardaba nada para sí. Ni fósiles ni dinero. Es un hombre pobre. Pobre y generoso. Vive con la dignidad y el orgullo de ser un sherpa, un guía especializado.

Su hijo aprendió también y siguió sus pasos. Hoy en día los dos han aparecido en reportajes de *National Geographic Magazine* y de otras muchas publicaciones del mundo entero. Son toda una institución en Viñales.

Desde hace muchos años, los caracoles *Sacricia guanensis* sirven para investigaciones cerebrales en institutos de La Habana. Segregan sustancias útiles para estos fines.

Juan Gallardo júnior me dice: «Y falta mucho en este campo. De 1.500 caracoles terrestres que existen registrados en el mundo, en Cuba tenemos 1.200, y de ésos, 500 viven en esta zona del valle. Y te voy a decir más: parece que vivieron dinosaurios por aquí. Hemos encontrado piezas fosilizadas que están en estudio. Eso cambiaría muchas cosas en las ciencias. Parece que es cierto que Cuba estuvo unida al continente, por Yucatán. Lo que están estudiando en los fondos submarinos entre Yucatán y el cabo de San Antonio puede explicar muchas cosas. Por supuesto, nada de esto está comprobado aún por los científicos. Son suposiciones.»

El júnior tiene el mismo carácter apacible, sencillo y generoso de su padre. Me regala dos pequeños fósiles de caracoles *Ammonites* para mi colección. Soy un diletante. Me fascina mucho más el lado mágico y poético del asunto que su aspecto científico.

De todos modos, creo que la magia y la poesía es tan importante como la ciencia para comprender todo esto. Por ejemplo, hay una reciente teoría sobre las pinturas rupestres que relaciona las encontradas en el oeste de Estados Unidos, en Europa —sobre todo Altamira y Lascaux— y en Sudáfrica.

Siempre se creyó que las pinturas eran realizadas por cazadores, antes de salir a cazar; una especie de rito para exorcizar a los animales que matarían y para que éstos no les hicieran daño y se dejaran matar sin grandes problemas.

Algunos científicos han determinado que muchas de estas pinturas se refieren a las visiones alucinantes que veían los brujos de las tribus durante sus trances espirituales, sus «viajes» al más allá, casi siempre ayudados por el tabaco u otras drogas más fuertes.

Es decir, que al parecer aquellos brujos artistas pintaban del mismo modo que hacen hoy —y que han hecho siempre— muchos artistas: sin un objetivo pragmático, sin interés material alguno. Bueno, hay artistas que sí calculan el precio del cuadro o de la escultura cuando todavía están trabajando en él. Pero hay muchos que no tienen ni idea de precios ni exposiciones y clientes potenciales. El artista verdadero trabaja para sí. Es un proceso libre, del mismo modo que juegan los niños. Dejando su consciente libre de toda represión y control. Siempre he pintado así mis cuadros. Por las tardes, solo, quizá con un poco de ron y un tabaco, tal vez con música de fondo. En un rito creciente, inexplicable, pinto sin saber lo que hago, hasta que dejo el cuadro terminado o a medias y me voy a la terraza, a mirar el mar y la noche, en silencio, con mi ron y mi tabaco. En esos instantes sé muy bien que soy más luz y espíritu que materia torpe y terrestre.

Al fin, a las dos y media de la tarde, aparece el hermano de Yesuan con un amigo, en un viejo almendrón. Creo que un chevrolet de no sé qué año. Traen varias piezas. Una se adapta más o menos, para recorrer los 180 kilómetros que nos separan de La Habana. En un par de horas está todo listo. Partimos despacio para Pinar del Río. Esta carretera es muy peligrosa. Cada año hay unos cuantos accidentes y muertos. Es muy estrecha, con curvas pronunciadas y pendientes continuas.

En 1984, un sábado por la mañana, yo conducía por aquí un *jeep* Toyota. Despacio. Tenía cinco pasajeros a bordo. Empezó a lloviznar. Muy poco. Suficiente para mojar el asfalto de la carretera. Al bajar una pendiente, el *jeep* patinó hacia la derecha. Había un precipicio no muy profundo. Unos seis metros más o menos. Intenté frenar y controlar con el timón. Patinó hacia la izquierda y se atravesó en la carretera. Es terrible lo que uno siente en uno de esos patinazos. Parece que está conduciendo sobre una capa de jabón. El auto no responde. Finalmente el *jeep* se precipitó por la derecha y cayó en vertical. Con tan buena suerte que casi llegando al fondo del barranco, unos pequeños árboles nos hicieron ir de lado y, finalmente, quedamos con la parte trasera del *jeep* apoyada en el fondo, sobre un arroyuelo, y yo aferrado al timón y mirando al cielo.

El *jeep* se balanceaba. Logré salir y ayudar a los pasajeros. Al final, algunos huesos rotos, contusiones, nerviosismo, y poco más.

La policía determinó que había combustible diésel regado sobre el asfalto, debido a unas guaguas Skoda que cubrían ese trayecto. Con agua de lluvia aquello se convertía en jabón. Me llevaron a juicio. El fiscal demostró que yo era culpable. Me retiraron la licencia de conducción por seis meses y tuve que pagar todos los gastos del accidente.

Aunque se evidenció que yo conducía muy despacio y con toda precaución, fue inútil. Cuando un abogado quiere «demostrar» algo, lo demuestra de un modo u otro. Yo era culpable. Y punto.

Ahora voy en este cacharro, con un remiendo mal hecho y recuerdo aquello. Hace veintidós años. Por suerte, conduce el hermano de Yesuan. Yo pienso en aquel accidente, y ellos hablan sobre un vecino que «le llegó el bombo», es decir, ganó un sorteo de visas para vivir definitivamente en Estados Unidos. Las solicitudes se hicieron en 1998. No se sabe cuántos cientos de miles solicitaron. Popularmente la gente le dice «el bombo» porque suponen que es como ganar al bingo. Me quedo en la ciudad de Pinar del Río, y ellos siguen por la autopista para La Habana.

Creo que en Pinar del Río tengo poco que hacer. Mejor cojo un taxi y me voy para Guane, a visitar a unos parientes. Estoy frente al Palacio de Guasch. Es la construcción más abigarrada y loca de Cuba. La construyó el médico Francisco Guasch Ferrer, entre 1909 y 1914. Él mismo dirigió la obra, con unos pocos albañiles. Es una mezcla de motivos góticos y barrocos, decorados árabes y una tremenda anarquía estilística. Guasch viajó mucho y decidió mezclar en su casa todo lo que le había llamado la atención. Después, en los años sesenta, fue donado por la familia para convertirlo en un museo de ciencias naturales. Lo más atractivo son las esculturas de grandes animales prehistóricos que hay en el patio: dinosaurios, estegosaurios y un *Megalocnus rodens*, entre otras especies extinguidas.

Cerca de aquí, a 200 metros, está la terminal de ómnibus. Me voy con mi mochila a buscar un taxi para Guane. Y me encuentro con Rosa María, una vieja amiga. Hemos tenido un romance platónico durante los últimos veinte años. O más. No sé qué ha sucedido. Nos gustamos. Cuando nos vemos, nos brillan los ojos, pero hasta ahí. Ahora me dice lo que menos podía esperar:

—Me llegó el bombo. ¿Quieres casarte conmigo y nos vamos juntos?

Me río a carcajadas.

—Figúrate, Pedro Juan. Yo solicité eso en 1998 y llega ahora, ocho años después. Mi hijo está terminando en la universidad y no me quiero ir sola. Ya tengo cuarenta años. En fin, no sé qué hacer.

—Tú estás joven, saludable, bonita.

—Gracias, eres muy gentil, pero ni estoy joven, ni saludable ni bonita.

—Pues yo te veo así.

—Pues vamos a casarnos y nos vamos juntos.

Nos reímos. Hablamos un poco más y le deseo suerte.

—Rosa María, lo último que haría sería irme a vivir a Estados Unidos.

—Pero después nos podemos ir para..., no sé, para donde tú quieras.

—No, Rosi, mi amor. Que tengas mucha suerte.

Le doy un beso. Nos despedimos. ¿Cuántos en este país quisieran que les hicieran esa oferta inesperada?

El taxi se demora un poco. Lleva ocho pasajeros. Una hora después salimos por la llamada carretera panamericana, estrecha e incómoda. Pasamos por el pueblo de San Juan y Martínez. Dejamos a un lado el famoso Hoyo de Monterrey, que es una gran vega tabacalera donde se produce muy buen tabaco. La publicidad dice que el mejor del mundo. Cerca de aquí está la famosa Vega Robaina, que produce los puros de esa marca, muy reconocida en los últimos años. El viejo Robaina recibe visitas diarias de aficionados a los puros. Vienen de todos los países. En noviembre ya el tabaco está sembrado, aunque pequeño aún. Las plantitas no levantan más de 50 centímetros del suelo. Todo el proceso de cosecha se produce entre octubre y marzo. La hoja es muy delicada y necesita poco sol, una temperatura fresca y, sobre todo, que no llueva fuerte. Demasiada humedad la puede podrir o producir hongos y enfermedades. Un aguacero fuerte «lava» la hoja y la hace perder lo que los campesinos llaman la *meluza*, es decir, que la hoja queda muy fina, sin esa cubierta sedosa que la caracteriza, como pelitos muy finos, donde se contiene la nicotina y las otras deliciosas sustancias cancerígenas, adoradas por nosotros, los fumadores suicidas.

Un poco antes de llegar al pueblo de Isabel Rubio hay un control policial y sucede algo desagradable: nos piden los carnés de identidad a todos los pasajeros. Ven que el mío es de La Habana. Nos hacen esperar una hora. Al fin nos conducen a la jefatura de policía de Guane. Ya el chófer del taxi me había dicho lo que sucedía: cerca de aquí, en un lugar de la costa, se registran salidas ilegales del país en lanchas rápidas, para Estados Unidos por supuesto.

La policía considera que alguien de La Habana por aquí es un sospechoso de salida ilegal.

Cuando al fin me llaman, ha pasado una hora y media. Me preguntan:

—¿Qué viene usted a hacer a Guane?

Le explico con detalle que tengo familia aquí. Doy nombre, apellidos, dirección. Se dan por satisfechos y nos sueltan a todos.

Mi familia vive un poco lejos del pueblo de Guane, y ya es de noche. Son las nueve y media. Las calles están desiertas. Aquí la gente se acuesta temprano. Hablo con el taxista para ir hasta Punta de la Sierra, a unos cinco kilómetros del pueblo. Se niega.

—No, habanero, no. Ya bastante tuve por hoy.

Le subo la oferta a diez dólares. Una exageración. Al fin cede. En pocos minutos estamos frente a la casa de mi tío. Tiene una veguita de tabaco. Un poco más allá están los manantiales de Los Portales, con una envasadora de aguas minerales y refrescos.

No me esperan. Llego de sorpresa a esa hora de la noche. Por suerte, tienen electricidad, televisión y otras comodidades que facilitan la vida en un lugar tan apartado. Los problemas de carencia de transporte hacen parecer mayor el aislamiento.

Son apenas las diez de la noche, pero están a punto de dormir. Ceno algo muy ligero, me baño y en media hora estoy durmiendo. Caigo como una piedra en la cama. Cansadísimo de tanto ajetreo todo el día.

Al otro día nos levantamos sobre las seis de la mañana. Amanece a esa hora más o menos. Café y nada más. No hay leche ni pan ni nada. Mi tío casi no habla. Ya está bastante viejo y acabado por el trabajo del campo. Mis primos me explican que hace un año se robaron un buey, por la noche, lo llevaron a la orilla del arroyo, a unos 120 metros atrás de la casa, lo mataron y llevaron sólo los traseros.

Eso trajo problemas, porque desde hace décadas hay un inventario y un control estricto sobre el ganado vacuno. Aunque las vacas, terneras y bueyes sean propiedad del campesino no se los puede comer. Igual sobre el ganado equino. Cuando sucede esto, hay que avisar a la policía, vienen, revisan bien, levantan un acta, se llevan la res. En fin, es bastante pesado, porque siempre la víctima del robo queda como posible sospechoso de un autorrobo.

Solución radical de mi tío: reducir al mínimo los animales para evitar estas situaciones. Desde siempre aquí ha sobrado la leche, porque han tenido vacas, bueyes y hasta toros. Ahora no hay desayuno. Así de simple.

Uno de mis primos es criador de gallos. Es su hobby desde niño. Otro prefiere el alcohol y el dominó. Y el otro es el bonitillo de la familia. No le gusta mucho trabajar. Lo de él son las mujeres y andar por ahí, haciendo lo menos posible. Alrededor de la casa hay dos casitas más. Mis primos viven con sus familias e hijos, menos el bonitillo, que tiene mujeres pero nada de responsabilidades.

Es lunes y todos se ponen en movimiento temprano. Pienso quedarme un día solamente. Pero uno de mis primos me dice:

—Pedro Juan, tú no tienes apuro. Hace dos años que no vienes, así que cálmate. Voy a organizar las cosas y mañana nos vamos a pescar. Por la noche.

—¿Adónde?

—A la costa. Tenemos unos paños buenísimos y tú verás. El tiempo está bueno.

El resto de la mañana camino un poco por la orilla de la carretera. Es una zona muy húmeda y la vegetación es apabullante y hermosa. La tierra es de primera para todo tipo de viandas. La gente tiene siembras de malanga, yuca, maíz, frijoles y algunos conucos de tabaco. No mucho. Esta tierra es demasiado húmeda, pero en algunos pedazos se da un tabaquito regular. No muy malo. Para el tabaco se necesita una tierra arenosa, que filtre rápido el agua y no la retenga. Por el contrario, las tierras arcillosas y húmedas son estupendas para todo lo demás.

Esta zona de Punta de la Sierra es como un pequeño paraí-

so de vegetación tropical, pero el resto ha sido muy deforesta-
do. A lo largo de siglos. Poco a poco. Todos los bosques originales fueron talados. Cuando Cirilo Villaverde viajó a caballo
por aquí, en 1839, encontró los montes tupidos aún y muy
poca gente, como lo narra en *Excursión a Vueltabajo*: «A medida que uno se embosca entre las serranías [...], la idea de aislamiento y soledad profunda es lo primero que asalta la mente
del viajero más animoso. [...] Las bandadas de cotorras, caos y
graciosos periquitos; los sinsontes, los zorzales y ruiseñores, los
negritos y mariposas, los totíes y mayos, los tomeguines y bijiritas, las garzas y los patos, pueblan nuestros bosques, nadan en
las tranquilas aguas de nuestras lagunas.»

Todo el libro está lleno de descripciones como ésa y de largas listas de nombres de árboles, enredaderas y zarzas.

Han pasado ciento setenta años aproximadamente. Todo
este territorio se ha poblado. Ya nadie conoce el ruiseñor ni las
mariposas y bijiritas, y mucho menos los venados. Ninguno de
mis primos ha visto jamás esos pájaros. El proceso de deforesta-
ción, y las personas multiplicándose por todas partes, acaba-
ron con todo. «Bandadas de cotorras», parece un chiste. Los
propios guajiros de más abajo, hacia el cabo de San Antonio,
cuando pueden capturar una cotorra la venden. Cuando esa cotorra llega a La Habana, ya vale cincuenta dólares o más. Ha
pasado por numerosas manos y ha dejado ganancias en cada
mano. Es un negocio ilegal más.

A pesar de las reservas de biosfera y los parques nacionales y
la protección por ley de la flora, fauna y paisaje, los seres humanos seguimos implacables, arrasando. Además, y esto es
esencial, los planes de reforestación de bosques, en su gran mayoría, tienen una vocación económica. Es decir, lo que más se
siembra es pino y eucaliptus, que en pocos años ya se pueden
cortar y utilizar. Se plantan muy pocas o ninguna postura de
maderas preciosas y frutales (cedro, caoba, majagua, mangos,
aguacates, guanábana, chirimoya, ciruelas, etc.). Y hay que tener en cuenta que el bosque es una cadena biológica. En bos-

ques extensos de pinos y eucaliptos no viven ni encuentran comida los pájaros, mariposas, insectos y gusanos. Todos esos animales necesitan árboles frutales para alimentarse. Unos viven de los otros. Resultado es la situación actual en casi toda la provincia de Pinar del Río: la flora y la fauna se reduce a un par de reservas de la biosfera: en la península de Guanahacabibes y la sierra del Rosario, en los alrededores del orquideario de Soroa. Y poco más.

Y menos mal. Hay que agradecer que el Gobierno se ha preocupado por mantener un control lo más estricto posible sobre esas zonas, ya que el resto del territorio ha sido invadido por el depredador más perfecto e inteligente del planeta Tierra. Esa maravilla de la naturaleza que se llama la especie humana. Cristo dijo: «Creced y multiplicaos.» Nosotros obedecimos al pie de la letra, y donde plantamos no dejamos títere con cabeza.

Caminando por la orilla de la carretera, estrecha y con escaso tráfico, me he alejado bastante de la casa. Hay un taller de escogida de tabaco. Unas veinte mujeres trabajan sentadas, afanosamente. Abren las gavillas de tabaco seco de la cosecha del año anterior y las clasifican, de acuerdo con el tamaño y color de las hojas. Las separan en ocho grupos distintos. Me acerco a la nave de mampostería y tejas, saludo, hablo brevemente con alguna de ellas, saco mi cámara para hacerles unas fotos. Y causo el mismo efecto que si hubiera sacado una pistola. Una compañera, dos, tres, me dicen, muy hostilmente y con mala cara:

—¡No, aquí no puede hacer fotos! ¿*Pa* qué son esas fotos?

—Para mí. Soy aficionado.

—No, no, esto es un centro de trabajo y no se pueden hacer fotos.

Me quedo extrañado. No sé qué decir. Otra habla también:

—Tiene que hablar con el administrador. Si él lo autoriza..., bueno..., aquí, sin permiso no puede hacer fotos.

La anterior remata y sube la parada:

—¡No, no! Aunque el administrador lo autorice —y él no está aquí ahora—, no puede hacer las fotos. Tiene que venir con un compañero del Partido Municipal... Qué va, ¿así por la libre? ¡No, no, no!

—Bueno, está bien, compañeritas, no se molesten. No hago fotos y ya.

Me miran dubitativas. En veintiséis años de periodista en este país me acostumbré a estas paranoias. Creen que trabajan en una fábrica estratégica. Esquizofrenia. Síndrome del secreto. Cosas peores me sucedieron en Moscú y Leningrado, en 1984, y en la antigua República Democrática Alemana, en 1982. Por ahora es mejor olvidar esas paranoias del misterio.

Regreso a casa. Tengo un hambre terrible. Y en todo esto no hay ni una cafetería. La mujer de mi tío prepara el almuerzo. Le sugiero que puedo ir a Guane a comprar algo de comer: pan, mantequilla, latas, leche en polvo. Algo.

—El almuerzo ya está dentro de media hora, así que no te vayas ahora.

Mis primos tienen bicicletas. Son 5 kilómetros nada más. Y así lo hago. A las doce en punto almorzamos. Le pido la bicicleta a uno de ellos, y el otro me acompaña. Cuando dije que iba al pueblo a comprar algo, el ambiente se puso como de fiesta. Ellos no tienen dólares. Bueno, ya no son dólares verdes. Ahora es la moneda cubana «libremente convertible», que sustituyó al dólar. Creo que me ven como si yo fuera uno de los primos de Miami.

Me siento un poco incómodo. Soy el pariente rico. En realidad tengo 50 dólares en el bolsillo. Una pequeña fortuna. En Guane gasto 30 en ron, cerveza, pan, mantequilla, embutidos, golosinas para los niños y leche en polvo.

Por la tarde, mis primos se organizan y a eso de las seis salimos para la Tabla de Agua. Un pantano que está cerca de la costa. Vamos en un camioncito antiguo. Van los dos primos —el bonitillo nunca aparece, creo que sólo le gustan las mujeres y hace poca vida familiar—, dos amigos de ellos y yo. El chófer, que es el dueño del camión, me dice:

—Chico, este camioncito era un fargo. Fue de la base de

San Julián. Figúrate, debe de tener sesenta años o más y ha pasado de mano en mano, de dueño en dueño, cada uno le cambia algo. Al final ya ni se sabe de qué marca es. Yo creo que de fargo no le queda nada.

Y me da detalles de dónde es el motor, las ruedas, las luces, etc.

La base de San Julián era una base aérea de Estados Unidos, que estuvo cerca de Isabel Rubio durante muchos años. A unos 10 kilómetros escasos de ese pueblo, que en esa época se llamaba Mendoza. Y por supuesto, era un pueblo lleno de bares y putas para los soldados yanquis. Había un dicho que todavía hoy se usa: «El que no va a Mendoza no goza.»

Cuando llegamos a los esteros, es de noche cerrada. Hay luna llena, pero se demora en salir hasta las diez de la noche más o menos. Oscuridad total, no sé cómo ellos ven. Se meten en el agua y empiezan a tender la red. Es enorme. Debe de tener 100 metros de largo o más por 4 de ancho. Me alertan que me quede en la orilla porque hay caimanes. Y yo:

—¿Y a ustedes no los muerden?

Se ríen. Ninguno me contesta. Me parece que no hay caimanes, pero quieren evitar que me enfangue. Cuando sale la luna, ya hace rato que estamos contentos. Todos están en la orilla, bebiendo ron y haciendo cuentos. Los temas preferidos: vecinos que se han ido para Estados Unidos y les va muy bien, aspiraciones de ellos a irse. O no. Según sean más o menos apegados a su familia. Ese tema ocupa buena parte de la noche. Otro tema: cuentos heroicos de caza y pesca. Otro tema: las mujeres, infidelidades, «Fulanita que le pega los tarros al marido con menganito. El marido lo sabe pero aguanta los tarros». El otro tema preferido es que «no hay de dónde sacar dinero, el cuadro está *cerrao*». Y abundan sobre el asunto.

Cuando yo era niño y adolescente, también venía a pescar a estos pantanos y esteros de la costa sur, con mis tíos. El tema preferido eran los fantasmas y aparecidos. Ya no se habla de eso. Hay cosas más materiales e inmediatas.

A eso de las doce y pico entran de nuevo al agua. Nos hemos

tomado dos botellas de ron y están chispeados. Le pregunto a uno:

—¿Es verdad que hay caimanes?

—Jajajá, ¿te quedaste con eso en la cabeza?

—Sí, porque... veo que ustedes se meten en el agua y...

—No te preocupes. El caimán huye. El cocodrilo sí ataca a todo lo que se mueve. Pero el caimán se esconde.

—Ahh, no sabía.

Poco a poco empiezan a cerrar la red por los dos extremos, de modo que los peces, medio enredados, no puedan huir. La sacan y hay una decena: sábalos, róbalos y unos pejes perro. Regulares, no muy grandes. De dos a tres kilos cada uno.

Hacen un segundo lance. En la parte superior de la red hay unos flotadores, de tal modo, cuelga unos cuatro metros bajo la superficie. Salen de nuevo, a esperar un par de horas. Ahora se acabó el ron y estamos cansados. Hablan poco. A eso de las dos y pico de nuevo sacan la red. Tienen la esperanza de atrapar a un caimán. Entusiasmados con la idea. Uno de ellos me explica:

—Por chiquito que sea, un caimán da, por los menos, 20 o 30 libras de carne limpia.

En realidad, cazan y pescan por necesidad. Son cuatro familias que esperan por las proteínas. No hay otro modo de obtenerlas en estos parajes.

Pero es una mala noche. De nuevo hay apenas ocho o diez peces medianos, y nada más. Regresamos. Reparten la pesca. Dormimos. Al día siguiente pienso que me puedo ir a Mantua, a ver a un amigo que hace años no veo. A eso de las diez de la mañana salgo para la carretera. Tengo que llegar a Guane y después coger algo para Mantua. Toda una odisea que no voy a contar. Cogiendo «botellas» en camiones y tractores, al fin llego a Mantua por la tarde. Me demoré ocho horas para un trayecto de 25 kilómetros escasos. Tener que trasladarse en estos campos es agobiante. Casi no hay transporte y hay que depender de la buena voluntad de los camioneros.

Llego a Mantua pasadas las seis de la tarde. Agotado. Pero Enrique Pertierra en seguida busca ron y chicharrones de puerco. Durante muchos años fue profesor de inglés en una escuela secundaria. Comenzó a investigar los orígenes de su pueblo, con mucha tenacidad. Y finalmente logró encontrar rastros de los fundadores. Al parecer, un barco cargado de italianos procedentes de la pequeña ciudad de Mantova, al norte de Italia, naufragó al chocar contra los arrecifes en la costa cercana. Hace unos doscientos años. Los que se salvaron penetraron por los montes hasta encontrar un lugar que les gustara, es decir, que estuviera protegido de ataques de piratas, y que tuviera cerca un río con agua abundante. Después de muchos años, finalmente el poblado fue reconocido como tal por las autoridades, en 1876.

Enrique ha indagado en numerosas familias de aquí con apellidos italianos, y hasta encontró posibles restos del naufragio en un bajío costero. Escribió una monografía sobre el tema, logró contactar con autoridades y organizaciones civiles de la ciudad italiana de Mantova y publicó su estudio, complementado con algunas indagaciones realizadas en el lugar de origen de la expedición.

Hace años que intenta acopiar recursos para explorar mejor los fondos costeros en busca de restos del naufragio. Su gran aspiración es fundar un museo. Vive orgulloso de su trabajo, como es lógico.

En todos estos campos, los deportes nacionales son el ron, el sexo y la comida. No hay mucho más. Al otro día, por la mañana, regreso a Guane. Enrique y su esposa no aceptan mi visita breve de unas pocas horas. Quieren retenerme un par de días. Me recuerdan que cuando escribía *Trilogía sucia de La Habana,* vine aquí —hacia 1996— y realicé un experimento con un pequeño grupo de aspirantes a escritores de esta zona: leí algunos cuentos de aquel libro y todos se quedaron asombrados. Eran cinco o seis, y me preguntaban:

—¿Y se puede escribir así? ¿Y no pasa nada?

Bueno, hace diez años de aquel experimento. Fueron los primeros en escuchar aquellos cuentos de la *Trilogía*. Y sí han pasado muchas cosas en mi vida. Demasiadas. Tengo suerte y consigo irme en un camión de la forestal hasta Guane. Al mediodía estoy en Punta de la Sierra de nuevo, con mis tíos.

Me gusta este campo, pero hay demasiada gente para mi gusto. Por la noche, la oscuridad es total. Hacia el sur se ve la claridad del pueblo de Guane. Muy tenue, pero suficiente para opacar las estrellas. El resto del cielo es bellísimo, estrellado y un poco nuboso. Hay viento norte, fresco. Mi tío habla poco. Siempre ha sido así. Y ahora que tiene casi ochenta años es mucho más silencioso. Me siento solo en el portal a mirar las estrellas, hasta que a eso de las diez me avisan que están listos para dormir. Costumbre ancestral del campo: cuando se acuesta el dueño de la casa, tiene que acostarse hasta el perro. Así que a dormir.

Al día siguiente me despido temprano de todos y salgo para Pinar del Río. Es más fácil porque hay taxis colectivos. Igual que aquel en el que vine el domingo. Hace muchos años que viví en la ciudad de Pinar del Río. Me quedan unos pocos amigos. Es una ciudad pequeña, de 150.000 habitantes, y el doble si se incluyen los alrededores. Voy a ver al Billy. Siempre le han dicho Billy, *el Loco*. Aficionado a la astronomía, los ovnis, radioaficionado, espeleólogo, taxidermista, coleccionista de minerales, fósiles y piezas aborígenes originales, entre otras muchas aficiones. Puede hablar extensamente de casi cualquier tema, con una memoria prodigiosa, desde estilos de vida de los esquimales hasta arquitectura renacentista europea y búsqueda de inteligencias extraterrestres. Su ídolo preferido es el noruego Thor Heyerdhal, y su ideal es el hombre renacentista. Tiene una teoría elaborada:

—El ser humano es esencialmente manipulador. Por eso no soporto a los líderes políticos y religiosos. Todos tratan de convencerte para que trabajes para ellos. Lo mismo que hacían los faraones o los señores feudales, pero ahora mucho más perfeccionado. Lo único que necesitamos es ciencia. Y respeto a la libertad total. Sin gobiernos ni leyes.

—La anarquía.

—Claro.

—Eso es una ingenuidad, o una intrepidez.

—De acuerdo, pero es el estado ideal. Yo hablo de un ideal teórico, no de una posibilidad realizable. Somos demasiado fieras para permitir un experimento como ése. El hombre absolutamente libre.

Para pincharlo un poco, le digo:

—Pero necesitamos ciertos códigos de conducta, de ética y moral. De lo contrario sería el caos.

—¡Vivimos en el caos de todos modos! Pero esos líderes políticos y religiosos que nos controlan nos hacen creer que la salvación es posible, que llegaremos a la perfección si los escuchamos y obedecemos. Y nos proponen sus propios códigos.

—Bueno, sí.

—Nos meten ideas falsas en la cabeza.

Billy, *el Loco* me agobia. Sus ideas son ingenuas y atractivas al mismo tiempo. Pero es pura teoría. Al menos vive convencido de lo que piensa. Ahora me habla de peleas de perros. Le pregunto:

—¿Una nueva pasión?

—No. Un nuevo negocio.

—Ahh.

—Pedro Juan, es apasionante. Las peleas son a muerte, pero, en definitiva, la humanidad ha hecho cosas peores que matar a un perro.

—Dicen que son brutales.

—Sí, pero soportables. Además, como santo Tomás: ver para creer. No creas nada de lo que te dicen. Vamos esta tarde. Hay un perro muy bueno. Un pitbull que es una fiera. Ya lo han topado un par de veces, y presiento que voy a ganar una tonga de pesos esta tarde.

Acordamos vernos a las tres de la tarde para irnos juntos a

la pelea. En las afueras de la ciudad. Es una valla de gallos los sábados y domingos. En los días entre semana hacen topes de perros.

Vamos un grupo de cuatro. Dos amigos de Billy, él y yo. Llegamos y, más o menos, es el mismo ambiente de las vallas de gallos. Quizá un poco más tranquilo. La pelea empieza en seguida. Billy apuesta 100 dólares a su pitbull preferido, un perro blanco, con manchas negras, feísimo, con una boca enorme. El otro es un stafford. Billy no resiste la tentación de darme una miniconferencia. Estos perros son originarios de Inglaterra, donde los usaban para controlar a los toros hasta que empezaron a propiciar las peleas de perros. El pitbull es el stafford inglés, también llamado *Stanford*. Y el stafford es la variante norteamericana de la misma raza.

Bueno, el caso es que son feos. Se aplastan contra el piso para evitar que el adversario los muerda por la barriga o por la garganta. Cuando muerden, no sueltan, no abren la boca. Están entrenados para tragar y tragar, milímetro a milímetro.

Antes de la pelea, hay un ritual dirigido a evitar que uno de los dueños unte grasa subrepticiamente en la piel de su perro. Se pasan una hora mordiendo y tragando. Al fin, el pitbull al que jugó Billy se hace el muerto sobre el piso. El otro también está extenuado y se descuida. De repente el pitbull, en un segundo, abre los ojos y se lanza a la garganta del stafford. Lo atrapa muy bien y lo sacude. No sé de dónde ha sacado tanta fuerza. Llevan casi una hora mordiéndose y desgarrándose. Están cubiertos de heridas y sangre. El pitbull da unos cuantos sacudones y mata al stafford en un par de minutos. Cuando lo suelta, ya es cadáver.

Un veterinario revisa a ambos perros y certifica la muerte del stafford. Billy cobra 100 dólares y yo cobro 20. Ahora tengo 40. Está bien.

Acordamos irnos al día siguiente para el coto de caza de Maspotón. Otro de los negocios *free lance* de Billy es la fotografía. Le han pedido algunas fotos de ese lugar para publicidad.

Por la noche no hago nada. Pinar del Río tiene una vida nocturna un poco retorcida. Hay de todo, desde travestis hasta jineteras. Pero no me interesa ese mundo. Como sucede en todas partes, la ciudad tiene un poquito más de dinero y de vida. No mucha, pero muchísima más que en Mantua, en Guane o en cualquier pueblo de campo.

Al día siguiente, Billy y yo nos vamos cómodamente por la autopista, en una furgoneta, hasta el pueblo de Los Palacios, y por allí nos internamos entre arrozales y zonas bajas hasta el coto de caza de Maspotón. En esta época viven aquí los patos y gansos que emigran desde Norteamérica, de septiembre-octubre a la primavera. La temporada oficial de caza se extiende de octubre a marzo. Un folleto en varios idiomas explica que hay unos quince cotos de caza en Cuba, para turismo internacional. Por cada sesión permiten cazar hasta quince patos, quince palomas, cinco codornices y seis becasinas. Después vienen todos los precios de permisos, cartuchos, alquiler de escopetas, alojamientos, guías, perros, etc.

En fin, nada que ver con mis parientes de Guane, que cazan y pescan por necesidad y para comer. Estos que vienen aquí cazan y pescan para divertirse, para sentir el placer de la sangre y el asesinato.

Salimos con una señora y un señor. Hablan inglés, pero no les pregunto de dónde son. Van cubiertos de artilugios extraños. Se disfrazan para cazar. No entiendo nada. Usan una pequeña lancha de fondo plano, con un guía. Billy y yo vamos en otra idéntica. Por supuesto, no permiten que Billy les tome fotos. No quieren aparecer en anuncios publicitarios. Hay otros cazadores ya en los esteros, pero no se ven patos. Hay que venir al atardecer de nuevo. En estos canales no se pueden usar perros para levantar la caza.

Billy supone que, para conseguir algunas fotos interesantes, tendrá que quedarse aquí un par de días. Regresamos al pequeño hotel de Maspotón y aprovecho que unos turistas van a La Habana en un pequeño ómnibus. El chófer me pide que me siente delante, en una silla donde usualmente va el guía. Me despido de Billy y parto.

Cuando salimos, entre los arrozales, hacia la autopista, cómodamente sentados, con aire acondicionado, directo hasta La Habana, comprendo que el mundo es injusto.

Capítulo 12

Cuando trabajé como periodista en esta provincia de Pinar del Río, hice uno de los reportajes más espeluznantes de toda mi vida. Precisamente en los arrozales que hay al borde de la autopista viven millones de ranas, las conocidas por «ranas toro», que son grandes, con unos muslos que parecen —y saben— a pollo.

Existía en los años sesenta, setenta y ochenta una empresa dedicada sólo a cazar las ranas y comercializarlas congeladas. Me pareció un tema interesante. Los llamé, y una noche vine hasta aquí, con un fotógrafo. Yo era un joven entusiasta, optimista y habitualmente ingenuo. El fotógrafo también. Nos habían alertado que viniéramos preparados para meternos en el fango de los arrozales hasta las rodillas. Y así fue. El director de la empresa nos recibió sin protocolo alguno y nos presentó a un mulato alto y corpulento:

—Este es Fulano de Tal, el compañero, es trabajador Vanguardia Nacional y está propuesto para la Orden Lázaro Peña. Si sigue así, dentro de un par de años tendremos aquí un Héroe Nacional del Trabajo. Así que nadie mejor. Vayan con él para que vean. Es un trabajo fuerte.

Fulano de Tal usaba —al igual que todos los otros cazadores— una lámpara de carburo, que iluminaba apenas lo suficiente. El fotógrafo se deleitó con aquello porque creaba una atmósfera de penumbras y misterio en cada foto. Nuestro cazador iba armado con un saco y nada más. Otros usaban un bichero con un gancho en la punta. Pero nuestro hombre estrella no tenía miramientos. La rana toro fue introducida en Cuba en 1923, para cultivo y consumo humano. Su nombre científico es *Rana catesbeiana*. Puede pesar hasta 500 gramos y llegar a 46 centímetros. No se encuentra en extinción, pero su protección está controlada.

Avanzamos a paso rápido por un terraplén. Nos adentramos en lo profundo de los arrozales. Serían las nueve de la noche. Sin luna. El hombre no hablaba mucho. Yo tenía que sacarle las palabras a ver si me enteraba de algo. Caminamos media hora, evidentemente para alejarnos de los otros cazadores. El hombre se detuvo a escuchar.

A mí me parecía que las ranas croaban por todas partes. Y se lo dije. Me respondió a duras penas, en un susurro:

—No. Les gusta juntarse.

—Ah, y...

—Shhh, déjame oír y no hables porque se espantan.

Se decidió y bajamos del terraplén a un arrozal. El agua fría y el lodo me llegaron por encima de las rodillas. El cazador se agachó y metió el brazo derecho en el fango. Hasta el codo. En un segundo encontró una rana y la extrajo. Rápidamente la partió en dos pedazos. En su mano derecha quedaron sólo las ancas. En la mano izquierda retenía el cuerpo destripado del animal. Las tripas se le salían y pegaba unos gritos horrorosos. Eso sucedió hace más de veinte años, pero aún recuerdo perfectamente aquellos alaridos. La tiró al fango, y el animal, destripado y gritando aterrado, se hundió en el lodo con ayuda de las patas delanteras.

Ya el cazador tenía otra rana en las manos y repetía el descuartizamiento. Y otro y otro y otro. Era una máquina perfecta. En un minuto podía buscar, capturar y «procesar» tres ranas. Entonces percibí olor a pudrición. A cuerpos descompuestos. Le pregunté y me contestó:

—Sí, claro. Nosotros pescamos todas las noches por aquí. Tiene que haber pudrición. Y por el día las tiñosas se dan banquete.

No había mucho que preguntar. Fue extenuante y asqueroso. Regresamos al establecimiento y los frigoríficos a la una de la mañana. El compañero trabajador Vanguardia Nacional venía con el saco lleno de ancas de rana. Calculo que eran cuatrocientas aproximadamente. Quizá más. Al fotógrafo y a mí nos obsequiaron con un kilo de ancas congeladas a cada uno. Yo jamás pude comerlas. Fulano de Tal, muy amablemente, se ofreció para prepararnos una cena con ancas de rana, en su casa, muy cerca de allí.

—¿Cómo las haces?

—Como ustedes quieran. Fritas, rebozadas, al chile, con arroz.

—¿Y a ti cómo te gustan más?

—¡No, no, yo no como esa mierda!

—Jajajajá. ¿Les tienes asco?

—Claro. El que se coma esa mierda es un puerco.

Nos dimos un apretón de manos y nos despedimos. Años después supe que en algunos países hay activistas ecológicos que se oponen a la caza y consumo de este anfibio. Bueno, yo también me opongo. Y creo que Fulano de Tal también se opone. Lo del fotógrafo fue peor. Mucho tiempo después hablamos de aquel reportaje y me dijo:

—Yo lo pasé más mal que tú. Dos veces me quedé rezagado en la oscuridad y vomité. Arhhhh, no quiero acordarme de aquello.

Han pasado dos décadas. No sé si seguirán cazando. Pero pienso que si yo fuera rana, trataría de desarrollar dientes y colmillos venenosos. Entonces la pelea sería más equilibrada.

Esto sucedió en los años ochenta. Yo tenía un *jeep* Toyota con tracción en las cuatro ruedas. Era un tractor en el fango, y en carretera corría bien hasta a 100 kilómetros por hora. Para las carreteras de Cuba esa velocidad es más que suficiente.

El *jeep* fue el causante principal de la paranoia de los tesoros. Unos amigos me convencieron de que podíamos encontrar tesoros de piratas en la península de Guanahacabibes. Ellos tenían indicios de lugares muy concretos donde podíamos buscar. Uno de estos amigos era fotógrafo; el otro, buzo profesional, y el otro no era nada. Nada de nada. Buceaba bastante. Y yo también buceaba y —sobre todo— disponía del *jeep*.

La paranoia duró meses. Teníamos hasta un detector de metales submarino. Encontramos clavos, pedazos de hierro oxidados y una cajita metálica de 10 por 18 centímentros, bien cerrada. En la tapa tenía impreso en alto relieve: «US NAVY.» Ellos querían abrirla, pero a mí —aprensivo— me dio por pensar que podía ser una mina personal. En mi estancia en el ejército fui zapador y especialista en demoliciones y explosivos. Me opuse a abrir aquella caja y la devolvimos al fondo del agua.

Nos íbamos los fines de semana y explorábamos, sobre todo, en los alrededores de María La Gorda. En esa época era una zona solitaria. Hoy es un centro turístico y de buceo, de una belleza excepcional. Los arrecifes coralinos que rodean a la isla de Cuba son increíblemente hermosos en muchos puntos, pero allí son algo muy especial. Eran completamente vírgenes. Allí no iba nadie. Así de simple. Desde que uno entraba al mar debía tener un control máximo de nervios porque inmediatamente se acercaban los tiburones y las picúas, las morenas, las rayas. Los tiburones eran pequeños y medianos. Con un máximo de metro y medio. Si estás acostumbrado es fácil. Tú eres uno más. Sin miedo. Creo que esos animales pueden sentir el miedo y, entonces, se ven tentados a atacar. Quizá no es así, pero siempre lo he sentido de ese modo.

En fin, jamás encontramos ni un doblón de oro. Ni un botón de una casaca. Nada. Lo que ganamos fue bucear en unos arrecifes de una belleza increíble y comer langostas hervidas con agua de mar y boniatos hasta aburrirlas. No había otra cosa y era muy fácil capturar todas las langostas que quisiéramos. Fue divertido. Y nutritivo.

Los mares del Caribe se llenaron de piratas y corsarios desde el siglo XVI. Ya en 1612 isla de Pinos era el cuartel general de los corsarios holandeses que merodeaban alrededor de Cuba para asaltar a los galeones españoles. Igual los ingleses y franceses. Según una historia de la piratería, escrita por Francisco M. Mota, «hacia 1624, las naves holandesas habían llegado a bloquear casi por completo el litoral y los puertos de Cuba. Sesenta buques holandeses, con cientos de cañones y miles de soldados a bordo, vivaqueaban los mares de América».

La historia de Mota abunda en detalles. Por ejemplo: «[...]1627 fue muy fructífero para los corsarios holandeses ya que lograron apresar 55 buques españoles con ricos cargamentos.»

Después de relatar con todo detalle el hecho más famoso protagonizado por los corsarios holandeses, el apresamiento de la flota de Plata española en 1628, en la bahía de Matanzas, dice: «Parece que alguna plata fue hundida en el centro de la bahía de Matanzas, y la leyenda popular cuenta que, en bastantes cantidades, fue enterrada en alguna parte del valle de Yumurí. El botín conseguido por los holandeses contaba con 177.329 libras de plata, que, unidas al valor total de las otras mercancías y de los quince navíos y su artillería también perdidos, sumaban más de 45 millones de reales de plata de pérdida para España. El corsario holandés Piet Heyn [...] tomó rumbo a Holanda con aquel gran botín, probablemente el mayor que nunca habían arrebatado corsarios y piratas a los españoles.»

Han pasado cuatrocientos años. Hoy Holanda es un país encantador, rico y exquisito. Supongo que a los holandeses no les agrada recordar aquellas aventuras sangrientas de sus antepasados. Aunque franceses, ingleses, españoles y portugueses no se quedaban atrás. Pero, en fin, es de buena educación olvidar lo desagradable.

En aquella zona cercana al cabo de San Antonio había algunos personajes medio escondidos en los montes. Uno era Olegario, un hombre viejo —y bastante sucio y maloliente— que se dedicaba a hacer carbón y a cazar. Era un mitómano incorregible. Su bohía de madera y guano nos hacía camino hacia María La Gorda. Teníamos que rechazarlo porque siempre quería acompañarnos «para ir al lugar exacto donde está el tesoro de John Brent, *Pata de Palo*».

Inventaba mentiras espléndidas, siempre renovadas. Recuerdo una en la que se mezclaba su delirio de grandeza con su ego y su mitomanía: «Hace unos días vinieron a verme unos generales. Llegaron aquí en dos helicópteros y aterrizaron ahí mismo. Venían mandados personalmente por el Jefe, tú sabes, el que más mea, con una nota firmada por él: "Olegario, acompaña a estos generales hasta la cueva del tesoro y mándamelo todo para acá. No dejes nada en las cuevas." Y nos fuimos. Pero no cabía todo en los helicópteros, casi no podían despegar porque eran cientos de lingotes de oro, perlas de todo tipo, joyas, ahh... una belleza. Pero la mayoría se quedó allí. Podemos ir ahora un momentico para que recojan un poco y se lo lleven. Ellos no han venido más, así que no les interesa.»

Increíble, pero cierto. Olegario contaba todo esto con una parsimonia perfecta. Lo mejor era que no podíamos reírnos. Todo con seriedad. Vivía en el monte con su mujer, una hija y unos cuantos hijos. Todos medio salvajes. La hija era como una gitana, de ojos azabache y la piel renegrida por el sol, unos labios carnosos y unas tetas espléndidas y duras. Parecía una fiera. Una tigresa. Alzaba los brazos para arreglarse el pelo y mostraba el vello negro y tupido en las axilas, que me desquiciaba. Pero siempre huía por el patio. Era como un felino que no se acercaba. Los hijos machos se escabullían al monte en cuanto nos veían llegar. Nunca conocí ni a uno. Olga se quedaba por el patio, dando vueltas, pero a distancia.

Se me metió entre ceja y ceja cazar a aquella leona salvaje. Una de las veces que pasamos por allí logré dejar a Olegario hablando sin parar con los otros y me fui al fondo del patio, con el pretexto de coger unas guayabas. Olga estaba por allí merodeando, haciendo que tendía una camisa al sol. Nos miramos a los ojos por primera vez. Directamente. A menos de dos metros. Y me di cuenta de que yo también le gustaba. No tenía tiempo para dar muchos rodeos así que le entré directamente:

—Olga, qué ganas tengo de hablar contigo.

—¿*Pa* qué?

—*Pa* decirte que me gustas muchísimo y que daría cualquier cosa por acostarme contigo.

—¡Oyeeee, eh! ¿Tú estás loco?

—Sí, me tienes quimbao. Pero Olegario no me deja acercarme a ti.

—Él está loco, no le hagas caso.

—¿Quieres irte con nosotros en el *jeep* y te traigo mañana de regreso?

—No. Mira, yo voy a salir por aquí y te espero en el camino allá adelante. Y podemos vernos.

—Está bien.

Así de fácil. Ella también estaba loca por templarme. Cogí unas guayabas para disimular y regresé donde los otros. Esperamos diez minutos más y nos fuimos. Olegario, como siempre, quería acompañarnos, pero creo que no se bañaba nunca. Era insoportable el mal olor. Lo rechazamos, por supuesto.

Seguimos el camino en medio de la vegetación tupida, y al salir del primer recodo, estaba Olga esperando. Yo no había dicho nada a los otros. Detuve el *jeep* y les dije:

—Me esperan aquí que yo no me demoro mucho.

—¡Coño, Pedro Juan, eres una fiera, cuadraste el palo con la mulata y no nos dimos cuenta!

Olga y yo nos metimos en el monte, y no lo puedo describir. Teníamos un deseo tan salvaje que nos mordimos por todas partes y nos chupamos como dos locos. El olor a sudor de las axilas *pelúas* me arrebató. Eyaculé dentro de ella tres veces, y la erección no cedía. Ella me apretaba con las piernas para no perder ni un centímetro. Nos chupábamos y nos comíamos, idos del mundo.

Al fin logré desprenderme de su agarre. No sé cómo. Nos vestimos y ella regresó a su casa rodeando por dentro del monte. El final de la historia es que unos días después sentí una picazón continua en mi pelvis. Busqué y encontré: ¡ladillas!

Me desencanté de Olga, y cuando pasábamos por allí, yo hacía como si no la viera. Ella lo mismo, como si no me conociera. Un tiempo después, en el pueblo de Manuel Lazo, muy cerca de aquel lugar, alguien me dijo:

—¿La hija de Olegario? Ah, sí, le dicen Olga, *la Recluta* porque se echa a todos los soldaditos del servicio militar, de la unidad de La Cañada. Es famosa. Dicen que tiempla como una fiera. Uno atrás del otro. Diez o doce o quince, en fila. Los que sean. Y gratis. Tiempla por ver la leche correr. Lo que más le gusta es templar con uno y que los otros esperen ahí, a un metro, mirando. ¡Es una *arrebatá*!

En fin, que la búsqueda de tesoros de piratas me dio de todo menos lo que buscaba.

A muchos otros les ha pasado igual. Por ejemplo, en un capítulo anterior relaté algo sobre esta expedición cubano-canadiense, muy bien equipada, que buscando tesoros en los mares entre Yucatán y Cuba, encontraron lo que parece ser una ciudad antigua hundida. Las investigaciones por ahora están resguardadas de miradas indiscretas, y parece que una gran revista norteamericana de exploraciones y geografía ha adquirido la primicia de publicación.

Mucho más simple, pero muy lucrativo, fue lo que le sucedió en 1624 a un vecino de La Habana, don Francisco Núñez Melián. En septiembre de 1622 un huracán de gran magnitud hundió tres galeones y cuatro buques mercantes de la llamada flota de Tierra Firme. Entre ellos, los galeones *Nuestra Señora de Atocha* y el *Santa Margarita*, que conducían cuantiosos caudales y naufragaron en las inmediaciones de las islas Marquesas. De inmediato se realizaron algunas labores de rescate, pero el puntillazo lo dio el habanero —seguramente fue un pícaro parecido a los aceres de hoy en día— Núñez Melián, que contrató uno de sus inventos a la corona española. Este señor diseñó un aparato que sirviese a la vez como vehículo para la búsqueda y como depósito de aire para los buzos. Era una campana de buceo con portillas. Alegaba Milián al rey que su invento era «algo nunca visto, y costó una suma infinita el perfeccionarlo». En realidad había pagado 5.000 reales por la campana de bronce, de 680 libras, fundida en La Habana.

Las campanas de buceo eran conocidas con anterioridad. Ya en 1538 dos griegos avispados hicieron una demostración en Toledo, a Carlos V.

El habanero Núñez Melián parece que sacó tan buenos dividendos de su campana que en 1630 lo hallamos de gobernador de Caracas, y en 1635 con igual cargo en Coro. Falleció en La Habana en 1648 siendo regidor de la Corona.

Después de todo, quizá lo mejor que pudo pasarme fue no encontrar jamás ni una monedita de oro. Cuando Olga, *la Recluta* y yo nos vestíamos en aquel monte, todavía con la mente retorcida por la lujuria y el desespero, ella dijo algo a modo de despedida y mirando al suelo:

—No le hagas caso a mi padre, que está loco. Esos tesoros están malditos y no se pueden tocar. Vete *pallá* bajo y ponte a pescar o a coger langostas y olvídate de todo eso.

—¿Por qué tú me dices eso? ¿Qué tú sabes?

—Hazme caso y aléjate. Quítate eso de la mente.

Capítulo 13

Hace unos diez años que no visito Santiago de Cuba, Guantánamo, Baracoa. Mientras escribo estos apuntes de viaje, investigo cómo es más cómodo ir por allá. Y llego a la conclusión de siempre en Cuba: lo mejor es salir *ad libitum* y *palante*. Pelo suelto y carretera, dice la letra de un reguetón de moda. En mi caso lo del pelo suelto es un chiste.

Me decido y busco a Yesuan, *el Diésel*. Está muy restablecido de su herida. Es un troglodita, una bola de músculos, y se entusiasma:

—Pedro Juan, mañana me quitan los puntos y ya estoy entero.

—¿Cuándo salimos?

—Dame tres o cuatro días. Quiero revisar bien algunas cositas del carro, buscar unas piezas de repuesto. *Ná* unas boberías *pa* ir *pertrechao*.

—¿Aguantará un viaje a Santiago?

—¡Como si quieres subir al pico Turquino!

—¡Qué alardoso eres, carajo!

—Alardoso no. Yo sé lo que tengo. Éste es un plymouth del 53. ¡*Cuidao, cuidao*! ¡De ahí *pal* cielo!

—Con un motor diésel ruso y los frenos de Skoda, y la caja de velocidad de un camión Pegaso y la dirección de Peugeot y lo maneja un extraterrestre.

—Jajajá, pero da resultado, no te quejes.

Estamos en diciembre del 2006. El fenómeno de El Niño hace de las suyas en el océano Pacífico y origina aquí un invierno frío y lluvioso. Más bien lluvioso y húmedo. La temperatura se mueve entre 19 grados por la noche y 27 por el día, en occidente. Hacia la zona oriental del país ni se enteran. Siguen con 32 grados por el día y 22 por la noche.

Más por curiosidad que por necesidad voy nuevamente a la sauna del Hotel Raquel, en La Habana Vieja. Normal. Elegante y perfecta. Un ambiente europeo. Pero con bañador. De todos modos, prefiero las saunas de Suecia, Alemania, Finlandia, Austria: todos en cueros. Es muy entretenido. Sobre todo cuando entran esos viejos con los huevos largos. Caminan lentamente y los huevos se bambolean entre las rodillas. Los miro y me pregunto: «¿Mis *güevitos* tan bonitos se me pondrán así? Uf, que feos.» Me gusta ir por las tardes, cuando hay más gente. Mujeres jóvenes y bonitas, señoras gruesas, con tetas enormes, hombres curiosos que miran de soslayo a las entrepiernas de los demás. A veces muestran la ansiedad de la lujuria apenas contenida en sus ojos. Las mujeres más hermosas se esmeran en comportarse con una dignidad y distancia acorde a su orgullo de triunfadoras. Todo parece muy natural, pero nadie se imagina lo que pasa por los cerebros de cada uno. La civilización es represión, como debe ser. Reprime tus instintos salvajes y no molestes a los demás. Una sauna de ese tipo en Cuba, o en Jamaica... ¡Dios mío!

Del Hotel Raquel voy a Cojímar, un puerto pequeño, a pocos kilómetros al este de La Habana. Sólo voy a jugar al dominó y tomar ron con unos amigos de siempre. Hablamos de carros, de mecánica y de mujeres. Y de política, por supuesto. Nos divertimos unas cuantas horas. Escuchamos música vieja, de los setenta. Y me voy.

Al regreso de Cojímar hacia Centro Habana cojo un almendrón de 10 pesos cubanos. Vengo muy relajado entre la sauna y el juego de dominó y los amigos. El chófer, un hombre de sesenta años más o menos, viene hablando animadamente con una pasajera, también de esa edad aproximadamente. Recuerdan los años de los sesenta, setenta y ochenta, cuando con poco dinero se podía ir a bailar y a divertirse en muchos cabarés y salones de baile de La Habana. Hasta 1990. Hablan de precios. El chófer dice:

—Ahora, *pa* bailar con Los Van Van o con NG La Banda tienes que ir a La Macumba y vale 20 dólares o más la entrada. ¿Quién puede? ¿Quién? Una jinetera únicamente, con su yuma. Un pinguero. Para la gente normal, casita y televisión. A ver el noticiero. ¡No es fácil!

En el trayecto de quince minutos hacen un catálogo de todas las posibilidades de baile y diversión que existían en esa época. Y lo barato y accesible que era alquilar una casa de veraneo en las playas del este. Comparan con los precios imposibles de hoy en día. Jocosos, pero me parece que con cierta amargura, sacan una conclusión final:

—Hay que ser yuma para vivir en Cuba. El yuma sí vive bien y se divierte.

Tres días después Yesuan, *el Diésel* me llama:

—Pedro Juan, estoy listo. ¿Cuándo salimos?

—El martes.

—Perfecto. Te recojo en tu casa. ¿Seis de la mañana?

—Bien. Te espero.

Yesuan me recogió puntual. Martes 12 de diciembre. Salimos por el túnel de la bahía de La Habana, avenida Monumental y autopista nacional. Son unos 348 kilómetros más o menos hasta Sancti Spíritus. La carretera es relativamente cómoda y amplia. Se conduce bien. A partir de ahí tenemos que transitar 513 kilómetros hasta Santiago de Cuba por la antigua carretera central, estrecha, incómoda, peligrosa y en pésimas condiciones. Una agonía esa carretera.

Al mediodía, sobre la una y pico, casi las dos, estamos en Florida, una pequeña ciudad de la provincia de Camagüey. Yesuan conoce el lugar y vamos a un barrio que le dicen «La Candonga», para recordar los mercadillos callejeros de Angola. Hay gente en la calle vendiendo de todo.

Almorzamos en un pequeño restaurante privado. Por 45 pesos cubanos (casi 2 dólares) nos sirven abundantemente: arroz congrís, yuca, lomo de cerdo ahumado, ensalada de tomate, chicharritas de plátano frito y agua fría. No hay más clientes. Sólo nosotros.

—¿Qué pasa? —le pregunto a la muchacha que nos sirve.

—Aquí almuerzan muchos camioneros, pero hace unos días que..., vaya..., no sé bien, la policía ha retirado licencias a los chóferes y... hay problemas. Todo está en *stand by*.

—Ahhh.

No hay que hablar mucho. Los cubanos nos entendemos por telepatía. La felicito porque la comida está muy buena y seguimos viaje.

Los extensos cañaverales que hay en esta zona me recuerdan las largas zafras azucareras que hice aquí como machetero, tumbando caña de seis de la mañana a seis o siete de la tarde, a veces más. Entre 1966 y 1970. Busco en el mapa y todavía aparece ahí el central azucarero Primero de Enero, entre Morón y Ciego de Ávila. Estuve en campamentos rústicos —para decirlo de algún modo— en lugares que encuentro en el mapa: Mamanantuabo, Magarabomba, Esmeralda, Falla, Chambas, Punta de Piedra, Los Perros, Punta Alegre. En mi novela *El nido de la serpiente* hablo sobre el tema. Basta decir que los esclavos africanos cortaban caña de azúcar porque tenían encima un capataz con un látigo implacable. Yo tuve que cortar caña doce o trece horas diarias, de lunes a domingo, desde noviembre hasta mayo, y cuatro años consecutivos. Mis recuerdos de esta región no son muy agradables. *Un día de Iván Denisovitch*. Así que seguimos adelante.

En Las Tunas pasamos de largo. Y llegamos a Holguín después de las seis de la tarde. Ya es de noche. Hemos recorrido 734 kilómetros. Una buena parte por la carretera central, estrecha, con carros de caballos y bicicletas continuamente. Por suerte hay poquísimos camiones y autobuses. Al salir de Las

Tunas, un policía le puso una multa a Yesuan. Rebasó a un ciclista demasiado pegado. Es verdad, por poco le arranca un brazo, pero Yesuan se defiende como gato boca arriba. El policía no discute. Muy serio y autoritario le explica que tenía que separarse un metro por lo menos y utilizar la otra vía para adelantar. Yesuan inventa unas explicaciones enrevesadas. Inútil. Le clavan la multa de todos modos. Ya tiene otras dos. Cada multa, además de un poquito de dinero que tiene que pagar, significa una acumulación de puntos negativos. Cuando llegue a una cantidad X, le pueden retirar la licencia de conducción por varios meses. Todo por apreciación del funcionario. No hay una resolución exacta. Los chóferes, por supuesto, están aterrados con esta medida. Me dice:

—Tú verás, ahora me ponen unas cuantas más. La semana pasada me pusieron dos. Ahora esta otra. Tú verás..., las multas vienen por rachas.

Eso dicen todos los chóferes en Cuba: «Las multas vienen todas juntas, después te pasas meses y no te ponen una.»

Mientras Yesuan habla de la filosofía de las multas de tránsito, pienso que en otro momento voy a venir a esta zona sólo para pasar unos días en la playa de Santa Lucía. Me apetece bucear en la enorme barrera coralina, de 165 kilómetros que hay allí. Es la segunda mayor del mundo después de la Gran Barrera de Arrecifes de Australia. En esa zona de la playa de Santa Lucía —a la entrada de la enorme bahía de Nuevitas—, la barrera se acerca mucho a la costa y es fácil bucear y observar ese mundo fascinante. Las rocas asoman a la superficie marina a 200 metros del litoral. Se forma una estela blanca de espuma en medio de las aguas azules y limpias y transparentes. Y no hay que descender mucho. Entre 7 y 35 metros de profundidad. Hay unos treinta puntos de interés señalizados: pasadizos submarinos, cuevas, paredes, con peces tropicales de todo tipo. Además hay dos pecios —barcos naufragados—, *Mortera* y *Pizarro*, hundidos en estos fondos desde el siglo xviii.

Yesuan al fin está callado. Ya se resignó a la multa. Cuando creo que está tranquilo, vuelve a saltar con uno de sus *impromptus*:

—¡País de mierda, cojones! *Ná* más que hay bicicletas y carros de caballo. ¡Así no hay quien maneje, chico! Hay que ser un artista. Y la carretera central llena de huecos, estrecha. Yo no entiendo. ¿Por qué no han terminado la autopista? A ver. Dime, ¿es tan cara?, ¿hace falta tanto dinero?

Y por ahí se explaya en elucubraciones de todo tipo sobre el mejor modo de invertir el presupuesto del Gobierno. Lo dejo que se desahogue. Cuando al fin se queda tranquilo, aprovecho:

—Yesuan, ¿te puedo hacer una pregunta?

—Sí.

—Creo que debemos quedarnos aquí esta noche porque ya estás cansado. Y yo también. ¿Estás de acuerdo?

—Perfecto.

—Nos hace falta un lugarcito económico.

—Ehhh..., a ver..., déjame pensar... ¡Yeilín!

—¿Quién es Yeilín?

—Una jeba que yo tuve en La Habana. Es de aquí. Y vive en Apodaca, 42. No se me olvida. Apodaca, 42.

Empezamos a preguntar por la calle Apodaca. Nos llevó un rato encontrarla. Holguín es una ciudad con más de 100.000 habitantes, 200.000 tal vez. Y diferentes barrios. Al fin encontramos la casa, en los suburbios.

En realidad, quiero cambiar el itinerario. Inicialmente pensé ir de Holguín a Bayamo y Santiago de Cuba. Pero me interesa ver Chorro de Maita, un cementerio de los aborígenes, cerca de la playa Guardalavaca, en la costa, al norte de Holguín. Una vez allí podemos seguir por todo el litoral norte hasta Baracoa. Las carreteras son incómodas, así que no es el momento para comentar esto con Yesuan. Es mejor esperar a que esté más relajado.

La casa de Yeilín es modesta, con un techo de fibrocemento y tres perros satos que ladran a todo lo que se mueve. Tiene un poco de tierra y yerbajos alrededor. Yeilín tiene veintidós años, delgada, tetona, alta, alegre, elástica. Cuando ve a Yesuan, se lanza a correr como una niña, se le tira al cuello y lo abraza y lo besa, con lágrimas en los ojos. ¿Qué coño tiene este muchacho en el rabito, miel de abeja y un anzuelo? La familia de Yeilín es incontable. Hay como diez personas en la salita, delante del televisor. Nos hacen entrar, con una alegría desbordante. Como si hubiera llegado el Príncipe Encantado y su edecán (el edecán soy yo, por supuesto).

En seguida nos traen café. El padre de Yeilín se queja de que no tiene ron para brindarnos. Alusión clara a que hemos llegado con las manos vacías y no con una o dos botellas de ron, como debe ser invariablemente en estas tierras orientales y bravías donde los machos son más machos y las hembras más hembras que en el resto del universo.

Yeilín y Yesuan se apartan para hablar bajito, en el portal. Yo no tengo nada que decir a todo aquel familión, y se me ocurre preguntar:

—¿Saben si alguien alquila habitaciones por aquí? Queremos quedarnos esta noche.

El padre de Yeilín responde, casi ofendido:

—¿Alquilar? ¡No, hombre no! Se quedan aquí. Ustedes son de la familia. Y sobra casa.

No creo que sobre casa precisamente, pero este hombre habla con tanta convicción que lo anima a uno. Yo preferiría un lugar con más privacidad, pero me dejo llevar. Hasta cierto punto. A ver qué pasa.

Yesuan me llama al portal:

—Pedro Juan, vamos. Te invito a una cerveza y hablamos. A ver qué hacemos.

—Está bien. Vamos.

Una pequeña cafetería con mesas. Yesuan invita y yo pago. Unas cervezas y hablamos. Yeilín está alegre y feliz con su Yesuan. Lo besa y lo acaricia como si fuera un muñeco de peluche. Por decir algo le pregunto:

—¿Y qué tú haces, Yeilín?

—Ah, estoy en un puesto de quincalla. En un mercadito.

Eso no da *ná*. Saco 40 o 50 pesos al día cuando más. Pero de estar metida en la casa...

—¿Y qué vendes?

—Fosforeras, bolígrafos, libreticas, jarros, cordones de zapatos, hebillas para el pelo, lápices..., ehh... ¿sigo?

—No, ya está bien.

Yesuan, con su escasa delicadeza de siempre, dice:

—Acere, esta niña es *pa* que estuviera ya en Alemania, viviendo como una reina, casada con un alemán que se volvió loco con ella, pero la agarraron, le metieron una carta de advertencia por prostitución y la lanzaron de regreso *pacá*.

—Ahhh.

Y Yeilín, de lo más orgullosa:

—Sí, yo estuve un año en La Habana, todas las noches, en el malecón y en Quinta Avenida. Con Yesuan todo el tiempo. Éste es mi macho hasta que me muera. Mi riqui, mi papi, mi cosita...

Y se pone a darle besos y *lenguasos* por el cuello. Yesuan sigue:

—Pedro Juan, aquí donde tú la ves, es una fiera. Nos íbamos todas las noches con 50, con 100, 120 fulas. Yo tenía dos cadenas de oro de 24 quilates, Adidas, teléfono móvil, vaya, la gozadera. La mejor etapa de mi vida. Hasta me iba a comprar una moto.

—¿Hace tiempo?

—No, tuvo que regresar *pa* la miseria y la mierda... Sí, hace más de un año. En octubre del año pasado. Hace catorce meses. ¡Coño, qué rápido pasa el tiempo! Y fue bien que estuvo presa una semana *ná* más.

—¿Y el alemán?

—No, ya eso es historia. Hay que estar arriba de la bola. Aquí, en Holguín, le mantienen el gardeo arriba. Mucha envidia, acere. Mucha envidia. Te ven viviendo bien y en seguida se ponen *pa* ti.

Y Yeilín:

—El alemán me ha escrito dos veces. Y me llama por telé-

CORAZÓN MESTIZO   **249**

fono, pero no es igual. Esas cosas hay que cogerlas en caliente. El hombre se enfría si le das tiempo a pensar, jajajá. Además en La Habana hay muchas chicas en la calle, tú sabes. Si él viene, me lo levantan fácil.

—¿Y te hubieras ido?

—Sí, claro. Y después hubiera reclamado a Yesuan... que va a ser el padre de mis hijos, jajajá.

—Pero allá tienes que hablar en alemán.

—Es fácil. Yo hablo inglés. Estudié aquí. Y hablo italiano también. El alemán se parece al inglés.

—Ahh.

Yesuan me había comentado que él no se para: «Lo mismo vendo tabacos, que soy chulo de putas, vendo carne de res. Lo que sea, pero no puedo estar *pasmao*, con el bolsillo vacío.»

—Yeilín, tu papá me dijo que podíamos quedarnos en tu casa, pero me parece que hay mucha gente.

—En mi casa no cabe más nadie porque vinieron unos familiares del campo y hay que dormir en el suelo. Son como catorce. Y la casa es chiquita.

—Sí, eso me parece.

—Pero mi padre es así. Yo le dije a Yesuan que pueden alquilar aquí cerca. Hay una señora que alquila. Barato.

—Y si tiene dos habitaciones, mejor. Así, tú y Yesuan por un lado y yo por el otro. Tengo tanto sueño que no quiero ni comer.

Fuimos a ver a la señora. Un viejo caserón colonial con un patio muy bonito. Tenía tres cuartos para alquilar. Después de una breve discusión para que rebajara el precio, lo dejó en 5 dólares cada uno. Tomé una ducha caliente y me acosté. En el baño, Yeilín suspirando bajo la ducha, a grito pelado:

—Ahrrrgggggg, salvaje, así no, más suave, ahhhh, ahhh, ahhhh... ¡Eres un animal! ¡Loco!

Me levanté medio dormido, pero entre el baño y mi habitación había una puerta moderna con una buena cerradura. Ni un hueco para mirar. Volví a la cama. Yeilín seguía rabiando de placer, rítmicamente. Me quedé dormido como un oso.

Me desperté a las siete y pico de la mañana. La buena señora ya daba vueltas por el patio. Me brindó café. La noté ansiosa por que desocupáramos los cuartos. Yo también quería irme en seguida pero tenía que dejar a Yesuan tranquilo para que descansara un poco. Se lo dije. Me contestó muy amable:

—La salida es a las doce del día. Tienen derecho hasta esa hora.

—Muy bien. Si ellos se despiertan, les dice que yo me fui a dar un paseo y regreso en un par de horas.

Holguín es una ciudad muy limpia y joven. El rey Fernando VI la reconoce como municipio el 1 de febrero de 1751. Es la provincia con mayor cantidad de restos arqueológicos de las poblaciones aborígenes. Y se supone que en Bariay, una caleta en el litoral, al norte de la ciudad, Cristóbal Colón pisó por primera vez el suelo cubano, en 1492, y escribió en su diario la frase famosa en todos los reclamos de publicidad turística: «Ésta es la tierra más fermosa que ojos humanos hayan visto.» En Bariay hay un gran monumento para recordar el hecho.

Para no perder tiempo, cojo un triciclo. Pintado de rojo y con un letrero: «La pantera *colorá.*» El tipo es simpático y tiene una casetera con rancheras mexicanas a todo volumen. Me deja en el centro, en el parque Calixto García. A pocos pasos de allí está el Museo de Historia Natural Carlos de la Torre y Huerta. Tiene una de las colecciones de malacología más importantes del mundo. En el archipiélago cubano hay registrados hasta ahora unos 3.000 moluscos diferentes, además de la colección de ornitología y un gran pez petrificado. Un fósil con 60 millones de años, que se encontró en una cantera de la sierra Maestra, a 500 pies sobre el nivel del mar.

Casi a las once de la mañana regreso en otro triciclo a «Sonia's Home-Room Rent». Así pone en la tarjeta que me dio.

Yesuan y Yeilín roncan aún, a pierna suelta. Los despierto a golpes en la puerta. Se levantan a duras penas. Si los dejo, duermen todo el día. Toman otra ducha y, al fin, rayando las doce del día, abandonamos Sonia's Home. Yeilín sigue pegada como una lapa a Yesuan. No lo suelta y creo que tiene intenciones de seguir con nosotros. Almorzamos por allí, en una paladar. Unas cajitas muy sabrosas con bistec de cerdo y el infaltable congrís de frijoles negros, yuca con mojo y tomates.

Aprovecho que Yesuan ya se olvidó de la multa y del policía. Está mucho más relajado y feliz:

—Yesuan, estuve pensando que me conviene más cambiar el itinerario. Salir ahora para Guardalavaca, entrar a Chorro de Maita y seguir por Sagua de Tánamo y Moa hasta Baracoa, para hacer noche allí.

—Ah, está bien. Me da igual.

Salimos de Holguín por la carretera de la Canela, que conduce al pueblo de Santa Lucía y a la playa de Guardalavaca. Yeilín nos acompaña muy decidida. A medida que se entra a las provincias orientales, se evidencia más la pobreza en la forma de vivir de la gente. Hay muchos más vendiendo algo a la orilla de la carretera: mandarinas, naranjas, limones, refrescos. En estos lugares, el trabajo es escaso y mal remunerado. Esta situación se sufre hacia acá con más intensidad. La zona occidental del país siempre ha tenido mayor desarrollo económico, social y cultural.

En una hora llegamos a Chorro de Maita, en unas colinas de fuerte vegetación. Un poco más allá está Guardalavaca a la vista. Lo más interesante es el cementerio, con 56 esqueletos de aborígenes taínos. Se conservan tal como fueron encontrados. Investigaciones arqueológicas en toda la zona han demostrado que en un área de 22.000 metros cuadrados existió una aldea con varios miles de personas. Hasta la fecha se han encontrado restos de más de cien individuos.

Los taínos constituían una cultura con muy bajo nivel de desarrollo, respecto a las culturas mexicanas, por ejemplo, con algunas costumbres peculiares: vivían en familia, tenían el hábito del baño diario —que llegaron a prohibir los conquistadores españoles bajo la creencia de que era nocivo para la salud— y el consumo de tabaco, una planta que consideraban divina.

En esta provincia se han encontrado más de la tercera parte

de los restos arqueológicos de aborígenes registrados en Cuba. Chorro de Maita es una buena experiencia. En vez de regresar a Holguín por la carretera de La Canela, que usamos para venir, decidimos seguir adelante hasta Banes. Es un recorrido de 20 kilómetros por un paisaje especialmente hermoso y que a partir de ahora será una constante en todo el norte oriental, excepto en las cercanías a la zona minera de Moa.

Llegamos a tiempo, una hora antes de que el Museo de Banes cerrara sus puertas. Tiene más de 14.000 piezas aborígenes en sus fondos y se exponen dujos, es decir, sillas, hachas petaloides, cuchillos de sílex, vasijas de todo tipo, percutores, ídolos, etc. Lo más célebre es un pequeño ídolo de oro macizo, de 4 centímetros que, según pruebas de laboratorio, data del siglo XIII.

A la llegada de Cristóbal Colón a Cuba se estima que la isla estaría habitada por unos 300.000 indios. Eran pacíficos y amistosos, en tres grupos principales: los guanahatabeyes y siboneyes —no ceramistas— y los taínos —ceramistas—. El clima agradable, la abundancia de alimentos naturales y de cuevas favorecían la vida de estos pobladores originales. Se alimentaban de pescados y moluscos y de algunas frutas que recogían. En una carta de Diego Velázquez del 18 de abril de 1515, afirma: «[...] la vivienda de estos guanahatabibes es a manera de salvajes, porque no tienen casas, ni asientos, ni pueblos, ni labranzas, no comen otra cosa, sino las carnes que toman por los montes y tortugas y pescado.»

Los siboneyes eran más avanzados, y mucho más los taínos, que practicaron la agricultura y la alfarería. Tenían una organización social, vivían en pequeñas aldeas, usaban redes tejidas con algodón para cazar y pescar, y hasta tenían recetas propias de cocina, como el *casabe*, una torta a base de yuca, parecida al pan, que todavía hoy se come habitualmente en la región oriental del país. Hay un refrán para referirse a cómo pasar las malas épocas: «A falta de pan se come casabe.»

Supongo que este refrán se debe a que el trigo es de importación, pero la yuca es autóctona. De ahí la lógica de la frase.

Los conquistadores españoles iniciaron en 1514 las reparticiones de tierras y encomiendas. Los indios fueron forzados a trabajar en régimen de esclavitud brutal. El trabajo forzado, las matanzas de escarmiento, los suicidios masivos para salvarse de la crueldad de los conquistadores, los éxodos a islas y cayos cercanos, así como epidemias de sífilis, blenorragia y otras enfermedades introducidas por los europeos, diezmaron rápida y considerablemente la población aborigen. Un genocidio sistemático. En menos de un siglo pasaron de 300.000 a unos pocos centenares. ¿Quiénes fueron realmente los salvajes?

Los únicos descendientes actuales en Cuba se encuentran —muy mezclados y mestizados— en zonas intrincadas de Guantánamo, próximas a Yateras. La historia recoge enfrentamientos organizados contra los españoles, y los nombres de caciques, como Hatuey y Guamá, como los primeros rebeldes cubanos.

Quizá lo más curioso de ese proceso devastador fue que, en la práctica, un conquistador español disponía de una cantidad de indios en régimen de esclavitud para explotarlos de un modo cruel, pero desde el punto de vista legal eso se llamaba «encomiendas»; es decir, que los colonos castellanos debían considerar a esos aborígenes como hombres libres. Se les encomendaba un grupo para que los instruyeran en los Evangelios, los alimentaran y les dieran vivienda, alimentos y un salario digno a cambio de su trabajo. Una cosa era en los papeles y otra en la realidad.

De todos modos, en la metrópoli española sabían muy bien lo que pasaba en el lejano Caribe, así que, en fecha tan temprana como 1517, el rey Carlos I de España expidió la primera licencia para la introducción de esclavos negros en las Antillas. Hasta el año 1880, cuando la esclavitud fue definitivamente prohibida, cientos de miles de negros fueron arrebatados a su país natal. Según los censos oficiales, durante mucho tiempo había más negros que blancos en la isla. Por ejemplo, en 1830 vivían aquí 423.343 personas «de color», es decir, el 65 por ciento del total.

Mientras yo disfrutaba en Chorro de Maita y en el Museo de Banes, Yeilín y Yesuan siguen pegados, chupándose incesantemente. No les interesa la historia ni nada. Ya aburren. Serán jóvenes y todo eso, pero me parece que ya pasan del exceso a la guanajería.

Los invito a un refresco para ver si decidimos algo. Yeilín no tiene un centavo encima. Espero que no pretenda continuar con nosotros el resto del viaje. Se lo digo directamente:

—Bueno, Yeilín, creo que vamos a tener que regresar a Holguín para dejarte en tu casa. Ya son las cinco de la tarde. Hacemos noche en Holguín y nos despedimos de ti.

Guardan silencio. Me arrepiento de mi brutalidad. ¡Ayy, Pedrito, siempre eres tan bruto y tan poco diplomático! ¿No había un modo más suave para decir eso mismo? Trato de salir del mal paso con un chiste un poco torpe:

—Bueno, Yesuan, tú te quedas en Holguín y me prestas el carro. Sigo solo y, cuando regrese, soy el padrino de la boda.

Se sonríen apenas. Creo que no se dan cuenta de que no puedo cargar con los gastos de tres personas. Así de simple. Esta muchacha es tan loca que tranquilamente seguiría con nosotros adelante por tal de estar pegada como una ladilla a su macho. Les ha caído encima un cubo de agua fría, pero no me harán sentir culpable. Intento sonreír y restar importancia al asunto.

Hacemos el regreso en silencio. A las siete de la noche estamos de nuevo en Sonia's Home. Sí, tiene dos habitaciones libres para nosotros. Pero en la tercera hay alojado un matrimonio belga. Nos pide que no les digamos las diferencias de precios entre cubanos y extranjeros. A mí me cobra 5 dólares por cada habitación; a ellos, 25. Alzo la mano derecha, como los *boy scouts*, y digo:

—Juro ante Dios que por mí no se enterarán.

A Sonia no le gusta el chiste. Tiene un gran Sagrado Corazón de Jesús en la sala. Y se lo toma en serio. Creo que hoy no es mi día. Le caigo *pesao* a todo el mundo. Mejor hago un voto de silencio hasta mañana.

Capítulo 14

Esa noche se repitió la historia, por supuesto: Yesuan y Yeilín templando desaforadamente. Supongo que si yo los oía con nitidez, igual los escucharían en toda la casa. En realidad era sólo la gritería de Yeilín:

—Ahhh, salvaje, loco, pinga larga, ahhhhh, coge mi leche.

Media hora después hicieron silencio. Y al rato ella empezó a suspirar, pero un poco más tranquila. En fin, no sé cómo logré relajarme. Y me dormí.

Al día siguiente, jueves 14 de diciembre, amaneció gris y lloviznando. Un frente frío pasaba sobre Cuba de este a oeste, y refrescó bastante. Todo el día el termómetro quedó en una máxima de 27 grados. Bastante fresco. Sonia me ofreció un cafecito y me senté tranquilamente en el patio, bajo una parra —con racimos de uvas ácidas, incomibles— a leer. Para hacer tiempo, llamar a los muchachos sobre las once de la mañana y partir.

En una pequeña librería en Banes compré *El pueblo cubano*, un libro de Fernando Ortiz (1881-1969), un sociólogo-antropólogo-jurista, reconocido como «el tercer descubridor de Cuba», después de Colón y Alejandro de Humboldt. Es un libro extraño, escrito entre 1908 y 1912, e influenciado por las incipientes teorías antropológicas, sicológicas y sociológicas, muy en boga a finales del siglo XIX y principios del XX en Europa. Ortiz fue influido por Cesar Lombroso —de quien era amigo y discípulo— en la Universidad de Turín, hasta 1903. Era una especie de hombre renacentista, que mezclaba todas las disciplinas y trataba de buscar explicaciones científicas y racionales a todo lo que se moviera a su alrededor.

Hojeo un poco. Por ejemplo, en el capítulo V escribe sobre la abulia y la tendencia a la pereza en los cubanos, el militarismo, la guapería y el sentido caballeresco sobre la indisciplina, la hospitalidad y la generosidad, la monotonía de la vida, y termina con unos párrafos sobre el danzón.

Sus apreciaciones son curiosas, aleatorias y bastante cercanas a la verdad. Aunque implacables. Por ejemplo: «[...] nuestro pueblo, por su ignorancia e impulsividad, tiende [...] al acatamiento inconsciente de jefaturas y programas, que no conoce ni comprende; acaso por esa ley sicológica del menor esfuerzo, que inclina su mentalidad infantil a acatar fórmulas y famas políticas sin pararse en razonamientos analíticos, para los cuales está incapacitado».

Y unos párrafos más adelante: «[...] aquí, el caciquismo suele basarse en el prestigio de la fuerza, adquirida a veces por abuso del poder y casi siempre por éxitos de sugestión belicosa y machetera. Los cubanos sin religión y sin riqueza aceptan el caudillaje de los guerreros, como en los pueblos incultos. Y así puede verse el encumbramiento de personas que no tienen más base política de sustentación que su principal defecto: su hoy trasnochada belicosidad infantil».

Y después: «La modorra mental priva al cubano de móviles intelectuales, la apatía y la abulia le roban deseos de movilidad, y los días del pueblo corren grises, silenciosos, uniformes.»

También se refiere a «nuestro exagerado sexualismo»: «Nacemos a la vida del sexo demasiado pronto [...]. La pasión nos acerca a nuestro padre síquico: el andaluz, de alma árabe, sensual, celoso, apasionado [...] la mujer ocupa la atención predominante. En la iglesia, en el teatro, en el salón, en la calle, la mujer reina, obsesiona. Y que nuestra adoración no es por Venus Urania, ni hija de un platonismo sexual, basta a demostrar-lo la animalización de nuestras expresiones amorosas. No buscamos a la mujer, sino a la hembra, a la buena hembra [...]. En nuestro ambiente síquico de imprevisión infantil y de sexualismo de fuego, la victoria siempre es de esta última.»

Fernando Ortiz estudió largamente en Barcelona, Madrid, Italia y otros países europeos, así como en Estados Unidos. Fue un sabio, políglota, y actuó intensamente en la política, en la pedagogía y en las investigaciones antropológicas. En su vasta obra dejó por lo menos doce libros esenciales, algunos tan acertados como *El engaño de las razas* (1945), *Los negros esclavos* (1916), y *Contrapunteo cubano del tabaco y el azúcar* (1940).

De este libro, *El pueblo cubano*, al parecer, existe una sola edición, por la Editorial de Ciencias Sociales, en La Habana, 1997. Aunque fue escrito hace casi cien años, sustenta ideas escabrosas pero valientes y osadas. Me parece que ya nadie escribe así, con tanta libertad y audacia. Hace décadas que la gente optó por «hablar bajito para no buscarse problemas». O mejor aún: «Cierra la boca y no te busques problemas.» Así que los pocos que escriben hacen más silencio aún. Nada de ideas escabrosas y problemáticas. Nada que suscite dudas, discusiones, líos, problemas.

Cierro los ojos y me quedo pensando en todo esto. Cuántas décadas llevamos sin discusiones intelectuales, sin poner nada en duda, al menos en público. Es penoso.

Yesuan me interrumpe:

—¡Pedro Juan, no pienses tanto que te vas a volver loco!

—Y tú, no tiemples tanto y con tanta gritería que da pena.

—¿Se oyó?

—Esa niña grita como si la estuvieras matando. Yo lo oí clarito. Supongo que hasta los belgas se habrán masturbado.

—Jajajá, que se diviertan un poco. Sí, Yeilín grita como una loca. Es que me gusta y le doy unas *clavás* que le llego hasta la garganta.

—Bueno, vamos echando. ¿La dejamos en su casa y nos vamos?

PEDRO JUAN GUTIÉRREZ

—Sí, se está vistiendo. En cinco minutos vamos tumbando.

—Y dentro de nueve meses pare un Yesuancito.

—¡Coñooooo, acereeee. ¡Está loca porque la preñe!

—Y tú clavaste sin preservativo.

—Sí, sí. Ésa es mi jeba. No hay problema. Pero..., bueno, que sea lo que Dios quiera. Si la dejo *preñá* no pasa *ná*. Que lo tenga y yo lo reconozco. Yesuancito, *el Diésel segundo*.

—Diésel júnior, jajajá.

Yeilín se despide con lágrimas abundantes. Yesuan, muy macho y castigador, con la voz grave:

—Bueno, no llores más que no hay ningún muerto. Ese llanto trae mala suerte, y uno está en la carretera.

—Ayyy, mi amor..., es que yo no puedo vivir sin ti. Sola no soy nadie.

Por ahí siguen un rato más, pero me niego a reproducir esa sarta de ridiculeces picúas. Eso está bien para la realidad. La literatura es otra cosa.

En fin, sólo reproduzco la última frase de Yeilín. No tengo fuerza de voluntad para renunciar a este bocadillo:

—Chino, la regla me tiene que bajar el 24 de este mes. Y abundante porque últimamente soy un río. Si no me baja, ya tú sabes. Te llamo en seguida y empieza a buscar dinero *pa* la canastilla. ¡Y los pañales de Yesuancito tienen que ser bordados a mano! ¡Todos!

Fernando Ortiz se hubiera chupado los dedos con esa despedida. Es para gurmés. Yo me reía a carcajadas, para adentro. Tengo cuatro hijos. A la edad de Yesuan pasé por eso y mucho más.

Al fin, casi a las doce del día, salimos hacia Baracoa después de efusivas y prolongadas despedidas de toda la familia de Yeilín. Si siguen apareciendo mujeres apasionadas en todos los puertos donde fondeamos, y Yesuan templando desaforadamente toda la noche y durmiendo toda la mañana, no sé qué será de este viaje. No avanzamos. Mujeres y semen. Así no puedo.

Tomamos una carretera que nos lleva a Cueto, Guaro, Mayarí, Levisa. Rodeamos la enorme bahía de Nipe. Debo contar la aparición de la Virgen de la Caridad del Cobre. Es la aparición más famosa en Cuba. Hace casi cuatrocienos años, dos hermanos indios, Rodrigo y Juan, junto a un niño negro de diez años, Juan Moreno, navegaban en canoa en busca de sal, en la bahía de Nipe. De repente se levantaron fuertes vientos y oleaje grueso. Se refugiaron en cayo Francés.

Al amanecer del cuarto día amainó el temporal, y pudieron dirigirse a las salinas de la costa. Sobre las olas descubrieron un objeto blanco. Al aproximarse vieron una imagen de la Virgen Santísima con el niño Jesús en sus brazos, colocada sobre una tabla. En ella había unas letras que decían: «Yo soy la Virgen de la Caridad.» Se admiraron —siempre según la leyenda que divulga la Iglesia católica— de que sus vestiduras estaban secas. ¡En medio del oleaje fuerte y el viento!

La devoción a la Virgen de la Caridad del Cobre fue extendiéndose por toda Cuba y también por otras naciones. Fue nombrada patrona principal de Cuba el 10 de mayo de 1916 por el papa Benedicto XV. Su fiesta fue asignada para el 8 de septiembre, día de la Natividad de la Virgen. El 24 de enero de 1998 fue coronada solemnemente por el papa Juan Pablo II, durante una misa gigantesca y multitudinaria que se celebró en la plaza Antonio Maceo, de Santiago de Cuba.

Hoy en día se mezcla con Oshún u Ochún, orisha de la santería afrocubana. Y de algún modo integra la tríada mayor de devoción en Cuba, junto con santa Bárbara y san Lázaro, que sincretizan como Changó y Babalú Ayé, respectivamente.

La religiosidad cubana nunca ha estado dominada por los grandes ejes de poder de las instituciones religiosas, todo lo contrario. El cubano lleva su fe por dentro, con discreción, en su casa. Por lo general, el que pregona y alardea de su religión es porque la usa para lucrar, como un negocio más, pero no es lo usual.

Creo que esa forma espiritual, interior, discreta, de vivir sus creencias, es lo que salva al cubano de hoy en día. Es lo que le otorga capacidad para perdonar y ser compasivo, generoso, humilde. Una tabla de salvación en medio de estos años especialmente caóticos en lo económico y lo político, en lo moral y en lo ético para la nación cubana.

Seguimos por la carretera hacia Sagua de Tánamo y Moa. La diferencia del paisaje es notable. Los alrededores de Moa se caracterizan por la aridez de la tierra roja. Es una zona niquelífera. Una de las mayores reservas del mundo. Hace años que el turismo y el níquel son las principales fuentes de ingreso del país. Parece que las remesas de dinero de los cubanos que viven en el exterior también ganan importancia, pero no se conocen cifras oficiales al respecto. Se supone que hay entre dos y tres millones de cubanos asentados en otros países, y once millones en la isla.

Un poco más delante de Moa, la carretera transcurre a lo largo del litoral; a la derecha, el monte tropical cerrado; a la izquierda, el mar verde-azul. Caletas y pequeñas playas, pueblecitos mínimos y amables como Santa María, Nibujón, La Lisa, Navas, y unos cuantos más. Mucha gente vendiendo frutas, bolas de cacao puro, cucuruchos de coco. La carretera es estrecha, pero el tráfico es mínimo. El día está gris y fresco, así y todo hay una luminosidad reposada, nada estridente, y una sensación de lejanía, paz y soledad, que me dan ganas de detenerme por aquí y perderme en una de estas caletas. Solo.

Durante un buen tramo lo pienso con toda seriedad. Le pago a Yesuan hasta aquí y lo despido. Que regrese a Holguín con Yeilín y yo me busco la vida en estos parajes solitarios, donde la civilización demora un poco más en llegar.

Lo pienso mejor y contengo mis impulsos. Ya son casi las cinco de la tarde cuando paramos para comer algo ligero en la playa de Toa. Es la desembocadura del río. Toda la cuenca del Toa se considera reserva de la biosfera, por la UNESCO. Está integrada por los bosques más tupidos y vírgenes de las Antillas. Se asegura que aquí todavía existen lugares inexplorados. Aquí tienen su último reducto especies raras de la fauna cubana como el almiquí, los caracoles *Polymitas*, el murciélago mariposa y el pájaro carpintero real. Es una zona inmensa y despoblada.

Ya estamos muy cerca de Baracoa, el segundo lugar de Cuba adonde arribó Colón en 1492. El primero fue en Bariay, cerca de Holguín. Baracoa es la primera villa fundada por los españoles, en 1512.

Desde todos los ángulos se ve el Yunque de Baracoa, una montaña cuadrada, como una gran meseta, con una altura de 850 metros sobre el nivel del mar.

Aquí, en las Cuchillas del Toa, se encuentra la región más lluviosa del país, con más de 3.000 milímetros de lluvia al año. Y un poco más al sur, sobre la costa, está el llamado «desierto cubano», con precipitaciones casi nulas.

Es la única zona en el país casi totalmente desértica, entre la desembocadura del río Yateras y un poco más allá del poblado de Imías. Lo fabuloso es que hay una jungla enorme unos pocos kilómetros al norte y ahí no cae una gota de agua. Sólo unos cactus y unas extrañas piedras aisladas que los guantanameros llaman *molitongos* y recuerdan los paisajes de Arizona y de los westerns americanos.

Este fenómeno se debe a la salinidad, los vientos y la mayor exposición solar. Además no llueve porque la zona está a sotavento de los montes. Toda la lluvia se precipita en la cara norte de las montañas.

Ya es casi de noche cuando entramos al pequeño pueblo de Baracoa. Por suerte, Yesuan no conoce aquí a ninguna mujer. Al parecer, pretende imitar a aquellos caudillos de la guerra de independencia que iban dejando hijos a lo largo de su ruta invasora. Cuando terminaban la guerra, tenían varias decenas de hijos, desperdigados. Éste es un detalle que, por supuesto, jamás se menciona en las historias oficiales.

Es fácil conseguir alojamiento en Baracoa, aunque ya el país comienza a saturarse de turistas europeos que emigran para pasar aquí las vacaciones de Navidad. Conseguimos una habitación con dos camas por un precio módico. Y está bien. Tomo una ducha, descanso unos minutos y salimos a buscar algo de comer. Cerca hay una paladar, y, por suerte, tienen pescado en el menú. Unos filetes de loro muy buenos, asados con piña y coco. Yesuan no gusta de exquisiteces. Prefiere lo mismo de siempre: arroz, frijoles y carne de puerco con yuca.

Después caminamos un rato por el malecón, pero es aburrido. Todos están en su casa, tranquilamente, como corresponde a un pueblo a las nueve de la noche.

Tomamos un par de cervezas en el famoso Hotel La Rusa. Se trata de Magdalena Rovenskaya, una rusa blanca que vino a dar a este lugar cuando el único modo de entrar y salir del pueblo era en goletas de cabotaje, porque no existían caminos ni carreteras. Alejo Carpentier la conoció y la inmortalizó en su novela *La consagración de la primavera*. A lo largo del siglo XX aparecían personajes así, misteriosos y enigmáticos, en cualquier punto apartado de América Latina: rusos blancos que huían de los bolcheviques, judíos que huían de los nazis, después eran nazis que huían tras la derrota de Hitler, agentes profesionales del KGB, y un largo etcétera.

Uno de los casos más sonados se produjo aquí en Baracoa, con el travesti más famoso de la historia latinoamericana: Enriqueta Faber. Esta mujer nació en 1791 en Lausana, Suiza. Muy pequeña quedó huérfana y al abrigo de un tío, coronel de un regimiento francés. Era muy varonil desde jovencita, pero se casó por complacer a su tío. Su esposo era militar. Tuvieron un hijo que murió a los ocho días de nacido.

Con apenas dieciocho años participó con su tío y su marido en las guerras napoleónicas. El marido muere en acción de combate y ella se va sola a París. Como mujer sabía que su destino era claro: el matrimonio o la prostitución, sin más alternativas. No quiere ni lo uno ni lo otro. Se viste de hombre y estudia cirugía. Se gradúa y, junto con otros médicos, es enviada a la invasión de Rusia, con las tropas napoleónicas. Después de regresar a Francia, pasó a España, murió su tío, a ella le va mal en unos negocios que había emprendido y decide irse a Cuba. Desembarca en Santiago de Cuba en enero de 1819.

En La Habana consigue cartas de recomendación. Aclaración: hacía años que se vestía y se comportaba como un hombre. Se hacía pasar por hombre y se llamaba Enrique. La designan como médico en Baracoa. Allí se enamora o, al menos, le toma cariño a una muchacha muy pobre que vivía en un humilde bohío, sin recursos y enferma gravemente de tisis. Juana de León se llamaba la chica, a quien engaña y con quien contrae matrimonio en agosto de 1819 en la iglesia parroquial de Baracoa.

Ahí comenzaron sus problemas porque, con mejor alimentación y cuidados, Juana se recuperó lo suficiente de la tuberculosis y quería sexo, aunque Enrique-Enriqueta le había dicho que no tendrían sexo y que sería un amor platónico. Pero a Juana se le calentó la sangre y Enriqueta no podía satisfacerla. Ahora hay dos versiones: nunca tuvieron sexo y Juana sospechó de su «marido», o tuvieron sexo mediante una especie de consolador rústico inventado por Enriqueta, que no satisfacía a la ahora fogosa Juana de León. Yo me imagino a la tal Juana como una de esas hermosas mulatas indias bellísimas que abundan en esta zona oriental y que no están marcadas en absoluto por los convencionalismos y prejuicios del cristianismo. Quiero decir que en esta zona responden a otra forma de ver el mundo. Aprecian el sexo como algo muy normal, sin tapujos ni inhibiciones, y tan necesario y sabroso como respirar y comer.

En fin, que algunos vecinos se enteraron del «problema» de Enrique. La velaron cuando se bañaba y descubrieron que era mujer. Enriqueta tuvo que irse a La Habana, pero, al parecer, estaba enamorada de Juana, porque regresó. Se asentó en un pueblo llamado Tiguabos —lejos de Baracoa y al norte de Guantánamo— y allí tuvo problemas y peleas debido al consumo de alcohol. Fue cayendo cada vez más bajo, hasta que en una bronca de borrachos la desnudaron y comprobaron que era mujer.

En enero de 1833, Juana de León —asesorada por un tutor— presentó querella judicial contra Enriqueta Faber. En febrero fue presa. En junio el tribunal de Santiago la condenó a diez años de cárcel. Amenazó con suicidarse y apeló. Gracias a una brillante defensa, de la cual quedan testimonios, le rebajaron la condena a cuatro años de servicios como médico —vestida y actuando como mujer— en el Hospital de Paula, en La Habana.

Pero ya era una mujer amargada. Se transformó de una persona pacífica y bondadosa en una mujer irascible y pendenciera. Provocó tantas reyertas en aquel hospital que la embarcaron hacia Estados Unidos. En 1844 se dirigió a Veracruz como sor Magdalena, de Las Hermanas de la Caridad, y acabó su vida años después en Nueva Orleans.

Su vida ha dado origen a tres novelas y numerosas crónicas y ensayos. Algunos detalles son exquisitos. Por ejemplo, en el artículo «Causa célebre», publicado en la revista *La administración* (editor Laureano Fernández de Cuevas, imprenta La Cubana, La Habana, 1860), se cuenta de una *performance* genial de la Faber cuando vivía en Tiguabos: «Tomó un pellejo de un guante muy fino y figuró un miembro de hombre pintándolo con pintura que lo hizo parecer tal; y que preparada con ese instrumento se presentó de noche al alcalde de Tiguabos, que lo era entonces don Tomás Olivares, y se manifestó descubierto a él, y a otras personas que allí se hallaban para que le testificasen que era hombre; que, como era de noche, todos quedaron engañados y la conceptuaron varón.»

Hay que imaginar que no existía la electricidad. Se alumbrarían con lámparas de queroseno, tal vez. O con velas. Y además una situación embarazosa seguramente. Faber aprovechó esas circunstancias para mostrar su falo fugazmente y quedar como hombre. El falo fugaz.

Tuvo mucho coraje esta mujer, y si no fuera por el final trágico de la historia se diría que tuvo sentido del humor para burlarse de todos y lograr una vida más plena y más interesante.

No quería ser esposa o puta. Quería algo más. Y lo tuvo. Pero ya se sabe que todo tiene un precio. Y se lo hicieron pagar.

Esa noche descansamos tranquilamente, y el viernes 15 por la mañana tomé una decisión: alquilo un *jeep* para mí solo, por 150 pesos cubanos (unos 6 dólares) y me voy hasta la punta de Maisí. Yesuan se quedó en Baracoa con el pretexto de que aprovecharía el día para revisar la banda de freno delantera derecha, que, según él, patinaba un poco.

—Tengo que limpiarla. Seguro que hay un salidero de aceite del hidráulico. Es peligroso seguir así por la carretera. Y mañana hay que irse por La Farola *pabajo*.

Me convence. A las ocho de la mañana salgo para Maisí con el chófer, un mulato gordo, lento, paciente, que me repite que él nació en Baracoa y tiene cincuenta años y nunca ha ido ni a Santiago de Cuba, «ni falta que me hace, aquí vivo bien».

El viaje no tiene muchos estremecimientos. La carretera es infernal y sólo apta para *jeeps* y para chóferes conocedores. Después de varios pequeños caseríos llegamos a la desembocadura del río Yumurí y hacemos un alto para conversar con la gente de los alrededores que hacen vida social en aquel lugar. Las mujeres lavan la ropa sobre las piedras de la orilla, y algunos hombres pescan con redes, en unas pequeñas canoas. Algunas venden frutas, truchas fritas, boniato hervido. Es temprano para almorzar, pero no resisto la tentación y hacemos una especie de *brunch* con truchas, boniato hervido y *ayaca* que es un puré de plátano verde, sazonado con ajo y envuelto en las hojas del plátano. Para rematar, venden jugo natural de guayaba acabado de hacer, en un invento muy original: una licuadora mecánica que funciona con una manivela y unos engranajes.

Venden, además, cacao puro, aceite de coco, café, casabe hecho de yuca; en fin, un mercadillo. Ellos le llaman *venduta*. También nos tomamos el agua de un coco. Y nos vamos porque la cosa empezaba a complicarse. Quería que les compráramos de todo. «Por aquí no pasa nadie, señor, ayúdenos», me decían.

A unos 10 kilómetros está La Máquina, un pueblecito con

un par de calles y unas decenas de casas. Después, por un terraplén polvoriento y reseco, llegamos hasta el mismo faro de punta de Maisí. Dicen que en días claros y desde lo alto del faro, se ven las montañas de Haití, a 77 kilómetros. Es la tierra más cercana a Cuba. Jamaica está a 140 kilómetros; La Florida, a 180; y Yucatán, a 210 kilómetros.

Por cierto, ya que estamos con estos detalles de geografía elemental, Cuba no es muy larga. Desde Maisí hasta el cabo de San Antonio tiene 1.500 kilómetros. Su mayor anchura es de 191 kilómetros en la zona de Camagüey. La mayor estrechez es de sólo 31 kilómetros en la provincia de La Habana. Y las ciudades mayores y más extremas son Pinar del Río, al oeste, y Guantánamo, al este, a 1.191 kilómetros una de otra.

La zona de Maisí ahora está tranquila. En algunas épocas se han registrado aquí desembarcos accidentales de haitianos. Intentan llegar a Estados Unidos, pero a veces son arrastrados por las corrientes. Después de unos días aquí, las autoridades los regresan a su país de origen. Por ahora, hace tiempo que la zona está en calma.

El resto del viaje fue tranquilo. Regresamos a Baracoa por el mismo caminito atroz y selvático. Yo estaba molido. Me duché, comí y me acosté temprano. Yesuan desaparecido, por supuesto. Apareció a las dos y media de la madrugada, muy alegre y despreocupado. Me despertó para hacerme los cuentos. Se había empatado con dos muchachitas, alquilaron una habitación a las cuatro de la tarde. Pastelitos en *pas de trois* durante diez horas consecutivas. Empezó a contarme los detalles, pero lo interrumpí:

—Yesuan, por tu madre, duerme un poco y descansa, a ver si mañana nos vamos temprano.

—Coño, Pedro Juan, estás hecho un viejo de mierda.

—Viejo nada más, sin la mierda. Déjame dormir.

Apagó las luces y en dos minutos roncaba como un tractor. Es un salvaje. A veces envidio tanta simplicidad. A veces. No siempre.

Al día siguiente, sábado 16, lo dejé dormir hasta las ocho y media. Era suficiente. Se levantó a regañadientes. Tuve que contenerme para no recordarle que estaba trabajando y no haciéndome un favor, ni de *tour* folclórico-vaginal por el oriente cubano. Los años me han enseñado a ser más educado.

Baracoa fue la primera capital cubana, pero quedó olvidada poco después de su fundación, hasta que en el siglo xviii fue dotada de un fuerte y otros recursos defensivos para luchar contra la abundante piratería en la zona. Por allí pasaba una importante ruta de navegación.

El fin de la piratería la devuelve al ostracismo hasta que los norteamericanos, a principios del siglo xx, ponen los ojos en los excelentes plátanos de Baracoa. Esto genera una rápida preparación para corresponder a este inesperado golpe de suerte. Listo el nuevo muelle, tendida la línea férrea, previstas las condiciones de alojamiento confortable para ingenieros y demás personal, y hasta colocado un funicular que apoyaría los embarques, llegó la noticia de que todo se había caído, pues algunos países centroamericanos hicieron al mismo socio una oferta mucho más ventajosa. Y comenzó la triste historia de la United Fruit Company en Centroamérica.

De nuevo Baracoa fue olvidada, hasta que en los años sesenta se construyó el viaducto de La Farola, de más de 30 kilómetros, colgado siempre como un balcón por las márgenes de las montañas selváticas. Este viaje lo he hecho muchas veces. Es una de las experiencias más emocionantes en la zona oriental de Cuba. Los paisajes son indescriptibles y cambiantes continuamente.

A medio camino entramos a Palma Clara, un pequeño poblado en una zona cafetalera. Está a 1 kilómetro escaso de la carretera. Estuve aquí para hacer un reportaje alrededor de 1993, cuando el llamado «Período especial» estaba en su apogeo. Sólo había mujeres y niños, sin zapatos y vestidos con unos pocos trapos. Los hombres habían emigrado —todos— a buscar trabajo en las zonas de turismo o en la minería, en Moa. Allí había unas ochenta mujeres —quizá menos— con sus hijos. Cada una tenía tres o cuatro hijos por lo menos. Estaban en la cosecha de café, que era mínima, porque no tenían herbicidas ni fertilizantes hacía años.

Recuerdo que hombres sólo había un muchacho de unos veinte años, que al parecer, tenía alboratadas a las mujeres, un viejo ya muy anciano y ciego; y un hombre con un arria de mulas al que todas le decían el Picha porque era famoso por su longitud fálica.

El fotógrafo que me acompañaba entró a la bodega del pueblecito y compró una caja de cigarrillos. La empleada, asombrada, le dijo:

—¡Usted debe de ser maceta!

—¿Por qué?

—Porque hace años que no vendía una caja completa. Vendo los cigarrillos de uno en uno.

Aclaración: *Maceta* se le llamaba entonces a algunas personas que se enriquecían con negocios ilícitos.

Por cierto, nos acompañaba un funcionario de la Dirección Municipal del Partido en Baracoa. Cuando salimos de Palma Clara, él me dijo muy apenado.

—Qué pena tengo con ustedes. ¡Qué miseria! Parece que estamos en uno de esos paisitos pobres de Centroamérica.

Le contesté:

—No. Estamos en un paisito pobre del Caribe. Igual que en Haití.

Han pasado trece años. Palma Clara se ha recuperado. Menos mal. Las plantaciones de café tienen buen aspecto y rinden bastante. Ahora no les faltan los fertilizantes y los herbicidas. De nuevo andan con zapatos y mejor vestidos. Y casi todos los hombres regresaron. Es un pueblecito normal, con casitas de madera, y gente amable. Campesinos avispados que tratan de vendernos café, cacao, aceite de coco, cucuruchos con dulce de coco. Éstas siempre han sido las riquezas de esta región. Además de las maderas preciosas y duras que, por suerte, están protegidas, ya que durante siglos estos bosques han sido esquilmados sin compasión.

Salimos de Palma Clara y seguimos bajando La Farola hacia la costa sur. Es un descenso gradual y sin brusquedades. Esta carretera la consideran entre las siete maravillas de la ingeniería cubana. Y le dan buen mantenimiento, sobre todo para limpiarla de los frecuentes aludes. Cada cierto tramo hay corrientes de agua pura que descienden de las montañas entre helechos de todo tipo y una vegetación tan lujuriosa y exagerada que hizo escribir a Carpentier en una de sus novelas: «[...] si uno pega el oído a la tierra, escucha el rumor continuo de las raíces creciendo».

Bueno, eso es realismo maravilloso, pero se acerca bastante a la realidad.

El descenso nos ocupó un par de horas, sin prisas, disfrutando de la gente y el paisaje. Llegamos a la costa sur: Cajobabo. Hemos entrado en la franja desértica que ya describí en este capítulo. Avanzamos hacia el oeste: Imías y San Antonio del Sur. Hay muy pocas personas. Sólo algunas casas aisladas de gente que cría chivos. No hay hierba ni para una vaca. Nada. Desierto. Cactus. Arena. Y la presencia del mar bellísimo a nuestra izquierda.

Es una extraña sensación salir de la vegetación excesiva, húmeda, indetenible, que rodea la carretera de La Farola, y de repente transitar por esta zona tan árida y reseca, donde en la práctica jamás llueve. Y además en el pueblo de Yateras, dentro de este desierto, se registran los récords de temperatura más alta para Cuba: 40 grados Celsius.

Cerca de la bahía de Guantánamo dejamos a un lado la loma de Malones, donde hay un «observatorio» con grandes binoculares enfocados hacia la base naval de Estados Unidos, situada estratégicamente a los dos lados de la entrada a la bahía. Este mirador está abierto al público.

En alguna ocasión —cuando Malones era zona militar y no de acceso público como ahora— estuve allí mirando por los binoculares. La base en sí está en el lado este de la bahía: casas, instalaciones de todo tipo. Y en el lado oeste hay un aeropuerto militar donde aterrizan o despegan continuamente grandes aviones militares norteamericanos.

Estados Unidos paga a Cuba unos pocos dólares al año por el «derecho» a usar ese terreno. Cuba jamás cobra esos cheques absurdos. El acuerdo original permitió a Estados Unidos ocupar ese territorio desde el 16 de febrero de 1903. Y para romper el contrato, las dos partes tienen que estar de acuerdo. Por supuesto, Estados Unidos nunca está de acuerdo. Y ahí siguen. Bajo protesta permanente de los huéspedes, que no los quieren.

La bahía de Guantánamo, con más de 85 kilómetros cuadrados, es una de las mayores del planeta. Hay una larga historia de pretensiones extranjeras sobre este territorio. Quizá la primera fue protagonizada por el almirante inglés Vermont, quien ocupó la bahía en 1742 y comenzó a fortificarla. La denominó Cumberland. El hostigamiento de los nativos y las enfermedades hicieron desistir a los británicos de la ocupación. Por supuesto, Guantánamo es una zona de conflicto y tensiones políticas y militares que se reaniman cada cierto tiempo, según sube o baja la adrenalina en Washington o en La Habana.

Es de noche cuando entramos a Guantánamo, una ciudad simpática donde tengo amigos, aunque algunos han muerto en los últimos años. Y otros han emigrado a otras tierras. Decidimos hacer noche en Guantánamo porque aún falta una hora y media de camino para llegar a Santiago.

Como siempre, conseguimos alojamiento confortable y a buen precio en una vivienda particular. Increíblemente Yesuan no sale a buscar mujeres. A las diez de la noche nos acostamos como dos niños buenos. Y dormimos de un tirón, sin pesadillas.

Capítulo 15

Nos despiertan los gallos, cantando al amanecer. Estamos casi en el centro de la ciudad, pero parece que aquí todo el mundo cría pollos y cerdos. Por las persianas escucho al vecino, en el patio, dándole comida a unos puercos. Estamos en un caserón grande y cómodo, rodeados por patios de tierra descuidados. Al fondo, el terreno es un poco más grande y han sembrado plátanos. Además tienen limoneros, guayabas y un aguacate. Yesuan abre los ojos, pero se duerme de nuevo, profundamente, en un segundo. Y hasta ronca.

Lo despierto y casi tengo que obligarlo para que se levante. Hay 86 kilómetros hasta Santiago de Cuba y hoy quiero almorzar allá. En Guantánamo no hay mucho que ver. La fundación oficial de la ciudad data de 1822, en medio de la cuenca del río Guaso, pero desde antes existía una comunidad de emigrantes franceses llegados de Haití. Habían huido de la revolución antiesclavista de 1791-1804 y se asentaron en muchos sitios de la zona oriental del país, con prósperas vegas de tabaco y plantaciones de café. De tal modo se fue creando una base económica en esta región, basada en el café y el cacao. Posteriormente también en el coco.

La influencia cultural franco-haitiana dejó una huella evidente en la música, en los bailes, en la cocina y hasta en las creencias religiosas, ya que todavía hoy se mantiene una marcada práctica del vudú. Todavía persisten las sociedades de Tumba Francesa, donde los bailadores imitan el minué, el rigodón y otros bailes cortesanos franceses, pero con la música de instrumentos de origen africano. Es curioso y extraño.

Después de desayunar ligeramente, salimos de Guantánamo hacia el oeste, rumbo a Santiago. Nos hace camino y nos detenemos unos minutos en una galería del Ministerio de Ciencias. Quería ver personalmente la pequeña cápsula espacial de la nave *Soyuz 38*, que en 1980 transportó de regreso a la Tierra a dos cosmonautas: el cubano Arnaldo Tamayo Méndez y el soviético Yuri Romanenko. Unos años después, en 1984, entrevisté a ambos. A uno en La Habana y al otro en la Ciudad Estelar, cerca de Moscú, para un libro que escribí por esa época sobre las investigaciones y el desarrollo de la era espacial.

Tamayo nació cerca de aquí, en un bohío humilde de madera y guano en medio del monte. Es un mulato amable, con una firmeza de carácter y un autocontrol perfectos. Llegó a ser aviador de cazas tipo Mig. En 1980 se convirtió en el ser humano número 97 y el primer cubano y latinoamericano que viajó al cosmos, en una órbita circunsterrestre, durante varios días. Realizó más de veinte experimentos científicos como parte del Programa Intercosmos, regido por la Unión Soviética. Como sucede siempre en estos casos, lo más sobresaliente era el prestigio político internacional del acontecimiento.

Ahora me quedo asombrado del pequeño tamaño de este proyectil espacial. Ahí dentro, apretados, retornaron a la atmósfera terrestre esos dos hombres. Creo que es una aventura que sólo se puede realizar con algo más que valor. Son muchos componentes los que se conjugan cuando una persona se atreve a jugarse así la vida. Es apasionante. Nuestra locura nos mueve. Siempre buscamos otra frontera. Más allá. Me he hecho la pregunta muchas veces: «¿Encontraremos alguna vez nuestra última frontera?» Creo que no. El infinito. Hacia ahí nos conduce nuestra locura natural. Y no sólo el infinito tangible, también el infinito intocable, espiritual.

Por la carretera, lo mismo que se ve en toda Cuba: un paisaje verde bellísimo. Aquí, además, unas hermosas montañas, con el pico Turquino como punto culminante. Es la montaña más alta del país: 1.974 metros. Gente vendiendo frutas, miel de abejas, mandarinas, dulces, refrescos y jugos naturales. Pasamos relativamente cerca del poblado de Tiguabos, aquel caserío donde se refugió en su momento Enriqueta Faber para continuar su descenso al infierno.

En poco más de una hora cubrimos el trayecto, sin prisas. Antes del mediodía entramos en Santiago. Y vamos al barrio de Chicharrones. Es una acumulación fea —horrible— de edificios prefabricados muy deteriorados. Tengo unos amigos que se ofrecieron a alojarme. Bueno, en realidad soy mucho más amigo de una periodista noruega que alguna vez llegó a La Habana —hace unos cinco años más o menos— y hablamos de todo un poco. Ella quería practicar su español y se iba a Santiago. Me pareció un poco extraño. Finalmente me dijo:

—Traigo una caja con cien condones. Quiero acostarme con un negro.

—¿Por qué?

—Porque nunca me he acostado con un negro. Ya es hora de probar.

Era una confesión inesperada y me quedé esperando algo más. Le pregunté:

—Pero... ¿quieres que te ayude o...?

—No. Yo sola me busco un negro. Uno que me guste.

Después se fue a Santiago. Y se buscó un negro joven y escultural. Había sido deportista y ahora era camarero en un restaurante. Un par de semanas después regresó a La Habana. Hablaba castellano con una fluidez y un acento raro, pero alegre. Y me dijo:

—Ah, Pedro Juan, qué bien. Soy feliz. Lazarito sólo sabe hablar de música. Lo único que le gusta en la vida es bailar, tomar ron y templar. A todas horas, sin parar. No se cansa.

—Sí, te veo extenuada. Con ojeras.

—Oh, no creía que fuera posible. Jamás había estimulado así a un hombre, ohh...

—Te veo feliz.

—Muy feliz, muy feliz. Quiero regresar dentro de un mes. A casarme.

Me quedé unos instantes en silencio. A veces hablo sin pensar y lo que digo parece un cubo de agua fría. Pensé cómo decirle que no se diera prisa:

—Ehh..., no te apresures. Regresa, pero ve más despacio...

—No, no. Ya estoy cansada de hombres inteligentes y fríos como hielo. Lazarito es otra cosa. Es lo que necesito. Me caso y me lo llevo.

Ella regresó al mes. Se casaron. Legalizaron el matrimonio. Y desde entonces le niegan la visa sistemáticamente a Lazarito. Sin explicaciones. Todo queda en un misterio. No lo dejan viajar a Europa. Y punto. Hace años que no veo a mi amiga porque ahora vuela directamente a Santiago. Ya no le interesa nada en La Habana.

El apartamento en Chicharrones es pequeño, oscuro y con las paredes tiznadas. Cocinan con carbón o queroseno. Lazarito está quitando la cáscara a un poco de café, en un pilón. Pacientemente, sin prisa. Suda y está sin camisa. Por otro lado hay un pariente con una guitarra, murmurando algo. Como si cantara. Lazarito me dice que bebe sin parar todo el día y ya está loco.

—Él cree que canta, como en sus buenos tiempos.

Lazarito enciende un poco de carbón en una hornilla para hacer el café. Al estilo carretero: se hierve el café en un jarro con agua. Se deja que se asiente el sólido al fondo y se sirve. Un poco aguado para mi gusto. Y demasiado dulce. No resisto la tentación y le pregunto:

—Cuando la noruega viene, ¿se quedan aquí?

—No. A ella no le gusta esto. Alquila por aquí cerca.

—Ah.

Sirve el café en jarros grandes. Todo está bastante sucio.

Hay muchas moscas. Yesuan dice que no quiere café. Yo sí me lo tomo. Me da igual un poco más o menos de bacterias y microbios. Por supuesto, no hay comida a la vista. Nos vamos los tres a un apartamento en el edificio del frente. Venden cajitas con almuerzo. Por veinte pesos cubanos comemos lo típico: congrís, bistec de puerco, yuca hervida, tomates. Y agua fría. Lazarito ya no trabaja:

—No, acere, no. Desde que estoy con Hege, ella me manda un dinerito todos los meses y ya. No me cuadra trabajar por 250 pesos al mes. ¿Qué es eso? 10 dólares. ¡No jodas! Ella me manda 50 o 60 euros todos los meses. Y así y *tó* siempre estoy *arrancao*. Se me va en quince días.

—Dile que te mande más.

—No, no. Ella sabe que eso no alcanza aquí, pero se hace la boba. Yo soy un hombre, Pedro Juan, no soy chulo ni *ná* de eso.

—Ahh, sí, claro.

De todas formas, tenía 20 pesos en el bolsillo y compró una botella de «Sacaojo», un ron casero, barato, que venden en otra casa. Aquí se puede comprar de todo. Lazarito conoce el barrio perfectamente. Nos metemos unos buches de aquello. ¡Arghh, Dios mío! ¡Parece veneno!

En el apartamento de al lado de Lazarito viven unos rastafaris. Es una pareja. Muy delgados. La muchacha debe de tener veinticinco años. Él un poco más. Lazarito me los presenta, pero no beben alcohol, fuman hierba solamente. Son vegetarianos. No matan ni una cucaracha, ni una hormiga. Paz, amor y convivencia pacífica. Su apartamento está limpio, con flores, decorado en la onda rasta, un poco hippies.

Los rastafaris se incrementaron mucho en Cuba en los años noventa, sobre todo en esta zona oriental —cercana a Jamaica y con emigración abundante de esa isla— y en La Habana.

El rastafarismo surgió en Jamaica alrededor de 1930, coincidiendo con la coronación del Ras Tafari Makonen como Haile Selassie I, emperador de Etiopía. Los rastas consideraban que Selassie era el Nuevo Mesías, encargado de devolver a los negros a África. Así llega a convertirse en Jah, la encarnación de Dios en la tierra, promesa de libertad y emancipación. Su deificación resulta un símbolo de rechazo y deslegitimación de la cultura occidental. Por ello —según me ha explicado la socióloga Angie Alejandra Larenas, que ha investigado el tema con suficiente profundidad—, lo más importante no es la identificación de los rastas con Selassie como Dios, sino la identificación con el Dios negro.

Sin embargo, en Cuba, siempre según Angie Alejandra, la mayoría de los que comenzaron a sentirse identificados con los rastas y supieron de su existencia, lo hicieron a través de la música *reggae*. Bob Marley es un ídolo intocable y perfecto. Incluso, la mayoría desconoce las raíces del movimiento rasta y sus bases originales. Muchos desconocen a Selassie como un dios, y lo rechazan.

Hablamos un buen rato de estos temas. La muchacha rasta sí sabe todo y es muy consciente de que son una pareja «liberada» en todos los sentidos. Lazarito discute con ellos tercamente. No entiende por qué no consumen alcohol ni carnes ni tabaco. Ellos, amablemente, sonríen. No intentan convencerlo. Ella, dulcemente, me dice:

—Rasta enseña meditación también. Cuando meditas, suceden muchas cosas dentro de uno. Y si fumas un poquito de hierba..., eso te puede llevar muy lejos en el tiempo y muy alto.

Dentro del rastafarismo se encuentra legitimado el uso de *Cannabis sativa* y no se considera una droga. Se refieren a ella como «la hierba sagrada».

Al parecer no tienen miedo. Fluyen en la vida, en un mundo de ensoñación muy particular. Al menos no hacen daño, que ya es bastante. No son agresivos.

Traigo unos cuantos CD y, en el equipo de los rastas, pongo uno de La Lupe. Nadie la conoce. Son muy jóvenes. Yo la recuerdo. La vi algunas veces en la televisión. Alrededor de 1959 tal vez. Se volvía loca. Se quitaba los zapatos y los lanzaba lejos, con furia, se despeinaba, amenazaba con romperse el vestido. Parecía y actuaba como una loca. No recuerdo lo que cantaba, por supuesto, sólo aquellas excentricidades.

Su nombre era Guadalupe Victoria Yoli Raymond y nació el 23 de diciembre de 1939, en San Pedrito, otro barrio de Santiago de Cuba. Admiraba a Lola Flores y desde niña cantaba. Estudió Magisterio, se fue a La Habana y comenzó su turbulenta carrera. Su base era el club La Red, que sobrevive, pero más aburrido, en la esquina de las calles L y 19, en El Vedado. En 1962 ya se habían marchado para siempre de Cuba casi todos los grandes: Celia Cruz, Olga Guillot, Bebo Valdés y otros muchos. La Lupe partió para México. Mongo Santamaría se la llevó a Nueva York. Ella cantaba de todo, en inglés y español. Hizo muchos discos, con Tito Puente, con Chico O'Farrill y con otros grandes. Los escándalos de su vida azarosa eran continuos. Se arruinó al tener que pagar todas las facturas de su marido enfermo. Quedó paralizada. Un predicador puso sus manos sobre ella y volvió a caminar. Entonces se dedicó en cuerpo y alma a la Iglesia pentecostal. Murió el 28 de febrero de 1992, en el Bronx, a los cincuenta y dos años.

Es una cantante de culto. Uno de los grandes momentos estelares de la música cubana. Y son muchísimos los momentos estelares de nuestra música.

Precisamente, se supone que aquí en Santiago se interpretó por primera vez el *Son de la Ma' Teodora,* a finales del siglo XVI. Fue el punto de partida de una larga evolución musical en las zonas rurales del oriente cubano. Después, el son se extendió por todo el país y se convirtió en el género musical que mejor representa la idiosincrasia y cultura cubanas. Más tarde, en 1879, Miguel Faílde estrenó en Matanzas el danzón, con una pieza antológica: *Las alturas de Simpson.*

A partir de entonces interactúan el son y el danzón en un proceso de transformaciones indetenible. Por ejemplo, el son es la base principal de lo que hoy en el mundo se conoce como *salsa.* En Santiago de Cuba y sus alrededores han nacido una buena parte de esos músicos.

Dentro de la cultura cubana hay tres áreas que resisten un análisis serio y profundo: la literatura, la música y las artes plásticas. Es increíble el desarrollo que han tenido en cantidad, calidad y diversidad. Contra viento y marea. Supongo que hay muchos factores que contribuyen a esto, pero quizá el esencial sea la enorme necesidad de expresarse de los cubanos. Somos extrovertidos por naturaleza y, al mismo tiempo, creo que también somos esencialmente caóticos, impresionables, imaginativos y fabuladores. En las últimas cinco décadas se ha creado una división artificial y coyuntural entre los creadores «de adentro» y los «de afuera». Pero quiero pensar que esas fronteras, originadas por motivos políticos muy circunstanciales, se borrarán en su momento. Más pronto que tarde. Y posiblemente mucho más potenciado, porque el cine y el teatro esperan su momento dorado, que aún no ha llegado. Pero llegará. Sin dudas.

En algún momento de la tarde, Yesuan se escapó. Evidentemente no le interesaba el ambiente brutal de Lazarito y demasiado pacífico de los rastas. Más tarde, apareció una jabá muy jacarandosa. La China. Me la presentaron como prima de Lazarito y vecina. Le dimos dinero y trajo dos botellas más de Sacaojo y un paquete de chicharrones de puerco. Nos fuimos para el apartamento de Lazarito. Los rastas nos prestaron su equipo de música. Y no sé cómo se armó una fiesta. Yo traté de aguantar el alcohol porque ya me estaba pasando con La China. Pero ella también se estaba pasando. Terminamos en un cuarto, encima del colchón y la cama más asquerosa que he visto en mi vida. Primero le hice decenas de fotos, desnuda, y después seguimos hasta caer rendidos y borrachos. No sé a qué hora.

Ahora veo que le hice casi cincuenta fotos. Es una mulata clara de unos treinta y pico años, pero completamente pornográfica. Viciosa y pervertida. Un cuerpo increíble y un deseo salvaje que le brota de la piel. De todos modos, bebí demasiado. Bebimos demasiado. Y nos quedamos dormidos en algún momento.

Amanecimos el lunes 18 uno sobre el otro en aquella cama apestosa a sudores agrios y churre de no sé cuántos cuerpos. Y no había agua para bañarse. Ni una gota de agua en la casa. La China se vistió y se despidió tranquilamente. Lazarito roncaba a pierna suelta en la sala, sobre unos cartones tirados en el piso, también muy sucios. Parece que ya tenía hábito de dormir sobre ellos. Yo, con un dolor de cabeza perro. El Sacaojo perduraba en mi sangre. Reviso mi mochila. No falta nada. El dinero está intacto. Menos mal. Yesuan no aparece. ¿Dónde se habrá metido?

Me paro un rato en el balcón para admirar el paisaje de edificios. Todos iguales y horribles, de la época de los prefabricados de micros. Como Alamar, al este de La Habana. Necesito que Yesuan aparezca. Para irme. Agarro mi mochila y bajo a pasear un poco y a buscar café. Al fin encuentro una casa donde venden café, refrescos y dulces. Me tomo una aspirina con dos cafés. Y varios refrescos. Mucho líquido. A ver si diluyo el alcohol sobrante, Dios mío. Estas resacas me matan. Un día me van a matar de verdad. Siempre pierdo el control cuando tengo alcohol a mano.

Bueno, en fin, fue divertido. A otra cosa, mariposa. Estoy sentado en un banco, a la sombra, cuando veo llegar a Yesuan. Llevo dos horas esperando. Son casi las doce del día. Subo a despedirme de Lazarito, pero no se despierta. Es como tratar de despertar a una piedra. Nos vamos. No sé adónde, pero salimos de Chicharrones.

Yesuan, como siempre, me cuenta sus aventuras sexuales, con detalle. Es escrupuloso con sus historias. Si fuera escritor, sería barroco. De lo real maravilloso. Disfruta siendo extenso y milimétrico.

Tengo que ser paciente. Cuando al fin termina, le pregunto:

—¿Para dónde vamos?

—A recoger a la jebita. La dejé en una habitación que alquilé anoche.

Después de todo, Yesuan es ingenuo. Llegamos a la casa. Me

presentó a la dueña. Yesuan tenía derecho hasta las dos de la tarde. Y sucedió lo que yo presentía: la jebita de Yesuan se había ido. Mientras él hablaba con la dueña, yo aproveché, tomé una ducha y me puse una camisa limpia. A la dueña no le gustó mi osadía y se disgustó. Le dijimos que nosotros éramos hermanos y que era lo mismo. En fin, Yesuan le pagó y nos fuimos. La muchacha se había ido sin dejar recado. Yesuan se quedó desconcertado, pero en seguida se recuperó. Ni siquiera recordaba bien su nombre:

—Yanielis, Yanielsi, Yanilsi, Yaniusi... No me acuerdo.

Preguntamos dónde había un buen restaurante. Teníamos que alimentarnos, comer carne, o nos pondríamos tan delgados como los rastas vegetarianos. Encontramos un lugar adecuado y almorzamos como príncipes. Para no perder la costumbre, Yesuan inmediatamente comenzó a flirtear con una de las camareras. Muy joven. Se veía que le gustaba Yesuan. Traté de poner orden:

—Yesuan, por favor, tenemos que ir a El Cobre y movernos. Deja tranquila a esa niña.

—No seas envidioso, Pedro Juan. ¿Tú no ves que yo le gusto?

—Tú le gustas a todas, mihijito. Ya lo sabemos. Pero hay que trabajar también.

Quedaron en verse por la noche. Ella terminaba a las diez o a las once. Yesuan le aseguró que a esa hora estaría con su auto, esperándola. Y ella aceptó tranquilamente. Como si se conocieran de toda la vida.

Al fin nos fuimos. Recogimos a Martínez Fuerte, un viejo amigo, ex periodista. Ahora se dedica a... no sé bien a qué. Algo más lucrativo. Representa a grupos musicales y a pintores. Va a La Habana. Coordina presentaciones en otras provincias. Fuimos al pequeño poblado de Julio Antonio Mella, alrededor de una central azucarera. Es la única refinería de azúcar que hay en esta zona.

En una casita demasiado humilde, de madera, con el techo muy bajo, casi tengo que agacharme, vive un pintor primitivo

increíble: Daniel Álvarez. Junto a su casa hay una fábrica de to-
rula (un pienso para ganado que se fabrica con los residuos de
la central azucarera). Por suerte no trabaja en estos días, porque
el hedor es insoportable. Daniel pinta unas escenas cándidas,
inocentes, llenas de colorido, deliciosas. Aparece gente de allí,
de aquel pueblo, casi siempre con escenas de ritos religiosos de
la santería africana. Su aspiración máxima es ganar suficiente
dinero para hacer una casa nueva y aceptable para sus padres y
para sí mismo. Mientras tanto, pinta sin parar.

Es un hombre joven, de pocas palabras. Nos deleitamos un
rato con sus cuadros. Al regreso pasamos muy cerca de un em-
balse muy grande, con paisajes memorables. Se llama Protesta
de Baraguá. Martínez Fuerte nos cuenta cómo pescaba aquí
con redes «cuando el período especial estaba duro de verdad, en
los noventa». Nos da la receta para comer tilapias:

—La tilapia de aquí tiene sabor a fango, pero yo le saco la
piel y pongo los filetes en adobo con leche, sal y limón y parece una exquisitez.

Educadamente no cuenta mucho más de sus penurias de
aquellos años. ¿Para qué? Todos tenemos una sarta de historias
parecidas. Hambre y miseria. Es mejor olvidar.

Al regreso a Santiago entramos un rato por el santuario de
El Cobre, junto a las minas. Allí hay una hermosa iglesia dedicada a la Virgen de la Caridad del Cobre, con ofrendas de todo
tipo. Supongo que en pago por plegarias atendidas. Hay desde
trofeos deportivos de grandes figuras y la medalla por el premio
Nobel de Literatura a Hemingway. Supongo que no era católico. No sé por qué la donó. Dicen que en homenaje al pueblo
cubano. En fin. También hay fotos de artistas de éxito, muletas,
bastones, muñecas, medallas y distinciones militares. Recuerdos de marineros que capearon violentas tormentas en alta mar.

En el pueblo que rodea a la iglesia hay varios espiritistas y
santeros. Es lo usual en Cuba, el sincretismo de religiones y culturas. Todo mezclado. Después de hacer unas consultas con
uno de estos espiritistas, regresamos a Santiago. Guardo silen-

cio sobre sus premoniciones, como debe ser. Es impresionante lo que pueden saber y decir estas personas.

Hacemos un poco de turismo por la calle Heredia. Visitamos la librería de viejo La Escalera de Eddy. Allí está Cos Causse, uno de los grandes poetas de Santiago, y un trío animando la tarde, aguardiente por medio, claro. El ron y la música son inseparables en Santiago.

Martínez Fuerte quiere visitar a unos amigos en el barrio del Tivolí. Y de paso vemos el lugar. Todavía quedan casas de embarrado, es decir, las paredes construidas con barro y cujes de madera como estructura. Deben de tener casi doscientos años.

Santiago de Cuba nació en 1515, como la última de las siete primeras villas fundadas por los españoles en Cuba. La primera fue Baracoa. Santiago fue destruida y reconstruida varias veces tras el ataque de los piratas y las sacudidas de los sismos. Durante la primera mitad del siglo XVI, Santiago fue la capital del país y residencia oficial de sus gobernadores españoles hasta 1553, cuando La Habana ocupó su lugar como centro del poder colonial.

La búsqueda de oro fue la primera actividad económica. En poco tiempo se agotó. Después se descubrió un gran yacimiento de cobre a 27 kilómetros de la ciudad, donde hoy se encuentra, además, la iglesia que acabamos de visitar.

El más célebre de los atracadores de Santiago fue el pirata francés Jacques de Sores. Para conjurar estos saqueos, en 1633 comenzó la construcción de un sistema defensivo alrededor de la urbe. El castillo de San Pedro de La Roca del Morro y las baterías de La Socapa y La Estrella perduran hasta hoy. En el castillo hay un magnífico museo de la piratería.

En el Tivolí, Martínez Fuerte me lleva hasta un sitio y me dice:

—Aquí estuvo el gran Caffé-concert Le Tivoli. Para trescientas o cuatrocientas personas al mismo tiempo. Para comer, beber y bailar. Fue la época del apogeo de los franceses.

Una hora antes, en la calle Heredia, había comprado un ejemplar de *Flujos inmigratorios franceses a Santiago de Cuba (1800-1868)*.

El libro es una joya. Escrito por la santiaguera Laura Cruz Ríos y recién publicado en el 2006, analiza con lujo de detalles un aspecto poco conocido de la historia cubana: en ese período se registró una fuerte corriente migratoria de franceses hacia Santiago; básicamente, de Burdeos y Aquitania y, sobre todo, desde los puertos de Burdeos, Nantes y Marsella.

Esta emigración de franceses había comenzado desde Haití. Huían de la revolución antiesclavista de 1791-1804. Y continuó entonces directamente desde Francia. Los franceses pusieron todo tipo de negocios en Santiago y difundieron los oficios más diversos, a lo largo del siglo xix.

Por supuesto, las huellas de aquella época quedan hoy en casi todo: cocina, música, arquitectura, etc. Martínez Fuerte habla francés, y este tema lo apasiona. Creo que sabe mucho, a juzgar por la enorme cantidad de información que me proporciona, usando sólo la memoria.

Al final de la tarde, terminamos en la Casa de las Tradiciones, que está en el mismo barrio del Tívoli. En una mesa, con aguardiente. No sé en qué momento empecé a hablar con uno de los camareros sobre peleas de gallos. A mí me gusta jugar gallos, pero no cuidarlos. El muchacho me explica cómo él pasó de jugar y perder siempre a otro negocio. Mete la mano en el bolsillo y saca unas espuelas artificiales. Parecen legítimas, de gallos de pelea.

—¡Pues no, compadre! Yo las hago y se las vendo a los galleros. Este negocio me da un barito bastante bueno.

—¿Y de qué son?

—Éstas son de tarro de buey. También las hago con carapachos de caguama y de carey y con cascos de búfalas de agua.

—Ahh, no sabía.

Compruebo que son duras, resistentes. El muchacho sigue explicándome todos los detalles. Una hora después ya estoy atiborrado de música, de aguardiente, de gente, y necesito un poco de tranquilidad y reposo. Me acerco a Yesuan:

—Yesuan, tenemos que buscar donde dormir y mañana regresamos para La Habana.

—Sí, yo también estoy cansado, Pedro Juan.

—Es inagotable.

—¿Qué es inagotable?

—Cuba. Imposible entenderlo todo.

Nos despedimos. Nos dejaron ir a regañadientes. Los santiagueros son tan hospitalarios que no admiten esas despedidas repentinas en medio de una fiesta. Y como viven de fiesta en fiesta y de gozadera en gozadera, pues siempre se quedan ofendidos. Creo que así se quedó Martínez Fuerte y los otros amigos, muy ofendidos, como traicionados.

Casi en el centro de la ciudad encontramos una habitación cómoda, con una pequeña terraza al aire libre. Yesuan toma una ducha mientras yo espero mi turno. Quizá cuando refresquemos, regreso a Chicharrones y choco de nuevo con La China. Espectacular esa mulata. Loca y pervertida. Inolvidable. De todos modos, Yesuan se va ahora a buscar a la camarera de aquel restaurante. Sí, decidido. Tomo una ducha, me cepillo los dientes y ya me siento como nuevo. Yesuan me acompaña hasta Chicharrones. Lazarito se alegra:

—¡Coño, Pedro Juan! ¡Yo pensé que te habías ido para La Habana! La China se ha pasado todo el día preguntando por ti. ¿La llamo?

—Claro, acere, si vine *paeso*.

—Pues seguimos.

A los diez minutos llegó La China, con una botella de Sacaojo. Y empezamos de nuevo. Una y otra vez. Ésa es mi vida. Empezar siempre. Como escribió aquella alemana anónima en *Una mujer en Berlín*: «Es tentadora la oscura y maravillosa aventura de vivir. Persevero en ella por curiosidad.»

La Habana, 2006-2007.

⊜ Planeta

España
Av. Diagonal, 662-664
08034 Barcelona (España)
Tel. (34) 93 492 80 36
Fax (34) 93 496 70 58
Mail: info@planetaint.com
www.planeta.es

P.º Recoletos, 4, 3.ª planta
28001 Madrid (España)
Tel. (34) 91 423 03 00
Fax (34) 91 423 03 25
Mail: info@planetaint.com
www.planeta.es

Argentina
Av. Independencia, 1668
C1100 ABQ Buenos Aires
(Argentina)
Tel. (5411) 4382 40 43/45
Fax (5411) 4383 37 93
Mail: info@eplaneta.com.ar
www.editorialplaneta.com.ar

Brasil
Rua Ministro Rocha Azevedo, 346 -
8.º andar
Bairro Cerqueira César
01410-000 São Paulo (Brasil)
Tel. (5511) 3087 88 88
Fax (5511) 3898 20 39

Chile
Av. 11 de Septiembre, 2353, piso 16
Torre San Ramón, Providencia
Santiago (Chile)
Tel. Gerencia (562) 431 05 20
Fax (562) 431 05 14
Mail: info@planeta.cl
www.editorialplaneta.cl

Colombia
Calle 73, 7-60, pisos 7 al 11
Bogotá, D.C. (Colombia)
Tel. (571) 607 99 97
Fax (571) 607 99 76
Mail: info@planeta.com.co
www.editorialplaneta.com.co

Ecuador
Whymper, N27-166, y A. Orellana,
Quito (Ecuador)
Tel. (5932) 290 89 99
Fax (5932) 250 72 34
Mail: planeta@access.net.ec
www.editorialplaneta.com.ec

Estados Unidos y Centroamérica
2057 NW 87th Avenue
33172 Miami, Florida (USA)
Tel. (1305) 470 0016
Fax (1305) 470 62 67
Mail: infosales@planetapublishing.com
www.planeta.es

México
Av. Insurgentes Sur, 1898, piso 11
Torre Siglum, Colonia Florida, CP-01030
Delegación Álvaro Obregón
México, D.F. (México)
Tel. (52) 55 53 22 36 10
Fax (52) 55 53 22 36 36
Mail: info@planeta.com.mx
www.editorialplaneta.com.mx
www.planeta.com.mx

Perú
Grupo Editor
Jirón Talara, 223
Jesús María, Lima (Perú)
Tel. (511) 424 56 57
Fax (511) 424 51 49
www.editorialplaneta.com.co

Portugal
Publicações Dom Quixote
Rua Ivone Silva, 6, 2.º
1050-124 Lisboa (Portugal)
Tel. (351) 21 120 90 00
Fax (351) 21 120 90 39
Mail: editorial@dquixote.pt
www.dquixote.pt

Uruguay
Cuareim, 1647
11100 Montevideo (Uruguay)
Tel. (5982) 901 40 26
Fax (5982) 902 25 50
Mail: info@planeta.com.uy
www.editorialplaneta.com.uy

Venezuela
Calle Madrid, entre New York y Trinidad
Quinta Toscanella
Las Mercedes, Caracas (Venezuela)
Tel. (58212) 991 33 38
Fax (58212) 991 37 92
Mail: info@planeta.com.ve
www.editorialplaneta.com.ve

Grupo ⊜ Planeta   Planeta es un sello editorial del Grupo Planeta   www.planeta.es